Christian Schwochert
Außen grün – Innen rot

Christian Schwochert

AUSSEN GRÜN
– INNEN ROT

Der unheimliche Aufstieg der Günen

Eine Streitschrift

Druffel & Vowinckel-Verlag

GILCHING

Internationale Standard-Buchnummer
ISBN 978-3-8061-1275-7

© **2021 Druffel & Vowinckel Verlag**
Talhofstraße 32
82205 Gilching
www.druffel-vowinckel.eu

Fotos: Archiv des Verlages

Schutzumschlag & Satz: www.druckfahne-medien.de

Gedruckt in der EU

Inhaltsverzeichnis

Grünen-Vorsitzende: Annalena Baerbock und Robert Habeck

Vorwort

Klimaschutz. Dieses eine Wort löst bei jedem Menschen etwas aus. Es ist ein emotional aufgeladenes Wort. Die Einen fluchen und schimpfen über die Bewegungen, welche sich aufmachen, um scheinbar das Klima zu schützen. Die Anderen jubeln den Klimaschützern und ihrer Ikone Greta zu. Und dann gibt es noch diejenigen, die vom Klimaschutz so profitieren wie sie es sich womöglich selbst nicht hätten träumen lassen: Die Grünen.

Pünktlich vor der letzten EU-Wahl wurden mehrere Lawinen losgetreten, die den Grünen ein traumhaftes Ergebnis verschafften; zumindest in Deutschland. Kein Wunder, ist doch „Klimaschutz" inzwischen ein sehr links besetztes, ideologisiertes Thema. Dadurch, dass die Medien es mit Gretas und ihrer Hintermänner Hilfe aktuell hielten und noch immer aktuell halten, gewinnen die linksgrünen Parteien Stimmen hinzu. Etliche Menschen machten ihr Kreuz bei der vermeintlichen Umweltschutzpartei, weil die Medien es ihnen einredeten. Die anderen Altparteien nahmen das zum Anlass, noch weiter in Richtung linksgrün zu rutschen und die Themen der Grünen aufzugreifen. Plötzlich wollte jeder der erste und beste beim Klimaschutz sein. Lediglich die AfD bewahrte einen kühlen Kopf und verhielt sich weiterhin sachlich und nüchtern. Alle anderen großen Parteien sprangen auf den Klimaschutzzug auf und reihten sich ein in den Kult um die jugendliche, behinderte Schwedin Greta. Ob sie das auch bei einer 16jährigen getan hätte, die sich vor das Parlament gestellt und gegen Multikulti und Bevölkerungsaustausch protestiert hätte? Vermutlich eher nicht, denn hinter alldem steckt nur sehr wenig Zufall, sondern größtenteils die detailreiche Planung einiger globalistischer Pseudoeliten, welche vorhat uns Normalbürgern noch weitere Fesseln anzulegen. Gleich nachdem die Klimadebatte so massiv und für den ungeschulten Beobachter scheinbar zufällig aufflammte, war auch schon davon die Rede, dass Deutschland sogenannte „Klimaflüchtlinge" aufnehmen sollte. Und selbstverständlich wird mehr Geld benötigt, um den angeblich menschengemachten Klimawandel besser zu bekämpfen. Freilich muss dieses Geld der Steuerzahler aufbringen. Vorne weg bei diesem Einheitsmarsch in die Öko-Diktatur marschieren die Grünen. Nachdem diese Partei in den vergangenen Jahren etwas an Zuspruch eingebüßt hatte, gelang es ihr nun, neue Wähler zu gewinnen.

Die letzten Jahre waren vor allem durch die Asylkrise geprägt. Eine Krise, an welcher die grünlinke Willkommenskultur maßgeblich Mitschuld trägt. Viele denken, diese Asylflut begann 2015, aber das ist ein Trugschluss. In Wahrheit ging es schon ein paar Jahre früher los; spätestens nachdem der arabische Frühling die islamische Welt ins Chaos gestürzt hatte, begann der Horror für uns Deutsche. Im Laufe der Monate, nachdem Libyen von der NATO in die Steinzeit gebombt worden war, ging es richtig los. Zuerst kamen nur wenige, doch dann wurden es immer mehr. Mit ihren Handys sagten sie zu Hause bescheid: „Ich habe es geschafft, kommt auch!"

*

Richtig schlimm wurde es jedoch, nachdem die Asylanten mit linker Hilfe in Berlin-Friedrichshain-Kreuzberg die Gerhard-Hauptmann-Schule besetzt hatten. Mit freundlicher Duldung der grünen Bezirksbürgermeisterin Monika Hermann. Dadurch erfuhr die ganze Welt nicht nur davon, dass Leute illegal nach Deutschland kommen konnten (zum Vergleich: sie konnten damals ja auch illegal nach Frankreich oder so kommen), sondern sie kriegten auch mit, dass man als Ausländer in der BRD dem Rechtsstaat auf der Nase herumtanzen und diesen erpressen kann. Hinzu kamen Urteile des Bundesverfassungsgerichts (deren Richter von den etablierten Parteien ernannt werden und diesen teilweise auch angehören), wodurch die Asylanten größere Sozialleistungen bekamen. Der Sog ließ nicht lange auf sich warten und die Asylantenzahlen schossen in die Höhe. Mit tödlichen Folgen für viele Einheimische. Terroristen wie Anis Amri kamen als Flüchtlinge getarnt ins Land, was den Altparteien keine Sorgen zu machen scheint. Am allerwenigsten kümmert es die Grünen, obwohl ihre Willkommensklatscherpartei Stimmeneinbußen hatte.

Theoretisch muss die grüne Partei nicht einmal im Bundestag sitzen, um die Politik massiv mitzubestimmen, denn fast alle anderen übernehmen mit Freuden ihre Themen. CDU, CSU, SPD, Linke und FDP hängen ihr Fähnchen nur allzu gerne in den Wind und rechtfertigen das mit einem angeblichen „Wählerwillen" durch laute linke Proteste und linke Journalisten, welche diese Proteste mit wohlwollenden Berichten begleiten. In Wahrheit folgen Personen wie Kanzlerin Merkel jedoch nur allzu gerne dem grünen Beispiel; schadet es doch Deutschland und scheint die Zerstörung unseres Landes offenkundig deren oberstes Ziel zu sein. Weil also inzwischen alle etablierten Parteien auf Linke mit den von linken US-Demokraten unterstützten Grünen sind, spielt es für uns Bürger eigentlich auch keine Rolle, ob diese Partei im Bundestag sitzt oder nicht. Beinahe wären sie bei der letzten Bundestagswahl auch nicht hineingekommen. Am 20.04.2017 schrieb der Stern: „Vier gute Gründe, warum die Grünen nicht mehr wählbar sind. Der jüngste Wahltrend des stern spricht eine ziemlich klare Sprache: Die Grünen stecken wenige Monate vor der Bundestagswahl knietief in der Krise."[1]

Und trotzdem schafften es die Grünen erneut in den Bundestag und wurden bei der EU-Wahl sogar so stark, dass man schon von einem „Kanzler Habeck" sprach. Klar, für uns Bürger macht es keinen Unterschied, ob die grünlinke Merkel oder der grünlinke Habeck regieren, aber für die jeweilige Partei geht es natürlich um wichtige Pöstchen für die Mitglieder. Aber wie konnte es dazu kommen, dass die Grünen doch im Bundestag landeten? Immerhin steuerten sie vor der letzten Bundestagswahl auf die 5-Prozent-Hürde zu. Nun, die Journalisten des Mainstreams sind zu 85 Prozent grün/links und bei den Prominenten sieht es auch nicht viel besser aus. Linke Gutmenschen wie Joko, Klaas und Böhmermann unterstützten den „Refugees Welcome"-Wahnsinn, dessen blutige Folgen sie selbst nicht betreffen.

Bettina Röhl erklärte zu diesem Thema:

„Wer jedenfalls denkt, dass die Grünen nach ihrem Absturz kein Unheil mehr anrichten können, muss sich daran erinnern, dass die Grünen mit ihrer aggressiven Verirrsinnigung der Gesellschaft, die sie dreißig Jahre lang erfolgreich betrieben haben, die Republik nachhaltig von jeder Vernunftfähigkeit befreit haben. Und dies in einer Weise, die selbst dann noch nachwirken würde wenn die Grünen sich morgen selbst auflösen würden. Merkels CDU ist politisch gesehen grün unterwandert. Staatsapparat und Medien haben einen grünen Schlag. Diesen Erfolg kann auch eine grüne Schrumpfpartei über den Tag hinaus für sich beanspruchen."[2]

---

1 https://www.stern.de/politik/deutschland/die-gruenen--vier-gruende--warum-man-sie-einfach-nicht-mehr-waehlen-kann-7418740.html
2 https://de.wikimannia.org/Gr%C3%BCne

Es stimmt: Bis weit in die CSU hinein passen sich die Altparteien den Grünen an, was auch in ihrer Unterstützung der demokratischen Partei und Hillary Clinton in den USA offenbar wird. Geld und Einfluss werden den Grünen nicht ausgehen, denn „die Grünen haben sich zur einzigen proeuropäischen Partei entwickelt", lobte sie beispielsweise der Milliardär und NGO-Führer George Soros.

Daran zeigt sich: Die Grünen haben mächtige Unterstützer und eine knallharte Multikulti-Umvolkungsideologie, welche sie hinter ihren Klimaschutztarnumhängen verstecken. Diese Leute helfen sich natürlich gegenseitig und manipulieren fleißig die öffentliche Meinung, sodass weiterhin Grüne im Bundestag sitzen und Pöstchen erhalten. So sitzt nun zum Beispiel wieder Claudia Roth auf dem Stuhl eines Bundestagsvizepräsidenten; ein Posten, welcher der AfD natürlich verweigert wird.

Der einfache Wähler durchschaut diesen Irrsinn nicht. Edgar von Glinka schrieb bereits 2017 in den „Deutschen Analen":

„Wir können und müssen feststellen, dass nach wie vor ein großer Teil der Wähler nicht hinter die, eigentlich doch recht billigen Tricks zur politischen Manipulation - im Interesse der Machterhaltung - schaut."

So ist es und bei diesen Tricks ist jedes Mittel recht und leider auch rechtens, denn kein Gesetz verbietet es Politikern, ihren Wähler die Unwahrheit zu sagen. Schon früher taten die Grünen so, als ob sie für den Umweltschutz wären; das Waldsterben wollten sie beispielsweise angeblich verhindern. Heute lassen sie tausende Bäume fällen, um Windräder zu bauen. Doch trotz solcher Widersprüche fallen zahlreiche Menschen auf die grüne Tarnung herein, hinter der sich nichts anderes verbirgt, als Umvolkungs- und Umerziehungspläne. Es geht um nicht weniger, als die Schaffung eines „Neuen Menschen", der keine Kultur, keine Religion, keine Heimat, keine Herkunft und kein Geschlecht haben soll. Kurzum: der perfekte Sklave.

Der einfache Durchschnittswähler bekommt von diesen Dingen so gut wie nie etwas mit. Zeitungen, Fernsehen und sogar Blogger im Netz trichtern ihm ein, dass die Grünen der parlamentarische Arm der „Fridays for Future"-Bewegung wären und die Welt retten könnten. Von den hinterm Klimaschutz versteckten Plänen dringt nur wenig an die Öffentlichkeit. Dieses Buch soll dabei helfen, die Machenschaften der Grünen auf dem Schatten in das Licht zu zerren und aufzuzeigen, wohin die Reise gehen soll. Dabei werden Sie eine Welt voller Lug und Trug kennenlernen; die Welt der Grünen. Was schrieb Roland Tichy nochmal so passendes über die Grünen?

„Politik in Deutschland ist ja immer mehr eine Politik des guten Anscheins. Moral zählt, ein gutes Gefühl, nicht harte Ergebnisse. Anything goes, alles ist möglich, das ist das inflationäre Versprechen einer neuen Bourgeoisie, die Wohlstand ererbt hat und nach 10 Jahren guter Konjunktur sich befreit fühlt von materiellen Zwängen. Diesel? Verbieten wir. Autoindustrie? Braucht man nicht. Einwanderer? Platz und Sozialstaat ist für alle da. Energiewende? Wir haben doch Windräder, und den Strom speichern wir in den Leitungen! Landwirtschaft? Bitte wieder Kleinbauern, es war doch so romantisch, damals im Heu, das noch keine Pollenallergie auslöste. Die Grünen sind die Meister der Inszenierung des guten Gefühls. Ihre Wähler sind gut versorgt (...) im Öko-Supermarkt ist alles möglich, dort sind der Milchpreis, die Kosten für's Lammkotelett (Schwein gibt's nicht) nicht so entscheidend wie der Genuss, der von der Gewissheit ausgeht: Jeder Biss in den Bio-Apfel rettet die Welt, bedingungslos. Das schafft gute Laune (...) Im Wettstreit mit einer Wirklichkeit der unangenehmer Realität und einer erhofften, utopischen, gewinnt immer die Wunschwelt, solange die Rechnung dafür durch höhere Subventionen ausgeglichen werden können, die ein expansiver Fiskalstaat finanziert."[3]

In einer solchen Wunschwelt leben viele Grüne und vor allem das Groß von deren Wählerschaft. Die Zeche zahlt der einfache Durchschnittsdeutsche, welcher die Folgen dieser Politik tragen muss. Dagegen gilt es etwas zu unternehmen:

Wenn Sie lieber Leser dieses Werk fertiggelesen haben, so wäre es großartig, wenn Sie es weiterverschenken oder zumindest weiterempfehlen. Auf diese Weise gelingt es eventuell, den einen oder anderen Mitbürger aufzuwecken. Dass dies dringend Not tut, zeigt das Wahlverhalten vieler Menschen. So mancher kommt vielleicht nach entsetzlichen Erkenntnissen auf die Idee: „Jetzt zeige ich es den Grünen. Ich wähle die CDU."

Doch da die Altparteien alle unter einer Decke stecken und mit einander koalieren, ist das ungefähr so sinnvoll, wie im Dritten Reich zu sagen „Jetzt zeige ich es Hitler. Ich höre mir nicht mehr seine Reden an, sondern nur noch die von Dr. Goebbels."

Daher ist es ratsam, abseits des Mainstreams zu fischen und sich den Alternativen zuzuwenden. Alternativen gibt es auch für den angeblichen Klimaschutz der Grünen, welcher bei genauerer Betrachtung nichts anderes als Heimatzerstörung ist. Auch darauf wird in diesem Werk eingegangen. Ebenso sollen Sie erfahren, wie die Grünen entstanden sind und so mächtig werden konnten. Denn angesichts der Macht dieser Partei ist Aufklärung mehr als geboten. Die Öffentlichkeit hat ein Recht darauf, die Wahrheit zu erfahren. Denn nur

---

3 https://de.wikimannia.org/Gr%C3%BCne

durch Aufdeckung ihrer Worte und Taten können sie möglicherweise noch besiegt werden. Hierbei muss jedoch erwähnt werden, dass dies nicht zum ersten Mal geschieht. Schon vor ein paar Jahren wurde der Pädophilie-Skandal aufgedeckt, welcher den Grünen ein wenig zu schaffen machte. Aber nach einigen halbherzigen Distanzierungen und ein wenig Schönrederei war der Großteil davon recht schnell wieder vergessen. Die meisten Menschen vergessen schnell; das liegt in ihrer Natur. Darum muss man ihnen die Ereignisse wieder und wieder in Erinnerung rufen.

Ein guter Grund, dieses Vorwort mit einer linken Parole abzuschließen, denn warum sollte sie nicht für die dunkle Bedrohung durch die Grünen gelten? „Gegen das Vergessen."

Ich wünsche Ihnen eine erhellende Lektüre.

Christian Schwochert

DIE GRÜNEN BIS ZUR ERSTEN BUNDESREGIERUNGSBETEILIGUNG

Die Geschichte der Grünen begann eigentlich ganz harmlos. Nicht umsonst definierte Meyers großes Taschenlexikon von 1983 die Grünen folgendermaßen: „Die Grünen, politische Partei der Bundesrepublik Deutschland, gebildet Anfang 1980 durch Zusammenschluss verschiedener regionaler Gruppen (grüne Listen) sowie der „Grünen Aktion Zukunft„; bekennt sich zu den Grundwerten „ökologisch - sozial - basisdemokratisch - gewaltfrei„. Die Grünen betonen bei neutralistischer und parzifistischer Orientierung in der Außenpolitik den Vorrang, den das Verhältnis des Menschen zu seiner Umwelt genießt, und lehnen das Wachstumsdenken, insbesondere in der Energiepolitik, ab. Bis März 1983 errangen die Grünen Sitze in den Länderparlamenten von Bremen, Baden-Württemberg, Niedersachsen und Hessen; bei der Bundestagswahl vom 06.03.1983 erreichten sie 5,6% der Zweitstimmen und 27 Sitze."

Das klingt an sich gar nicht so schlimm, doch ein Lexikon berichtet bekanntlich kurz, knapp und neutral. Zudem waren 1983 viele interne Dinge über die Grünen noch nicht bekannt. Und das Meiste hatte auch noch gar nicht stattgefunden.

Der Autor dieser Zeilen hat, aufgrund der Tatsache dass er erst nach der Teilwiedervereinigung geboren wurde, die Unterwanderung der Grünen nicht persönlich miterlebt. Aber da ich mich schon seit Jahren intensiv mit Politik befasse, ist mir nicht entgangen, wie eine andere Partei Ähnliches erlebte: Die Piratenpartei. Zuerst waren auch die Piraten eine basisdemokratische Partei, aber dann wurden sie unterwandert. Zum Teil von offensichtlich linksextremen Gruppen und Personen, aber auch von den Grünen selbst! So lief Anke Domscheit-Berg von den Grünen zu den Piraten über und fungierte dort als „Agentin der Grünen". Jedoch stürzte die Piratenpartei schon nach kurzer Zeit wieder ab, denn vor allem die Protestwähler wollten nicht noch eine weitere linke Partei. Eher konservative Mitglieder wie Beate Prömm gingen zur AfD, während der linke Piratenparteisumpf austrocknete. Immerhin verhinderte die Piratenpartei durch ihre Existenz ein Stück weit eine linke Unterwanderung der AfD, womit sie wenigstens zu etwas Nutze war. Die Piraten nach ultralinks zu drehen, ist den Unterwanderern gelungen, aber eine weitere linke Partei ins schwarz/gelb/rot/grüne-Einheitsblock-parteiensystem zu bringen, klappte nicht. Vermutlich deshalb, weil die Unterwanderung zu schnell offensichtlich wurde; nicht zuletzt dank der sozialen Medien, welche es bei Gründung der Grünen bekanntlich noch nicht gab. Auch wurde fast jedem rasch klar, dass die Piraten sich von ihren Grundwerten wie der „Transparenz" verabschiedeten.

Ich möchte den interessierten Leser an dieser Stelle bitten, sich die vier im Lexikon genannten Worte zu merken: **„ökologisch, sozial, basisdemokratisch, gewaltfrei"**. Sie werden im Laufe des Buches feststellen, dass von diesen grünen Grundwerten nichts mehr übrig geblieben ist.

Aber am Anfang klang alles gut und schön, denn all die heute bekannten Abscheulichkeiten grüner Politik waren bei der Gründung dieser Partei nämlich ganz und gar nicht vorgesehen. Erst die Unterwanderung durch die linken K-Gruppen ließ die Grünen zu einer deutschenfeindlichen Rassistenpartei mutieren. Parteimitbegründer wie Herbert Gruhl hatten gewiss nicht das im Sinne, was die Grünen heute sind und zu was sie damals mutierten. Zumal Männer wie er deutschfreundliche

Bücher unter anderem über Hugo von Hofmannsthal schrieben. Herr Gruhl war einstmals umweltpolitischer Sprecher der CDU-Bundestagsfraktion und verließ aufgrund von unüberbrückbaren Differenzen in der Umweltpolitik im Juli 1978 zusammen mit einigen anderen Unionspolitikern, vor allem aus der Jungen Union, die CDU. Anschließend gründeten sie gemeinsam die Grüne Aktion Zukunft (GAZ). Da er sein Bundestagsmandat behielt, ist er streng genommen der erste Abgeordnete der Grünen im Bundestag. An sich ein harmloser Anfang. Hätte die CDU damals auf Herbert Gruhl gehört, wäre er nie ausgetreten und es gäbe die Grünen heute wahrscheinlich gar nicht. Der Zauber des Anfangs verflog sehr schnell und die Grünen wurden von zahlreichen K-Gruppen unterwandert. Zu diesen K-Gruppen gehörte auch der „Kommunistische Bund Westdeutschland". Er sammelte unter anderem Geld für den Massenmörder Pol Pot. Pot brachte Millionen seiner Landsleute in Kambodscha um. Die Zahlen sind ungenau; sie schwanken zwischen eins und drei Millionen. Bei 8.000.000 Einwohnern des kleinen Landes. Bekannte KBW-Funktionäre waren unter anderem Reinhard Bütikofer und Winfried Kretschmann. Letzterer ist nun dank der Grünen Ministerpräsident von Baden-Württemberg. Kein Wunder, dass Herbert Gruhl die Partei bald aufgab.

*

Aber vorher versuchten Gruhl und Springmann noch ihr Glück bei der Landtagswahl am 08.10.1978 in Hessen. Damals konkurrierte die bürgerliche Grüne Aktion Zukunft mit der Grünen Liste Hessen (GLH). Letztere war von Jutta Ditfurth gegründet worden, welche neben Thomas Ebermann und Rainer Trampert sehr schnell zur Symbolfigur des linken Flügels der grünen Partei wurde.

17

Mit 0,9 Prozent blieb das Ergebnis der GAZ deutlich hinter den Erwartungen ihres Gründers Herbert Gruhl zurück, der auf ein Ergebnis von sechs Prozent oder mehr gehofft hatte. Auch die GLH scheiterte mit 1,1 Prozent klar an der Fünf-Prozent-Hürde. Spitzenkandidat der GLH war Alexander Schubart, Frankfurter Magistratsdirektor und ehemaliges SPD-Mitglied. Auf Listenplatz 7 wurde als Vertreter der Frankfurter Sponti-Szene Daniel Cohn-Bendit gewählt, der später EU-Abgeordneter der Grünen wurde. In seiner Bewerbungsrede hatte er für den Fall des Wahlerfolges die Legalisierung von Haschisch und die Übernahme des Innenministeriums angekündigt. Auf Listenplatz 8 kandidierte der Bioladenbesitzer und spätere Bundestagsabgeordnete der Grünen Herbert Rusche aus Offenbach. Daran zeigt sich, dass die ursprünglichen Grünen um Gruhl Anfangs in Konkurrenz zu den Linken, die wir heute alle kennen, standen. Es kam, wie es kommen musste. Weil Gruhls Grüne allein nicht erfolgreich genug waren, kam es zur Bildung der gemeinsamen Wahlliste „Sonstige Politische Vereinigung (SPV)-Die Grünen" aus GLU-Niedersachsen, Grüne Liste Schleswig-Holstein, AUD, GAZ, der Freien Internationalen Universität, der Aktion Dritter Weg (A3W) und Vertretern weiterer Bürgerinitiativen. Anders als bei Bundestagswahlen war für die Teilnahme „Sonstiger Politischer Vereinigungen" an der Europawahl keine formelle Parteigründung nötig. Zu Vorsitzenden wurden diesmal noch Herbert Gruhl (GAZ), August Haußleiter (AUD) und Helmut Neddermeyer (GLU) gewählt. Spitzenkandidatin wurde Petra Kelly, die im selben Jahr aus der SPD ausgetreten war. Der politische Erfolg kam, aber zu welchem Preis? Zwar erzielten die SPV–Die Grünen mit 900.000 Stimmen ganze 3,2 Prozent, aber dieser Wahlerfolg bewirkte eine massive Verschiebung des Kräfteverhältnisses zwischen dem bürgerlichen und dem linksradikalen Lager und hatte den Machtverlust des Ersteren zur Folge.

*

Infolge dieser Machtverschiebung kam es im November 1979 zum zweiten Bundeskongress der SPV-Die Grünen in Offenbach. Dieser sollte entscheidend für die Zukunft der Partei sein. Zum einen wurde dort die Parteigründung für Januar 1980 beschlossen, was aber fast schon nebensächlich ist. Denn diese sollte nicht als Neu-, sondern als Umgründung der SPV-Die Grünen geschehen werden, um die Wahlkampfkostenerstattung von der Europawahl in Höhe von 4,5 Millionen Mark zur Finanzierung des Parteiaufbaus verwenden zu können und die linken Listen nicht als Gründungsmitglieder aufnehmen zu müssen. Das war damals der Plan, denn scheinbar war Gruhl klar geworden, wie gefährlich die Linken waren. Jedoch waren die Grünen damals schon zu sehr von linken Kräften durchsetzt, sodass den Mitgliedern der linken Gruppen die Möglichkeit eröffnet wurde, bis zum 20.12.1979 in die SPV-Die Grünen einzutreten, um am Karlsruher Gründungskongress teilzunehmen. Die Folge dieser massiven linken Teilnahme war, dass ein Antrag von Baldur Springmann, eine Mitgliedschaft in der SPV-Die Grünen nicht zuzulassen, wenn gleichzeitig eine Mitgliedschaft in einer anderen, insbesondere einer kommunistischen Organisation bestand, abgelehnt wurde. Daraufhin dauert es nicht lange, bis die Mitgliederzahl der Partei innerhalb von knapp zwei Monaten von 2.800 auf 12.000 in die Höhe schoss. Zwar blieb Herbert Gruhl Bundesvorstandssprecher, aber der weitere Weg war vorgezeichnet. Es ging stramm nach Links, was Gruhl nicht mittragen wollte.

Was die Linken in die grüne Partei gelockt hatte, scheint recht eindeutig: Aussichten auf Geld und Macht. Schließlich erhielten die Grünen 1979 für die 3,2 Prozent, welche die Partei bei der Europawahl errang, die oben erwähnten 4,5 Millionen Mark aus der Parteienfinanzierung, obwohl ihre Partei die damals geltende Fünf-Prozent-Hürde nicht übersprang. Entsprechend erklärte 2008 der damalige Bundestagspräsident Norbert Lammert zum 25jährigen Bestehen der Partei im Bundestag:

„Die Entstehungsgeschichte der Partei ‚Die Grünen‘ stellt somit einen in der Geschichte der Bundesrepublik bisher einmaligen Fall staatlich subventionierter Parteigründung dar, der deutlich zeigt, wie problematisch eine ausschließlich am Wahlergebnis orientierte Wahlkampfkostenerstattung sein kann."

Mit Hilfe des vielen Geldes konnten sich die Grünen in Westdeutschland etablieren. Dem eigentlichen geistigen Vater der Partei nützte das jedoch nichts; im Gegenteil. Die 4,5 Millionen flossen in die Taschen eines Parteienfilz, dem Herbert Gruhl immer weniger abgewinnen konnte. Entsprechend kritisierte Gruhl auf dem Parteitag der Grünen in Saarbrücken am 23.03.1980 unter Berufung auf Erich Fromm, das beschlossene Programm der Partei sei „bestimmt […] vom Modus des Habens" und damit zu materialistisch. Er hatte also offenkundig erkannt, dass es inzwischen nur noch darum ging, den uns heute nur allzu gut bekannten Linken gut betuchte Pöstchen zu verschaffen. Am 02.03.1980 hatte er schon versucht gegenzusteuern, indem seine GAZ zusammen mit der Grünen Liste Schleswig-Holstein und der Bremer Grünen Liste die Arbeitsgemeinschaft ökologische Politik bei den Grünen (AGÖP) ausrief, welche einen Gegenpol zum dominierenden linken Flügel der Partei bilden sollte. Am 16. Juli desselben Jahres gründeten diese die Organisation „Grüne Föderation" und benannten sich im Oktober in Ökologische Föderation um. Aber innerhalb der grünen Partei war nichts mehr zu retten, also lösten sich Gruhl und seine Mitstreiter 1981 endgültig aus der Partei heraus; Gruhl persönlich kehrte den Grünen am 18.01.1981 den Rücken. Mit ihm traten etwa ein Drittel der Mitglieder aus. Dabei dürfte es sich vor allem um die aufrechten, konservativen Patrioten gehandelt haben, wodurch die Grünen unumkehrbar zur linken Partei wurden.

Herbert Gruhl wollte jedoch nicht einfach so aufgeben und gründete 1982 die Ökologisch-Demokratischen Partei (ÖDP) mit, welche zum Teil aus der Ökologischen Föderation hervorging. Auf deren erstem öffentlichen Bundesparteitag am 6. und 7. März selben Jahres in Bad Honnef gewann Gruhl mit 101 zu 32 Stimmen die Wahl zum Bundesvorsitzenden und blieb bis 1989 ohne Unterbrechungen Bundesvorsitzender der Partei. In dieser Zeit prägte Gruhl die Außendarstellung und das Selbstverständnis der Partei insbesondere mit dem Slogan „Weniger ist mehr" und führte sie 1988 zu einem ersten Achtungserfolg bei der Landtagswahl von Baden-Württemberg mit einem Ergebnis von 1,4 Prozent. Allzu viel mehr wurde es jedoch nicht und die neue, kleine Partei konnte den einstmals von Gruhl mitbegründeten Grünen nicht den sehr bald zwischen den anderen etablierten Parteien der BRD errungenen Platz wegnehmen.

*

Wie wenig Gruhl in der eigenen Partei bereits 1980 zu sagen hatte, zeigte sich an dem verabschiedeten Grundsatzprogramm, bei dessen Formulierung sich die linksalternativen gegen die bürgerlich-ökologischen Kräfte

21

in allen wichtigen Fragen durchsetzten. Das Programm enthielt unter anderem Forderungen nach Stilllegung aller Atomanlagen, einseitiger Abrüstung, Auflösung der Militärblöcke NATO und Warschauer Pakt sowie Abschaffung des § 218 StGB. Schon damals waren die Grünen also für die Ermordung ungeborener Kinder, welche man heute als „Abtreibung" bezeichnet. In der Frage der Tötung der Wehrlosesten unserer Welt sind sich die Grünen bis heute treu geblieben. Entsprechend wurde diese Programmatik von dem konservativen Flügel um Herbert Gruhl als Niederlage empfunden. Das Bundesprogramm beschrieb die neue Partei als „ökologisch, sozial, basisdemokratisch und gewaltfrei". Inwiefern es gewaltfrei ist, wenn ein ungeborenes Kind getötet wird, haben die Grünen jedoch nie rechtfertigen müssen. Nüchtern betrachtet ist es auch nicht ökologisch, sozial oder basisdemokratisch. Das ungeborene Kind kann seine Stimme nicht erheben und hat keine Möglichkeit, sein Recht auf Leben zu verteidigen. Das Kind wird durch einen widernatürlichen Vorgang aus dem Leben gerissen; heraus aus dem Bauch, in dem es heranwächst. Es gibt wohl kaum etwas, was mehr wider die Natur und gegen den Willen Gottes ist, als die Ermordung ungeborener Kinder. Ökologisch ist ein solcher Vorgang in keinem Fall, zumal in der Natur auch nur das überlebt, was nachwächst. Und für das soziale Gefüge einer Gesellschaft ist es ebenfalls alles andere als gesund, wenn über 100.000 Kinder pro Jahr fehlen. Ganz zu schweigen von der seelischen Verfassung der Frau die abgetrieben hat. Die meisten Frauen, die so etwas Schreckliches tun, sind in großer Not und bräuchten Hilfe und Versorgung, um ihr Kind zu bekommen. Schon Friedrich der Große hat solchen Frauen Hilfe zukommen lassen und auch Organisationen wie 1000plus-Hilfe statt Abtreibung" helfen, wo sie nur können und werden dafür von den Grünen angegriffen. Die meisten Frauen, sieht man von einigen wenigen linken eiskalten Promis ab, sind froh und dankbar, wenn ihnen jemand zur Seite steht und sie ihr Kind bekommen und ein kleines Wunder des Lebens in ihren Armen halten. Die Grünen scheinen so etwas, was ja ein geradezu biblisches, positives und familiäres Bild ist, abzulehnen. Heute geben sie vor, sich für „Kinderrechte" einzusetzen und helfen gleichzeitig fleißig dabei mit, dass knapp jedes neunte ungeborene Kind Jahr für Jahr getötet wird. Ohnehin sind die „Kinderrechte" nur eine Ausrede, um die Rechte der Eltern zu entkernen und beispielsweise konservativen Eltern das Sorgerecht zu entziehen und die Kinder unter staatliche (linke) Obhut zu stellen. Weigern sich Eltern zum Beispiel, ihre Kinder eine Moschee besuchen zu lassen, landen sie vor Gericht, weil angeblich die Schulpflicht verletzt wurde. Weigern sich Eltern hingegen, ihre Kinder bei den „Fridays for Future"-Demos mitlaufen und dafür die Schule schwänzen zu lassen, machen sie sich verdächtig, was zukünftig Folgen haben könnte.

*

Für die Grünen nach der kurzen Ära Gruhl kann man sich auch folgenden Merksatz notieren: „Ein Mensch wechselt seine Kleidung, aber er bleibt darunter stets derselbe." So ist es auch mit den Grünen. Das Gewand ändert sich, aber innen drin steckt in jedem Fall immer die linke, völkervernichtende Ideologie. Nachdem der angesehene ehemalige CDU-Abgeordnete Gruhl weg war, stritten die Linken sich untereinander. Das ist auch heute noch so, aber derartige Streitigkeiten dringen dank der ihnen wohlgesinnten Presse nur selten nach draußen. Zudem halten sie trotz kleiner Differenzen nach außen hin und vor allem „gegen rechts" immer zusammen.

Im Rahmen des internen Streits bildete sich die kurzlebige Gruppe „Basisdemokratische undogmatische Sozialist/inn/en" in den Grünen (BUS) rund um Kuhnert, Ditfurth, Eckhard Stratmann-Mertens und andere. Man beachte die Schreibweise des Wortes „Sozialist/inn/en". Darin steckt bereits die Ideologie, welche wir heute als „Gender-Wahn" kennen. Derselbe Humbug wie früher, nur in einer anderen Fassung. Inzwischen auch von der CDU/CSU und zahlreichen Behörden übernommen. Die BUS verstand sich als eine Art Gegengewicht zur aus dem Kommunistischen Bund hervorgegangenen „Gruppe Z". Besagte Gruppe Z hatte erfolgreich Bettina Hoeltje bei den Vorstandswahlen unterstützt. Bis 1990 zerstreuten sich die Mitglieder der BUS unter die Ökosozialisten, Radikalökologen und Ökolibertären. Letztlich hatten die Ökosozialisten sowohl programmatisch, als auch personell die Oberhand gewonnen und dominierten die Partei bis zu ihrem Auszug 1990. Die Unterschiede zwischen diesen Gruppen müsste man schon mit der Lupe suchen. Für Linke mag es interessant sein, worin sich Ökosozialisten, Radikalökologen und Ökolibertäre unterscheiden. Dieses Buch wurde jedoch nicht für Linke geschrieben und für Leute aus dem patriotischen Lager unterscheiden sich diese drei Gruppen von einander wie drei grüne Wassermelonen. Sie haben außen vielleicht ein paar unterschiedliche Flecken, sind aber alle außen grün, innen rot und mit einigen braunen Kernen versehen. Bei ihrer ersten Bundestagswahl scheiterten die Grünen noch mit enttäuschenden 1,5 Prozent der Zweitstimmen an der Fünf-Prozent-Hürde. Infolgedessen tat die Partei etwas, was sie auch heute wieder tut: Sie hängte sich an eine Bewegung an, welche viele Menschen auf die Straße brachte. In der heutigen Zeit machen die Grünen das mit ihrer dortigen Frontfrau Luise Neubauer bei den künstliche aufgebauschten und von fadenscheinigen Hintermännern finanzierten „Fridays for Future". Wobei es jeden bedenklich stimmen sollte, dass Fridays for Future abgekürzt FFF ist, was für 666 steht und die Zahl des Teufels ist. Die damals von den Grünen geenterte Bewegung war eine andere; nämlich die sogenannte „Friedensbewegung". Diese setzte für einen Abzug der US-Truppen aus Deutschland ein und war gegen die NATO, die auch heute noch aktiv ist, obwohl die sowjetische Bedrohung nicht mehr existiert. Übrigens sind, obwohl Deutschland von Nachbarn umgeben ist, die keine kriegerischen Interessen gegen uns haben, nach wie vor Tausende GIs aus den USA mit ihren Atomwaffen auf deutschem Boden. In diesem Zusammenhang sei einmal die US-Serie „JAG-Im Auftrag der Ehre" erwähnt. Im Grunde ist es eine Propagandaserie, die aber natürlich wesentlich besser gemacht ist, als der Unfug à la „Lindenstraße", den wir aus der BRD kennen. Die Serie zeigt einige amerikanische Offiziere von der Navy. Die Kriegseinsätze der USA werden nicht in Frage gestellt und die amerikanischen Soldaten sind natürlich sehr positiv besetzt. Beliebte Gegenspieler in der Serie sind Länder wie Russland, der Irak und Kuba, beziehungsweise Leute, die im Dienste der Regierungen dieser Länder stehen. Die Serie war Zeit ihres Bestehens hochaktuell und stellte beispielsweise auch Abenteuer der Hauptfiguren beim Krieg gegen Jugoslawien oder den Irak da. Nie wurden diese Kriege dort infrage gestellt und damit stellte auch der Zuschauer sie nicht infrage. Ebenso wenig wurde die Frage gestellt, was denn die ganzen amerikanischen Truppen überall auf der Welt eigentlich zu suchen haben und wieso sie in fremden Ländern beliebig Leute verhaften dürfen?

Der Friedensbewegung hätte diese Serie, welche früher auf Hauptsendern wie *Kabel 1* und *Sat 1* lief, wohl überhaupt nicht geschmeckt. Ein wehrhaftes Volk erkennt man daran, dass es sich solche Fremdpropaganda nicht bieten lässt Aber davon, dass Fernsehsender, wie beispielsweise mal in Tunesien, massiv belagert werden, weil sie linken Feminismus -Schund wie „Sex and the City" senden, sind wir in Deutschland bedauerlicherweise noch meilenweit entfernt. Das zeigt jedoch, dass wir Deutschen uns noch zu viel gefallen lassen.

*

Auf jeden Fall hatten die Grünen großes Glück, denn ihre Gründungsphase fiel mit dem Höhepunkt der Friedensbewegung zusammen. 1983 wurde die Zahl der Aktivisten auf 300.000 bis 500.000 Personen geschätzt. Diese waren in ungefähr 4.000 Einzelinitiativen unterteilt. Es war eine Masse von Menschen und die Grünen entschieden sich, diese Proteste zu unterwandern und wo möglich zu übernehmen. Dasselbe sehen wir heute bei den FFF-Demos. Auf meinen Vorschlag, diese Proteste zu unterwandern und wo möglich zu übernehmen, hat die immerhin größte Oppositionmspartei im Deutschen Bundestag leider nicht gehört. Hätten sie es getan und zumindest einen Teil der jungen Leute in unsere Richtung zum patriotischen Umwelt- und Naturschutz hin gelenkt, wären die Grünen 2019 nicht so stark geworden!

Die damaligen Friedensdemonstrationen wurden übrigens zu immer größeren Massenveranstaltungen. Legalisiertes Schule schwänzen war als Motivation zum Hingehen damals nicht nötig. Am 10.10.1981 demonstrierten 300.000 Menschen, am 10.06.1982, anlässlich des Besuchs des amerikanischen Präsidenten Ronald Reagan, 500.000 und am 22.10.1983 wiederum eine halbe Million auf den Bonner Hofgartenwiesen gegen die Nachrüstung. Am gleichen Tag nahmen bundesweit etwa 1,3 Millionen Menschen an Aktionen gegen die

Nachrüstung teil, darunter 200.000 an einer Menschenkette von Stuttgart nach Neu-Ulm. Auch die Ostermärsche mobilisierten in diesen Jahren regelmäßig Hunderttausende. Am 11.09.1982 besuchten 200.000 Menschen die Veranstaltung „Künstler für den Frieden" im Bochumer Ruhrstadion. Als der Bundestag am 22.11.1983 die Stationierung amerikanischer Mittelstreckenraketen in Deutschland diskutierte, wurde dies von weiteren Großdemonstrationen begleitet, aber alle etablierten Parteien unterstützten den Wettrüstungskurs. Ein Stück weit ist die Sorge der damaligen Altparteien auch durchaus berechtigt, denn man hatte Angst, dass es bei einem Abzug der Amerikaner zu einer kommunistischen Invasion wie Jahre zuvor in Südvietnam kommen würde. Nach der Niederlage durch die Entscheidung des Bundestages verlor die Friedensbewegung rasch an Bedeutung, wobei nun die Grünen die Gunst der Stunde nutzten und sich als Auffangbecken für die Enttäuschten anboten. Schon damals glaubten die Wähler, es ginge den Grünen um Frieden und Umweltschutz. Diese Getäuschten brachten den Grünen einen starken Wählerzuwachs bei der vorgezogenen Bundestagswahl am 06.03.1983. Konkurrierende Umweltparteien spielten bei der Wahl keine Rolle mehr. Die ÖDP trat nur in Bayern mit einer Landesliste an und erhielt nur rund 11.000 Stimmen. Mit 5,6 Prozent der Zweitstimmen gewannen die Grünen 28 Abgeordnetensitze. Nun saßen sie im Bundestag und konnten ihren Einfluss auf die anderen Parteien ausdehnen. Mit dem Landesgeschäftsführer der Grünen Hessen, Herbert Rusche, zog der erste sich öffentlich bekennende schwule Bundestagsabgeordnete in den Bundestag ein. Damit betrieben die Grünen einen offenen Tabubruch. Von Anfang an war die Partei für die Legalisierung von Homosexualität, Inzest, Pädophilie und Sex mit Tieren. Diese Dinge versuchten sie zuerst alle gleichzeitig zu legalisieren. Als das im Laufe der Jahre nicht gelang, wurde die Strategie geändert und man legalisierte erst das Harmloseste, bevor man sich daran abarbeitete, die nächste Mauer einzureißen. Inzwischen wurden Homosexualität und sogar die Homoehe legalisiert; als Nächstes steht Inzest auf der Agenda. Sie arbeiten bereits daran. In der Öffentlichkeit wurde und wird das wenig behandelt. Was aber jeder mitbekam, war dass die Grünen Petra Kelly, Otto Schily, Antje Vollmer, Gert Bastian, Dirk Schneider, Gustine Johannsen und Lukas Beckmann im Oktober 1983 die DDR besuchten und mit Erich Honekker einen persönlichen Friedensvertrag unterzeichneten. Der osteuropäische Diktator dürfte sich sehr über diesen Besuch gefreut haben und dankbar gewesen sein.

*

Während die Grünen immer mächtiger wurden, überwarf sich ihr einstiger Gründer Herbert Gruhl auch mit der ÖDP. Im Februar 1989 schrieb Gruhl, er sei „fassungslos, [...] daß ausgerechnet mit dem Erfolg in Baden-Württemberg große Teile der Partei sich nicht etwa auf den Ausbau des Erfolges konzentriert haben, sondern auf die Suche von Differenzpunkten unter uns [...]". Im Laufe der Jahre nahmen nicht nur die Angriffe von außen zu, sondern auch die internen Auseinandersetzungen wurden immer schlimmer. Im Zuge dessen erwirkte Gruhl gegen die Mitglieder des Parteivorstandes Maria Opitz-Döllinger und Peter Schröder eine einstweilige Verfügung auf Unterlassung von ehrverletzenden Behauptungen ohne Wahrheitsgehalt. Aber Opitz-Döllinger und Schröder setzten auf einem ÖDP-Parteitag in Saarbrücken einen „Grundsatzbeschluss zur Abgrenzung der ödp von den Rechtsparteien" (gemeint sind die damals bestehenden Parteien *Die Republikaner,*

DVU und *NPD*) durch. Gruhl lehnte diesen Beschluss als fortgesetzten Richtungsstreit ab, für den seines Erachtens „Munition [...] teils von den Grünen, meist jedoch von lächerlichen lins außen stehenden Gruppen" bezogen und eine Absage an die für ihn wichtige Wiedervereinigungsoption Deutschlands erteilt werde. Dies alles geschah zu einer Zeit, als die Wiedervereinigung der BRD mit der DDR immer näher rückte, was jedoch Anfang 1989 noch keiner ahnen konnte. Nur wenige, wie etwa Herr Gruhl oder die *Deutschen Konservativen e.V.* setzten sich für die Wiedervereinigung ein. Von Männern wie Joachim Siegerist wurden Aktionen durchgeführt, wie zum Beispiel Ballons mit entsprechenden Äußerungen über die Mauer in den Osten fliegen zu lassen. Parteien wie die Grünen waren jedoch von Anfang an gegen eine Wiedervereinigung, weil sie es in ihrer Hypermoral als eine Art pseudogerechter Strafe für den Krieg empfanden, dass Deutschland geteilt war. Auch die ÖDP schwenkte auf diese grünlinke Linie ein. Es gelang Gruhl nicht, eine Abwahl seiner Gegner durchzusetzen. Daraufhin legte er noch auf dem Parteitag in Saarbrücken 1989 sein Amt als Vorsitzender nieder. Am 14.12.1990 erklärte er seinen Austritt aus der ÖDP und gründete später den „Arbeitskreis Ökologische Politik". Dieser ging in der rechtskonservativen, parteiunabhängigen Organisation Unabhängige Ökologen Deutschlands (UÖD) auf. Im UÖD-Organ Ökologie äußerte Herbert Gruhl zuletzt noch Kritik am Maastricht-Vertrag, weil dieser die Geltung des Grundgesetzes der Bundesrepublik Deutschland gefährdet und sich über die Zukunftsfähigkeit einer europäischen Einheitswährung Illusionen macht. „So wie Esperanto eine künstliche Sprache ist, die sich nicht durchsetzen konnte, so kann das künstliche Einheitsgeld auch nur eine Attrappe für Währungen werden, die nicht zueinander passen", erklärte er.

Aber man hörte nicht auf ihn; am allerwenigsten in seinen ehemaligen Parteien. Trotzdem gab er nicht auf und erklärte, dass es ein immerwährendes Wachstum nicht geben könnte, und übte Kritik wachstumsfixierter Wirtschaftspolitik und vorherrschenden Wirtschaftstheorien. In seinem Verständnis verband sich Ökologie auch mit bevölkerungspolitischen Fragen, weshalb er sich auch kritisch gegenüber einer liberalen Zuwanderungspolitik äußerte. Gruhl schrieb in seinem Bestseller „Ein Planet wird geplündert", dass die Einwanderungspolitik der europäischen Völker eine sagenhafte Dummheit ist. Ein Jahr vor seinem Tod warnte Gruhl in dem Buch „Himmelfahrt ins Nichts" davor, dass „viele Kulturen in einem Raum zusammengemixt" würden. Der Wert des Gemisches sinke „mit zunehmender Durchmischung". „Das ist ein Gesetz der Entropie, das wir besonders in der Ökologie haben, und dieses Gesetz gilt auch für menschliche Kulturen", erklärte er auf Nachfrage zu diesem Thema. Nachdem er 1993 in Regensburg starb erklärte Franz Vonessen über Herbert Gruhl: „Drei Parteien dürfen sich 'rühmen', ihn [Gruhl] vorzeitig erschöpft und zu seinem frühen Tod beigetragen zu haben. Trotzdem hat er nicht vergeblich gekämpft; zwar schob man ihn persönlich nicht nur beiseite, sondern ließ ihn fallen, aber die Tatsachen, erst einmal klar ausgesprochen, waren nicht mehr völlig aus dem politischen Gesichtsfeld zu schielen."

Von seinen Gedankengängen, im Besonderen zum Thema Migration, wollen die heutigen Grünen freilich nichts mehr wissen. Der Fall Herbert Gruhl zeigt, dass „Umwelt- und Naturschutz" eigentlich urkonservative Themen sind, denen sich aber leider die Linke bemächtigt hat, welche nun mit der ihr eigenen Wahnhaftigkeit diese Themen dominiert. Es ist an der Zeit, ihnen diese Themen zu entreißen und mit der den Konservativen eigenen Sachlichkeit die Probleme anzupacken.

Der Aufstieg der grünen Melonenpartei ging fast ungebremst weiter. In ihrer Anfangszeit hatten sie für wichtige Führungsposten noch eine Art Rotationsprinzip gehabt, damit niemand an seinem Posten kleben und Berufspolitiker werden konnte. Dieses Prinzip war theoretisch durchaus sinnvoll, entsprach jedoch nicht dem natürlichen Streben vieler Menschen nach Macht. Es war im Grunde ein Versuch, die Menschen zu widernatürlichem Verhalten zu erziehen. In diesem Fall betraf es die Menschen in der eigenen Partei, in späteren Zeiten betrafen solche Umerziehungsmaßnahmen nur noch alle anderen; hauptsächlich Bürger aus dem eigenen Volk, die auf's Fliegen verzichten sollen, während die Grünen regelrechte Vielflieger sind.

Darauf sich selbst umzuerziehen wurde nach den Erfahrungen mit dem Rotationsprinzip weitestgehend verzichtet.

Denn bereits in der ersten Wahlperiode nach dem Einzug in den Bundestag kam es zu verschiedenen Problemen beim Rotationsprinzips. Die grünen Politiker Petra Kelly und Gert Bastian weigerten sich zu rotieren, andere überließen widerwillig einer vermeintlichen oder tatsächlichen zweiten Garde die Abgeordnetenplätze. Auch die Rotation an der Parteispitze funktionierte nicht; bereits 1986 wurde die zweijährige durch eine vierjährige Rotation ersetzt. Auf die damaligen Grünen geht auch die sogenannte „Frauenquote" zurück. Diese war schon in ihren Anfangszeiten eine Mogelpackung, welche Frauen nicht etwa eine Gleichberechtigung, sondern nicht durch eigene Leistungen erworbene Vorteile sicherte. Aufsehen erregte in diesem Zusammenhang der am 03.04.1984 gewählte rein weibliche Vorstand der grünen Bundestagsfraktion. Dazu sei noch erwähnt, dass es in sämtlichen späteren grünen Fraktionen mehr Frauen als Männer gab. So viel zur sogenannten „Gleichberechtigung".

In der damaligen Zeit wurden den Grünen jedoch noch Steine in den Weg gelegt. Der von den 68ern begonnene „Marsch durch die Institutionen" war noch nicht abgeschlossen und die Grünen, deren K-Gruppen auch auf die von den USA mit wieder aufgebauten „Frankfurter Schule" zurückgingen, waren zwar für deutschenfeindlich gesinnte Amerikaner eine nützliche Freude, aber weil zwecks Wählergewinnung viel gegen die NATO gewettert wurde und da die Altparteien die Grünen als Gefahr für ihre Macht betrachteten, hatten die Grünen es nicht so leicht wie heute. Zudem hatten viele Angehörige der damaligen Parteien CDU, SPD und FDP im Krieg für Deutschland gekämpft und witterten die Deutschenfeindlichkeit der Grünen, welche ihnen ganz und gar nicht gefiel. Auch kam es bei der Landtagswahl 1985 in Nordrhein-Westfalen zu einem „Kindersexskandal", der damals, anders als heute, nicht totgeschwiegen wurde. Eine Arbeitsgruppe des grünen Landesverbandes forderte eine Streichung des Sexualstrafrechtes (inkl. § 176 StGB). Diese Forderung wurde in einem Landesparteitags-Beschluss mit 76:53 Stimmen angenommen und kam ins Wahlprogramm der Grünen. Zusätzlich setzten sich die Grünen in den 1980er Jahren für die Abschaffung der seit Friedrich dem Großen bestehenden Schulpflicht ein. Dies war jedoch zu einer Zeit, wo sie selbst noch nicht an der Macht waren und das Schulsystem kontrollierten. Seit es linksgrüne Initiativen wie „Schule ohne Rassismus-Schule mit Courage" gibt, welche bei der Umerziehung im linken Sinne helfen, hat bei den Grünen kaum noch jemand etwas gegen die Schulpflicht. Natürlich darf diese auch jederzeit für grüne Aktionen ausgesetzt werden, nicht jedoch, wenn im Rahmen des Unterrichts im Sinne der Grünen Kinder Homosexuellen-WGs besuchen müssen. An diesem Tag war der Autor dieser Zeilen übrigens „erkältet" – und konnte LEIDER nicht mitkommen.

Dass dieser Instinkt richtig war, zeigten mir meine Nachforschungen, als ich erfuhr, wie die Grünen sogenannten „gewaltfreien" Sex mit Kindern in den 1970er und 1980er Jahren verharmlosten und sogar propagierten. Auf dem eben erwähnten Landesparteitag der Grünen in Nordrhein-Westfalen hieß es zur Begründung der Verabschiedung des Antrags: „Einvernehmliche Sexualität [ist] eine Form der Kommunikation zwischen Menschen jeglichen Alters, Geschlechts, Religion oder Rasse und vor jeder Einschränkung zu schützen."

Sex mit Kindern sei „für beide Teile angenehm, produktiv, entwicklungsfördernd, kurz: positiv". „Einvernehmliche sexuelle Beziehungen dürfen grundsätzlich nicht kriminalisiert werden" und es sei nicht hinzunehmen, dass Erwachsene, die die sexuellen Wünsche von Kindern und Jugendlichen ernst nähmen und liebevolle Beziehungen zu ihnen unterhielten, mit Gefängnisstrafen von bis zu zehn Jahren bedroht würden.

Diesen abscheulichen Irrsinn scheinen die Grünen tatsächlich zu glauben. Das es sich nicht um einen „bedauerlichen Einzelfall", von dem immer wieder gerne die Rede ist, wenn grüne Gäste sich „daneben benehmen", handelt, zeigt die Tatsache, dass die sogenannte „Bundesarbeitsgemeinschaft Schwule, Päderasten und Transsexuelle", die sich offen für eine Legalisierung von Sex mit Kindern aussprach, direkt von der Bundespartei und der Bundestagsfraktion finanziert wurde. Der Grüne Daniel Cohn-Bendit, der bis heute bei den Grünen aktiv ist und damals in einem Kindergarten arbeitete, rühmte sich sogar zu dieser Zeit während eines Interviews, intime Kontakte zu Kindern zu haben und dass ihm dies Freude bereitete. Statt im Gefängnis landete er jedoch im EU-Parlament, wo er gewiss viele Gleichgesinnte getroffen hat.

Passend dazu hatten die Gesetzentwürfe der ersten Grünen Bundestagsfraktion aus dem Jahr 1985 (Bundestagsdrucksache 10/2832 vom 4. Februar 1985) zum Ziel, im Zuge der Entkriminalisierung von Homosexualität auch gleich den Schutz minderjähriger Jungen und Mädchen vor sexuellem Mißbrauch und homosexuellen Handlungen aufzuheben. Grünen-Politiker Volker Beck, der schon mal mit harten Drogen erwischt wurde und von dem sich kein Grüner distanzierte, schrieb bezüglich der Legalisierung von Sex mit Kindern 1988 in dem Buch „Der pädosexuelle Komplex", „eine Entkriminalisierung" sei „dringend erforderlich". Den unheimlichen Aufstieg der grünen Bedrohung konnten diese Enthüllungen nicht aufhalten; zu sehr hatte die Partei im Laufe der Jahre das falsche Image einer „Umweltschutzpartei" aufgebaut.

*

In der Folge teilten sich die Grünen intern in „Realos", also Realpolitiker und „Fundis", also Fundamentalisten. Vordenker des Realo-Flügels waren Joschka Fischer und Hubert Kleinert. Bei den Fundis war es Jutta Ditfurth, die im Laufe der Jahre zwei ungeborene Kinder umbrachte und damit kein Problem zu haben scheint. Inzwischen ist sie nicht mehr bei den Grünen. Von den internen Streitereien drang nur wenig nach außen und um die 5-Prozent-Hürden zu schaffen, hielt man zusammen. Auf Ditfurth kommen wir noch zu sprechen, wenn es im nächsten Kapitel um die erste grüne Beteiligung an einer Bundesregierung geht.

Durch die beiden Flügel wurden aus den Sachfragen immer mehr Machtfragen. Sie erwiesen sich als annähernd gleich stark und drohten zunehmend, sich gegenseitig zu blockieren. Schlussendlich einigte man sich jedoch immer wieder; schließlich ging es um viel Geld und hohe Posten. Dieses Zusammenarbeiten trotz unterschiedlicher Standpunkte (im Punkt des Zusammenhalts könnten die Patrioten wirklich etwas von den Grünen lernen, denn wer sich distanziert, der verliert) trug recht schnell erste politische Früchte. Am 12.10.1985 wurde in Hessen die erste rot-grüne Koalition besiegelt. Joschka Fischer wurde Umweltminister. Auch wenn diese Koalition nach 452 Tagen, am 09.02.1987 zerbrach, hatte es doch einen Präzedenzfall gegeben, der für die Zukunft den Weg für weitere rot-grüne Bündnisse bereitete.

*

1989 kam die große Wende. Am 9. November, dem Schicksalstag der Deutschen, fiel die Berliner Mauer und machte den Weg frei für eine Wiedervereinigung. Den Grünen im Westen passte das ganz und gar nicht. „Deutschland verrecke" und „Nie wieder Deutschland" lauteten die Kampfparolen, hinter welche sich so manch hochrangiger Grünen-Politiker stellte. Man war schon damals gegen den Nationalstaat allgemein und gegen den Deutschen im Besonderen. Trotzdem profitierten auch die Grünen von der Widervereinigung, denn sie schluckten recht schnell das sogenannte „Bündnis 90". Dieses hatte seine Wurzeln in der Friedens- und Bürgerrechtsbewegung der DDR. Es wurde 1990 als Listenvereinigung der Bürgerbewegungen „Neues Forum", „Demokratie Jetzt", „Initiative Frieden und Menschenrechte" zur ersten freien Volkskammerwahl gebildet und gründete sich 1991 als eigenständige Partei, die große Teile der drei Bürgerbewegungen vereinigte. Wenige Tage nach dem Fall der Mauer, am 24.11.1989, gründete sich die Grüne Partei in der DDR. Auch Patriotinnen wie Vera Lengsfeld gingen damals zu Bündnis 90/Die Grünen, wendeten sich jedoch sehr bald von dieser Partei wieder ab, da ihnen klar wurde, worum es in diesem Verein wirklich ging.

Eine Wiedervereinigung wollten die Grünen ganz gewiss nicht. Noch am 14.11.1989 rief der grüne Bundesvorstand die Bundesregierung dazu auf, die DDR völkerrechtlich anzuerkennen und damit die Zweistaatlichkeit festzuschreiben.

Als aber klar wurde, dass die Vereinigung Mittel- und Westdeutschlands nicht mehr zu verhindern war, taten die Grünen das, was sie in so einem Fall immer tun: Wenn sie eine Sache nicht verhindern können, setzen sie sich mit an Bord und sabotieren das Ganze von innen. So geschehen beispielsweise auch beim wieder errichteten Berliner Stadtschloss, wo dank der grünlinken Eliten nun Dinge hineinkommen, die mit Deutschland überhaupt nichts zu tun haben und im Sinne der linken Ideologie ausgestellt und interpretiert werden.

*

Auch damals war das nicht viel anders. Auf ihrer Bundesversammlung Ende März 1990 nahmen die Grünen Abschied von der Vorstellung, die Vereinigung von DDR und BRD noch verhindern zu können. Stattdessen plante man, sich aktiv in den Einheitsprozess einzumischen und sich dabei für die eigenen Ideen einzusetzen. Es ging also darum, so viel grünes Gift wie nur möglich in die Wiedervereinigung zu spritzen. Entsprechend warb die Partei bei der Bundestagswahl 1990 mit dem Slogan „Alle reden von Deutschland. Wir reden vom Wetter". Das würde heute, im Angesicht von „Fridays for Future" und den gleichgeschalteten linksgrünen Medien super funktionieren, aber die Umerziehung durch die Alliierten und die Unterwanderung durch die 68er hatten noch nicht die Früchte getragen, deren fauligen Gestank wir heute ertragen müssen. Die Grünen scheiterten mit ihrer Idee; sie waren sozusagen ihrer Zeit voraus.

Die Wahlniederlage war ein Schock für die Grünen und manch einer hielt es für möglich, dass sie das Ende der Partei bedeuten könnte. Dazu kam es jedoch nicht, denn die Parteiführung beschloss, ihr Gewand zu wechseln. Es kam zu einem Bundesparteitag im April 1991. Auf ihn folgte ein offizielles Bekenntnis zur parlamentarischen Demokratie, wobei man natürlich nie in die Köpfe der Menschen hineinschauen und feststellen kann, was sie inoffiziell so denken. Dieses offizielle Bekenntnis war jedoch einigen Leuten schon zu viel. Hochrangige Grüne verließen die Partei und gingen zur PDS, der späteren Linkspartei, die vielerorts als Bündnispartner von Grünen und SPD fungiert. Jutta Ditfurth hingegen gründete die Partei „Ökologische Linke", die bis heute bedeutungslos blieb. Man sieht ihre Aufkleber hin und wieder an Laternenmasten in Kreuzberg. Offenkundig haben die Behörden damit kein Problem, obwohl es natürlich illegal ist, Sachen an Laternenmasten oder Ampeln anzukleben. Aber die Linken, egal welcher Partei, genießen Narrenfreiheit. Als mein Stiefvater vor Jahrzehnten einen Laden in Kreuzberg hatte und Werbung dafür an Laternenmasten klebte, stand einen Tag später die Polizei bei ihm auf der Matte und verwarnte ihn. Linke Parteien dürfen also den öffentlichen Raum so viel sie wollen bekleben; einfache Bürger nicht.

1990 war bekanntlich das Jahr, indem Herbert Gruhl auch noch die zweite Partei, die es ohne ihn nie gegeben hätte, verlor. Und auch dafür sind die grünlinks orientierten Kräfte verantwortlich, denn bereits 1990 strebte der damalige ÖDP-Vorsitzende Hans-Joachim Ritter ein Zusammengehen mit den Grünen und dem Bündnis 90 an, welches allerdings nicht zustande kam. Während Teile des Bündnis 90 der ÖDP aufgeschlossen gegenüberstanden, scheiterte das Dreierbündnis am Widerstand der westdeutschen Grünen. Womöglich fürchtete man eine Rückkehr von den Anhängern Gruhls, die dann vielleicht nach der Wahlniederlage im Bund an Einfluss gewonnen hätten. Doch dazu wäre es wohl nicht gekommen, denn Gruhl und seine Ideale verschwanden recht schnell aus der ÖDP. Zumindest für einen Augenblick hatte es jedoch die Chance gegeben, vielleicht alles wieder gerade zu rücken. Wäre es Gruhl gelungen, die ÖDP auf seiner Linie zu halten und sich mit einer geschwächten Grünen zu vereinigen, hätte er möglicherweise wieder die deutschenfreundliche, umweltbewusste Kraft schaffen können, die er sich einst gewünscht hatte. Doch ich schätze, dies ist reines Wunschdenken.

*

Die Grünen waren nach der Bundestagswahl zwar geschwächt, aber in den Ländern zeigte sich bald, dass an einen Untergang der Partei nicht zu denken war. In Niedersachsen zum Beispiel kam es nach den Landtagswahlen im Mai 1990, also bereits einige Monate vor der Bundestagswahl, zu einer rot-grüne Koalition unter Gerhard Schröder. Jürgen Trittin wurde Minister für Bundes- und Europaangelegenheiten (womit EU-Angelegenheiten gemeint sein dürften) und Waltraud Schoppe erhielt den überflüssigen Posten einer Frauenministerin. Und weil Totgesagte länger leben, kam es 1991 in Hessen zu einer Neuauflage der rot-grünen Koalition, in welcher Joschka Fischer erneut Umweltminister wurde. Auch in Bremen kamen die Grünen im September 1991 mit 11,4 Prozent in die Regierung und bildeten mit SPD und FDP die erste Ampelkoalition. In Baden-Württemberg erwog der damalige Ministerpräsident Erwin Teufel als erster hochrangiger Unionspolitiker eine schwarz-grüne Koalition, zu der es dann allerdings trotz rechnerischer Möglichkeit vorläufig nicht kam. Inzwischen hat die CDU nirgendwo mehr Berührungsängste mit den Grünen und auch nicht mit den Linken (ehemals PDS, ehemals Mauerschützenpartei SED). Bei den letzten Oberbürgermeisterwahlen in Görlitz vereinten sich alle etablierten Parteien zu einer gemeinsamen Front gegen den AfD-Kandidaten; etwas, wozu es, als die Grünen noch neu in der Politik waren, niemals zu Ungunsten der Grünen gekommen war. Und der Aufstieg der Grünen ging weiter. Bei der nächsten Bundestagswahl im Jahre 1994 errang die inzwischen gesamtdeutsche Partei Bündnis 90/Die Grünen mit 7,3 Prozent 49 Mandate im nach der Wiedervereinigung vergrößerten Bundestag. Damals war es durchaus berechtigt, den Bundestag zu vergrößern. Immerhin waren fünf Bundesländer und eine halbe Stadt dazugekommen. Heutzutage kommt kein neues Land mehr dazu, aber irgendwie werden die Abgeordneten im Bundestag trotzdem immer mehr. Und ihre Gehälter, die sie dreist „Diäten" nennen, werden trotz oppositioneller Proteste immer höher. Im 1994er-Bundestag gab Joschka Fischer sein hessisches Ministeramt auf und wurde zusammen mit Kerstin Müller Fraktionssprecher. Die Grüne Antje Vollmer wurde Bundestagsvizepräsidentin, was sie gewiss nicht nur den Stimmen aus der eigenen Partei verdankte. Offenkundig war es damals kein Problem, jemanden aus einer Partei zur Vizepräsidentin zu machen, die sich massiv gegen die Wiedervereinigung eingesetzt hatte.. Aber heute scheint es ein Problem zu sein, jemanden zum Vizepräsidenten zu machen, dessen Partei sich für sichere Außengrenzen einsetzt. Dabei zeigt sich, dass die Parteien, die am meisten „Toleranz" predigen, am wenigsten tolerant gegenüber anderen Meinungen sind. Toleriert wird nur die eigene, linke Weltsicht oder andere linke Bewegungen, mit denen man zusammenarbeitet.

Der Bundestag Anfang der 90er machte den Fehler vieler Konservativer; er war tolerant gegenüber linken Leuten, die einem Konservativen niemals dieselbe Toleranz entgegenbringen würden. Diesen Fehler machten auch viele Uniprofessoren konservativen Geistes. Sie ließen Linke nachrücken und tolerierten diese. Saßen die Linken jedoch erstmal im Sattel, ließen sie nie Konservative nachrücken, sondern dominierten das Geschehen. Für die Grünen standen praktisch alle Ampeln auf Grün. Der 68er „Marsch durch die Institutionen" neigte sich seinem Abschluss und man saß im Bundestag sowie in den Landtagen und zahlreichen Städten und Dörfern. Zur Sicherung und zum Ausbau der Macht mussten jedoch noch ein paar Schritte getan werden. Zum Beispiel brachte jede Partei eine Stiftung, welche Steuergelder kassieren durfte. Und natürlich eine schlagkräftige Jugendorganisation, welche das grünlinke Weltbild auf der Straße durchsetzte.

Entsprechend wurde 1994 in Hannover die bundesweite Jugendorganisation „Grüne Jugend", damals noch unter dem Namen „Grün-Alternatives Jugendbündnis", gegründet. Ab dem Jahr 2001 wurde die „Grüne Jugend" Teilorganisation der Partei.

Zwei Jahre nach Gründung der Jugendtruppe wurden 1996/97 die drei bis dahin im Stiftungsverband Regenbogen zusammengefassten, aber eigenständigen Parteistiftungen Buntstift, Frauen-Anstiftung und Heinrich-Böll-Stiftung zur „Heinrich-Böll-Stiftung" fusioniert. Dem Geldfluss, welcher jeder Partei zusteht, stand damit nichts mehr im Wege. Moment! Schrieb ich da gerade „jeder Partei"? Das stimmt nicht so ganz, denn der AfD-nahen Stiftung wird ein Solcher mit dem Argument verweigert, die Partei sei das erste Mal im Bundestag und es sei ja nicht sicher, ob sie das nächste Mal ebenfalls hineinkommt.

*

1998 kam es schließlich wieder zur Bundestagswahl. Siegessicher marschierten die Grünen in den Wahlkampf. Sie hatten große Pläne. Zum Beispiel gab es den sogenannten Fünf-Mark-Beschluss, demzufolge bei einer grünen Regierungsbeteiligung der Benzinpreis durch eine deutliche Erhöhung der Mineralölsteuer schrittweise auf 5 DM pro Liter angehoben werden sollte. Damals noch etwas, was Parteien wie CDU und FDP nicht mitgemacht hätten. Heute, in Zeiten der Klimapanik, sind plötzlich alle für eine CO_2-Steuer und helfen fleißig dabei mit, dass zum Beispiel Plastik teurer wird. Dass der Plastikmüll, welcher tatsächlich die Meere verschmutzt, auch aus Flüssen aus Asien, Afrika und Südamerika kommt, kümmert die Grünen nicht. Für uns Deutsche soll Plastik teurer werden, um den Bürgern das Geld aus der Tasche zu ziehen und weil wir Weißen ja laut grüner Denkart an allem Übel der Welt Schuld sind und uns schuldig fühlen sollen. Denn durch Schuldgefühle Geknechtete kann man leichter regieren und manipulieren.

Das wussten auch schon die Grünen in den 90ern, nur damals verfing ihr Schuldkultgerede noch nicht so gut wie heute. Sogar der SPD-Kanzlerkandidat Gerhard Schröder bezeichnete den Fünf-Mark-Beschluss als „Quatsch" und stellte die Regierungsfähigkeit der Grünen in Frage. Dies hielt ihn jedoch nicht davon ab, schlussendlich doch mit den Grünen das Koalitionsbett zu teilen. Als die Grünen am 27.09.1998 mit 6,7 Prozent in den Bundestag einzogen, blieben sie hinter ihren eigenen Erwartungen zurück, aber mit der 40,9 Prozent starken SPD reichte es für eine rot-grüne Regierung, deren Folgen wir im nächsten Kapitel betrachten dürfen.

Grünen-Urgestein: Herbert Gruhl

Grünen-Urgestein: Baldur Springmann

Die erste Bundesregierungsbeteiligung und danach

Als Ergebnis der ersten rot-grünen Koalition auf Bundesebene wurden mehrere Grüne auf hohe Posten gehievt. Joschka Fischer bekam den Job als Außenminister, Andrea Fischer wurde Gesundheitsministerin und Jürgen Trittin Umweltminister. Außerdem wurde Joschka Fischer Vizekanzler. So weit kann man es bringen, wenn man früher in Frankfurt am Main Krieg gegen deutsche Polizisten geführt hat.

Natürlich gab es eine solche Regierungsbeteiligung nicht umsonst. Kaum waren sie an der Macht, tat sich Joseph Martin „Joschka" Fischer ganz besonders hervor. Zuerst wurde die Forderung der Grünen „Raus aus der NATO" rausgekickt (etwas, was die Linken auch fordern, aber das werden die ebenfalls nie durchziehen) und dann ging es mit der Bundeswehr nach Afghanistan. Weil dort ja angeblich unsere Demokratie verteidigt wird. Nun, die Linke hat es seit 1789 hervorragend verstanden, mit der Demokratie auch ihre eigene finanzielle Absicherung zum festen Bestandteil des politischen Systems zu machen. Dank der Hilfe in Afghanistan hatte Fischer bei den USA einen Stein im Brett, was ihm gewiss sehr nützlich war. Und die Bundeswehrsoldaten dürfen inzwischen straflos als Mörder bezeichnet werden. Doch was sind dann diejenigen Politiker, die unsere tapferen, ehrenhaften Soldaten auf Schlachtfelder am anderen Ende der Welt schicken?

Nazis vielleicht? Ach nein, das bin ja ich, weil ich unsere Soldaten als tapfer und ehrenhaft bezeichnet habe.

Ich hatte ja im letzten Kapitel angekündigt, dass es auch noch einmal um Jutta Ditfurth gehen würde. Diese war nämlich nicht überrascht über den Aufstieg der Grünen. Als sie 1999 eine Artikelserie in der „Neuen Revue" schrieb, legte sie es so da, dass der Aufstieg der Grünen für die USA keine allzu große Überraschung war. Die Partei war laut Ditfurth „keine unbekannte Größe und Fischer keine Überraschung". Bereits 1996 ist Fischer offenbar bei einer Begegnung mit amerikanischen Abgeordneten sehr gut angekommen, weswegen Ditfurth sarkastisch schrieb: „1998, kurz vor der Bundestagswahl, bestand Fischer sein letztes Examen: Bei einem Besuch in den USA soll er versprochen haben, im Kriegsfall auf Seiten der Bomber zu sein."

Interessant in diesem Zusammenhang sind sicherlich auch die Verbindungen von Fischer zu der US-Politikerin Madeleine Albright, die Hillary Clinton im Wahlkampf gegen Trump unterstützte. Diese hält George Soros für jemand „unbeirrbaren, idealistisch gesinnten und freigiebigen". Ungarns Präsidenten hingegen mag sie nicht, denn „Orbans Vorbild ist nicht das multiethnische Amerika oder das große gemeinsame Haus, zu dem Europa geworden ist", wie sie in ihrem Buch über den „Faschismus" (oder das was sie dafür hält) schrieb.

Gemeint ist natürlich nicht Europa, sondern die EU und natürlich gefällt ihr als Angehörige der reichen Oberschicht das multikulturelle Amerika, denn dessen Probleme betreffen sie ja nicht. Über Albright äußerte sich neben Ditfurth auch ein anderes einstmals wichtiges Mitglied der Grünen:

„Es gibt mehrere Veränderungen. Die Grünen waren 1980 eine kleine Partei, aber sie drückten in ihrer Mitgliedschaft die Vielfalt des Lebens aus. Es gab Reiche und Arme, sowohl beruflich Etablierte wie auch Suchende und gründlich Gescheiterte, es gab neben vielen Intellektuellen durchaus Arbeiter, Hausfrauen, Handwerker, Bauern. Damals hatten die Grünen die Chance, die Partei ,von Gruhl bis Dutschke' zu werden, also Wertkonservative und nationale Linke, Ökolibertäre und demokratische Sozialisten zu vereinen. Dass dies scheiterte, machte aus den Grünen eine hundsgewöhnliche 'FDP 2.0'. Gravierende Veränderungspunkte waren des Weiteren: Als 1985 der Stasi-Agent Dirk Schneider die Deutschlandpolitik der grünen Bundestagsfraktion an sich riss, als Joschka Fischer 1998 sich als Lieblingsschoßhund der US-Außenministerin Madeleine Albright das Rüstzeug für seine jetzige Tätigkeit in der internationalen Beratungsfirma 'Joschka Fischer and Company' erwarb, wurde aus den Grünen nach und nach eine volksfeindlich-globalistische Anti-Deutschland-Partei im Schlepptau der internationalen Hochfinanz", erklärte Rolf Stolz, der Gründungsmitglied der Grünen gewesen ist.

Für Fischer hat es sich gelohnt, die Folgen seiner „bunten" Politik und die von seiner Partei mitverursachten Probleme zu ignorieren. Kein Wunder; diese Folgen betreffen ihn ebenso wenig wie Albright. Heute hat er eine schicke Villa im Grunewald und ist gerngesehener Gast bei linken Veranstaltungen in der BRD und den USA. Wie Ditfurth sagte, war er dann auch wirklich auf Seiten der Bomber. Unter dem verlogenen Deckmantel „Nie wieder Auschwitz" wurde der Rivale von NATO und EU im Südosten Europas durch einen Angriffskrieg von der Weltkarte gefegt. Die Grünen waren schon damals auf Seiten der Islamisten. Auch heute ist das leider nicht anders. Wo immer es gegen Deutschland geht, die Öko-Partei macht mit. So war das auch, als sie 1998 frisch im Amt sogenannte „wirtschaftsfreundliche Reformen" durchführten. Davon bekam die Öffentlichkeit, abgelenkt durch die Kriegseinsätze, jedoch eher wenig mit. Die Bundesregierung Schröder/Fischer konnte dank der außenpolitischen Ablenkung innenpolitisch ihre Agenda durchsetzen und den Weg für die politische Kor-

rektheit ebnen, unter der wir heute auch dank der pseu-
dochristdemokratischen Bundeskanzlerin Merkel zu
leiden haben. Fischers und Schröders eben erwähnte
wirtschaftsfreundliche Reformen gipfelten 2004 in dem
Investment-Modernisierungsgesetz, das angelsächsische Hedge-Funds einlud, sich an deutschen Unternehmen zu beteiligen. Dies hatte umgehend zur Folge, dass
der Anteil ausländischer Investoren am Grundkapital
der 30 Dax-Konzerne, welches sich seit 1990 ohnehin
schon auf 35 Prozent mehr als verdreifacht hatte, sich bis
2011 auf 56 Prozent erhöhte. Die Folge dieser rot-grünen Kapitalmarktförderungspolitik war die Beteiligung
zahlreicher US-Gesellschaften, die extrem renditeorien-
tiert waren. Diese hatten natürlich kein Problem damit,
wenn in Deutschland Stellen massiv abgebaut und die
deutschen Unternehmen regelrecht ausgeplündert wurden. Angelsächsische Konzerne wie Shareholder-value-
Ökonomie konnten unsere Unternehmen aussaugen
und schlucken. Die Grünen hatten damit offenbar keine
Probleme; jedenfalls steuerten sie während ihrer ganzen
Regierungszeit nicht etwa gegen, sondern förderten das
Ganze durch ihre Einmischungen. Das einheimische Arbeiter ihre Jobs verlieren, scheint der Partei keine Kopf-
schmerzen zu bereiten.

*

Dasselbe gilt natürlich für diese Abscheulichkeit namens Inzest, welche die Grünen legalisieren wollen. Ein
schlechtes Gewissen hat die Partei deswegen nicht, denn
der Inzest war bei den Grünen schon immer politisch
erwünscht und seit der orientalischen Massenzuwanderung, bei welcher nicht selten innerhalb der Familie Ver-
heiratete auftauchen, gilt er bei den Grünen als kulturelle Bereicherung. Konsequent fordern die Grünen die

Streichung des Inzestparagraphen 173 StGB. Das bei der fremdländischen Massenzuwanderung auch jede Menge Leute herkommen, die sich einen Dreck für „Frauenrechte" interessieren, ist für die Grünen offenkundig auch kein Widerspruch. Deswegen sind die Grünen auch in Sachen „Gender Mainstreaming" besonders aktiv und lehnen die traditionelle und bewährte Rollenverteilung zwischen Mann und Frau ebenso ab, wie das klassische Familienbild. Rechte von Schwulen und Lesben sollen ebenso gestärkt und der normalen Ehe gleichgestellt werden.

Die Türkin Nebahat Güçlü, die bei der GAL aktiv ist, kritisierte so etwa, dass in einem Buch, welches Drittbis Fünftklässlern Demokratie und Politik vermitteln sollte, das traditionelle Familienbild propagiert wurde, die Frauenquote zu niedrig und keine Menschen mit nicht-weißer Hautfarbe zu finden waren. Entsprechend lautet eine Forderung der Partei, dass in bundesdeutschen Aufsichtsräten mindestens 40 Prozent Frauen sein sollen. Offenkundig ist es egal, ob die Frauen diese Posten durch entsprechende Leistungen errungen haben. Und wer einige Seiten zurückblättert, wird feststellen, dass die Grünen mit ihren Quoten eher dafür sorgen werden, dass Männer diskriminiert werden; siehe das vorangehende Kapitel,indem ich schrieb: „Aufsehen erregte in diesem Zusammenhang der am 03.04.1984 gewählte rein weibliche Vorstand der grünen Bundestagsfraktion."

Darauf läuft es hinaus. Etwas, was natürlich politisch gewünscht ist, denn Frauen die Karriere machen, haben weniger Zeit, um Familien zu gründen, Kinder zu kriegen und diese großzuziehen. Das reiht sich ein in die Abtreibungswünsche der Grünen; es geht offenkundig darum, die traditionelle Familie zu zerstören, dafür zu sorgen dass weniger (einheimische) Kinder geboren werden und so das von den Grünen verachtete deutsche Volk verschwinden zu lassen. Hinzu kommt die Umvolkung durch Massenzuwanderung. Um es den Einwanderern, die sie als Umvolkungswaffe benutzen, möglichst angenehm zu machen, haben sie nichts gegen eine die gesetzliche Privilegierung zugunsten von Mohammedanern bezüglich der religiös motivierten Genitalverstümmelung an Jungen und Mädchen. Wer das mit der Umvolkung nicht glaubt, der höre sich einfach einmal an, was die Grünen selbst dazu gesagt haben:

„Deutschland verschwindet jeden Tag immer mehr, und das finde ich einfach großartig", erklärte Jürgen Trittin.

„Deutschland muss von außen eingehegt, und von innen durch Zustrom heterogenisiert, quasi verdünnt werden", sagte Außenminister Joschka Fischer.

„Es geht nicht um Recht oder Unrecht in der Einwanderungsdebatte, uns geht es zuerst um die Zurückdrängung des deutschen Bevölkerungsanteils in diesem Land", meinte der Vorstand der Bündnis 90/Die Grünen von München.

„Ich wollte, dass Frankreich bis zur Elbe reicht und Polen direkt an Frankreich grenzt", ließ Sieglinde Frieß ihrer deutschenfeindlichen Gesinnung freien Lauf."Migration ist in Frankfurt eine Tatsache. Wenn Ihnen das nicht passt, müssen Sie woanders hinziehen", sagte Nargess Eskandari-Grünberg, als sich jemand bei ihr über Migrantengewalt beklagte.

„Deutsche sind Nichtmigranten, mehr nicht!", findet die Bundestagsvizepräsidentin Claudia Roth.

Und die Grünenpolitikerin Stefanie von Berg in der Hamburgischen Bürgerschaft in einer bildungspolitischen Debatte: „Ich bin der Auffassung, dass wir in 20, 30 Jahren gar keine ethnischen Mehrheiten mehr haben in unserer Stadt", und nahm damit Bezug auf Ergebnisse der Migrationsforschung. In Richtung AfD fügte Sie noch an: „Das ist gut so!"[4]

Nun kann es ja mal vorkommen, dass man in Wut etwas sagt, was man gar nicht so meint. Jedoch sagen die Grünen diese Dinge nicht nur, sie handeln auch entsprechend. Diese Partei ist sowohl gegen den Gedanken einer deutschen Leitkultur, als auch gegen den abendländischen, christlich geprägten Charakter des Landes. Von allen Parteien in der Bundesrepublik Deutschland vertritt sie am stärksten und offensichtlichsten die Multikulti-Ideologie und fordert die offizielle Festlegung der Bundesrepublik als Einwanderungsland. Besonders Mohammedaner erhalten durch die Grünen die größte Unterstützung. Demzufolge wählen die meisten wählenden Zuwanderer aus dem islamischen Kulturkreis linke Parteien wie die SPD oder die Grünen[5] (etwas was sie in ihren Heimatländern so gut wie nie tun würden; dort stimmen sie eher für Parteien wie Erdogans AKP) und der Türke Cem Özdemir schaffte es in dieser Partei sogar zum Bundesvorsitzenden. Ausländer aus nicht zur Europäischen Union gehörenden Staaten sollen nach dem Willen der Grünen auch das kommunale Wahlrecht erhalten, wenn sie einen Wohnsitz in der BRD besitzen. Außerdem sind die Grünen an vorderster Front beim sogenannten „Kampf gegen rechts", welcher mit über 100 Millionen Euro Steuergeldern finanziert wird, dabei. Bei der Wahl der linken Parteien durch Eingewanderte zeigt

---

4 Quelle: https://de.wikipedia.org/wiki/Stefanie_von_Berg
5 Quelle: https://de.qantara.de/content/hintergrund-wahlverhalten-von-muslimen-zur-bundestagswahl

sich jedoch auch, dass je besser die Ausländer integriert sind und sich als Teil Deutschlands und des deutschen Volkes verstehen, desto weniger wählen sie die Grünen, die Linken oder die SPD. Daher kommt wohl auch das linksgrüne Interesse daran, die Migranten auf keinen Fall zu integrieren. Dies könnte auch die Wurzel gewisser kranker Forderungen nach einer multikulturellen Gesellschaft, in der aber in Wahrheit alle Kulturen abgeschafft werden, sein.

*

Als die Grünen ab der Schröder-Fischer-Koalition erstmal ihr Stück vom Kuchen der Macht bekamen, gab es praktisch kein Halten mehr. Immer absurder wurden die Forderungen der Pseudoökopartei; alles schien ihnen möglich! Entsprechend wurden ihre Forderungen nicht nur gefährlicher (das waren sie ja schon vorher; siehe Pädophilie), sondern beängstigender Weise auch salonfähiger. Und sie dehnten sich aus auf alle Lebensbereiche. Diese Ausdehnung fand auch kein Ende, als die rot-grüne Koalition abgewählt und durch eine schwarz-gelbe ersetzt wurde. Damals sagte Angela Merkel noch, Multikulti sei gescheitert. Heute will sie davon nichts mehr wissen, sondern ist voll auf Linie mit den Grünen.

Keine Forderung ist den Grünen zu verrückt, aber jede dient dem Zweck, Schaden zum deutschen Volk hinzuführen. So beispielsweise der Wunsch der Grünen, Drogen zu legalisieren. Als 2013 in der BRD mal wieder Wahlkampf war, erneuerte die Partei ihre Forderung nach einer bundesweiten Freigabe und Anbauerlaubnis von Cannabis. Die Bundestagsfraktion stellte einen entsprechenden Antrag. Der „Drogenexperte" der Partei, Harald Terpe, sagte zu diesem Thema:

„Bei der bestehenden Rechtslage, die auch noch von Bundesland zu Bundesland unterschiedlich ist, werden diese Menschen kriminalisiert. Cannabis ist keineswegs harmlos, aber weniger gefährlich als Alkohol oder Tabak."

Dass die Grünen für die Legalisierung von Drogen, die physische und psychische Schäden verursachen, sind, ist völlig logisch, wenn man die deutschenfeindliche Ideologie dieser Partei bedenkt. Unter Drogen gesetzten Menschen kann die Politik der Grünen leichter aufgezwungen werden als Nüchternen. Und hat ein Mensch erstmal geistige oder körperliche Schäden durch die Drogen erlitten (zum Beispiel psychische Störungen durch THC im Gras), kann man die Betroffenen leichter manipulieren und gegebenenfalls entmündigen. Die Innenpolitik der Grünen ist eine Katastrophe für alle betroffenen Bürger. Aber dazu mehr in einem späteren Kapitel über das rot-rot-grün regierte Berlin.

Werfen wir nun einen Blick auf die Außenpolitik der Grünen seit ihrer ersten Bundesregierungsbeteiligung.

*

Wenig überraschend folgen die Grünen einer Lektion, die ich vor vielen Jahren lernte: „Alles aus dem Mund eines Linken ist Quatsch, außer die Begrüßung ‚Hallo, ich bin ein Linker'."

Die Grünen sagen, sie wären gegen Gewalt und gegen den Krieg, aber trotzdem sind sie maßgeblich mitverantwortlich für weltweite Kriegseinsätze der Bundeswehr, obwohl Krieg die schlimmste Form der Umweltzerstörung ist. Eine echte Umweltpartei dürfte eigentlich keine Kriege befürworten. Als grüner Außenminister (1998–2005) hatte Joschka Fischer jedoch eine Schlüsselrolle dabei gespielt, das Tabu internationaler Bundeswehreinsätze zu brechen und seine Anhänger für weltweite Kriegseinsätze zu begeistern. Es war Fischer, der die Teilnahme der Bundeswehr am Kosovokrieg mit dem zynischen Argument rechtfertigte, das Erbe des Holocaust verpflichte Deutschland, auf dem Balkan einen angeblichen Völkermord zu verhindern. Verteidigungsminister Rudolf Scharping zeigte während des Kosovo-Krieges 1999 immer wieder Fotos als Beweis für serbische Massaker an unschuldigen Zivilisten. Die deutsche Presse lobte sein Engagement, die *Berliner Zeitung* sah ihn damals sogar schon als künftigen Kanzler. Und wenn auf den Fotos der Toten einer der Gezeigten den Aufnäher der albanischen Untergrundarmee UCK trägt und damit ganz gewiss kein Zivilist ist, stört das die Mainstreammedien natürlich nicht. Aber Scharping war nur ein kleiner Fisch, denn es war Fischer, der die Kriegspropaganda revolutionierte. Indem er nicht mehr den Antikommunismus, sondern den Antifaschismus als Kriegsrechtfertigung bemühte, machte er Kritiker mit der Moralkeule mundtot. Wer wollte schon den „neuen Hitler Milosevic" unterstützen? Interessant ist jedoch, dass einige prominente Juden dem damals vehement widersprachen. Die grüne Elite hingegen war für den Krieg und half fleißig bei der Kriegspropaganda gegen die Serben mit, die schon 1992 ihren Anfang in den USA genommen hatte. Das war damals bei der PR-Firma „Ruder Finn", die während des bosnischen Bürgerkrieges die Öffentlichkeitsarbeit für die Muslime dirigierte. Deren damaliger Direktor James Harff sagte auf die Frage, auf welche seiner Kampagnen er besonders stolz sei:

„Darauf, dass es uns gelungen ist, die jüdischen Kreise für uns zu gewinnen. Das war eine wirklich schwere Partie, und von daher war die Aufgabe auch besonders gefährlich. [Der kroatische] Präsident Tudjman hatte

sich in seinem Buch ‚Irrwege der Geschichtswirklichkeit'
unvorsichtig gezeigt, denn man konnte ihn aufgrund
dessen, was er geschrieben hatte, des Antisemitismus
bezichtigen. Auch auf der bosnischen Seite waren die
Dinge nicht einfacher, denn [der muslimische] Präsident
Izetbegovic hatte sich in seiner (…) Islamischen Dekla-
ration zu offen für einen fundamentalistischen islamischen Staat ausgesprochen. Außerdem war die Vergangenheit Kroatiens und Bosniens von einem realen und
grausamen Antisemitismus gekennzeichnet. Mehrere
zehntausend Juden sind in kroatischen Lagern liquidiert
worden. Es bestanden also alle Voraussetzungen dafür,
dass die jüdischen Intellektuellen und Organisationen
gegenüber den Kroaten und [muslimischen]Bosniern
feindlich gesinnt sein würden. Wir standen vor der He-
rausforderung, diese Situation umzukehren. Das ist uns
auch gelungen, und zwar meisterhaft. Zwischen dem 2.
und 5. August 1992, als *New York Newsday* die Sache mit
den [serbischen]Lagern veröffentlichte. Da haben wir im
Flug zugegriffen und drei jüdische Organisationen über-
listet – die B'nai B'rith Anti-Defamation-League, das
American Jewish Committee und den American Jewish
Congress und so weiter. Wir haben ihnen vorgeschlagen,
einen Beitrag in der *New York Times* zu veröffentlichen
und eine Protestkundgebung vor dem Sitz der Vereinten
Nationen zu organisieren. Das hat hervorragend funktioniert; die jüdischen Organisationen aufseiten der [mus-
limischen]Bosnier ins Spiel zu bringen, war ein großar-
tiger Bluff. In der öffentlichen Meinung konnten wir auf
einen Schlag die Serben mit den Nazis gleichsetzen."[6]

---

6 Quelle: https://www.compact-online.de/neue-art-der-ausch-
witz-luege-gespensterjagd-auf-denserbischenHitler/?utm_
source=newsletter&utm_medium=email&utm_campaign=Es+geht
+los%3A+Mit+dem+E-Auto+zur+Arbeitsplatzvernichtung

Klar, dass gerade die nach Washington bestens vernetzten Grünen nicht widerstehen konnten, bei dieser Aktion mitzumischen und so den höchsten US-Kreisen, welche ja beim Aufbau der 68er mitgeholfen hatten, ihre Dienstbarkeit unter Beweis zu stellen. Jahrzehntelang hatte die NATO ihre Aufrüstung mit der Gefahr des Kommunismus begründet und sogar noch 1991 warnte der *Spiegel* vor den „serbischen Panzerkommunisten", und in der *FAZ* wurde der „serbische militär-bolschewistische Komplex" beschworen. Doch mit der Auflösung des Warschauer Paktes im Juli 1991 setzte ein Paradigmenwechsel ein, dem Ruder Finn im Folgejahr den Weg bereitete. Der neue Weltfeind stand jetzt nicht mehr links, sondern rechts. Die Grünen griffen diese Steilvorlage als erste in Deutschland auf; zunächst war das übrigens nicht Fischer, sondern Claudia Roth. Am Beginn des Jahres 1993 schrieb sie in Bezug auf die Serben: „Faschismus muss widerstanden und bekämpft werden. Unter klaren Voraussetzungen, notfalls mit Gewalt."

In Zukunft wurden Kriege nicht mehr antikommunistisch legitimiert, sondern antifaschistisch. Wenn irgendwo ein Schurkenstaat ausgemacht wird, folgt die Nazifizierung dessen politischer Führung auf dem Fuß: Slobodan Milosevic war ebenso Hitler wie der bosnische Serbenführer Radovan Karadzic, später wurde das Etikett Libyens Muammar al-Gaddafi und Syriens Baschar al-Assad, auf dem Höhepunkt der Krimkrise 2014 auch Wladimir Putin angeheftet. Dieselbe Nazikeule, die die Grünen gegen Kriegsgegner anwenden, benutzen sie auch um politische Gegner im Inneren niederzuknüppeln. Immer wieder geht es dabei vorgeblich darum, einen weiteren Holocaust zu verhindern.

Und schon während des Krieges auf dem Balkan ging die Strategie der Grünen und ihrer globalistischen Brüder im Geiste von „Ruder Finn" nicht so ganz auf. Zahlreiche bekannte jüdische Persönlichkeiten protestierten damals gegen die Instrumentalisierung des Holocaust. Noam Chomsky zum Beispiel initiierte einen „Appell amerikanischer Juden an die grüne Partei Deutschlands". Und der Auschwitz-Überlebende Elie Wiesel sagte im April 1999: „Was die Serben im Kosovo machen, stellt keinen Völkermord dar."

Und sogar die führende Zeitschrift der US-Außenpolitik, *Foreign Affairs*, wollte den Vergleich der Serben mit den Nazis nicht stehen lassen: „Etwa 200.000 Albaner leben heute sicher und komfortabel (so komfortabel es eben unter einem NATO-Bombardement geht) im Gebiet von Belgrad und Nordserbien. Wenn es einen Völkermord gäbe, wäre dies nicht der Fall. Selbst wenn man als gegeben hinnimmt, dass 800.000 Flüchtlinge von den Serben mit Gewalt vertrieben wurden (...) – sie sind immer noch am Leben. Sie wurden nicht in Massentodeslager gesteckt und ausgelöscht. Es ist eine groteske Verzerrung der Wahrheit, die Erfahrungen der ethnischen Albaner mit jenen der Juden im Zweiten Weltkrieg zu vergleichen."

All das hat Außenminister Fischer natürlich nicht gekümmert; er hatte das Gros der Medien und die hohen Tiere aus den Reihen der Globalisierungs- und One-World-Fanatiker auf seiner Seite. Dass es ein ehemaliger Straßenkämpfer wie Fischer liebt, in den Krieg zu ziehen, ist durchaus zu vermuten. Auch die Entsendung der Bundeswehr nach Afghanistan fällt in seine Amtszeit.

*

An der Kriegslust der Grünen änderte sich auch nach dem Ende ihrer Regierungszeit nichts. Im März 2011 befürworteten die Bundestagsfraktionen von SPD und

Grünen den Bundeswehreinsatz im Libyen-Konflikt. Der inzwischen verstorbene FDP-Politiker und dama- lige Außenminister Guido Westerwelle war jedoch da- gegen und kurz darauf hetzten die grünlinken Medien massiv gegen die FDOP und diese stürzte politisch ab. Unter Lindner richtete sie sich dann wieder am Main- stream aus und darf nun wieder im Bundestag sitzen. Aber zurück zu den Grünen, deren Politiker Cem Öz- demir im Mai 2011 die Aufstockung der Bundeswehr für (UN, NATO) Auslandseinsätze auf 10.000 Soldaten begrüßte.

Ein solches Selbstbewusstsein kommt nicht von unge- fähr, sondern basiert auf dem Wissen, eine inzwischen durch die 68er unterwanderte Medienmacht hinter sich zu haben. Und natürlich dürfen einflussreiche Un- terstützer nicht fehlen, wie zum Beispiel der Chef des Fritz Bauer-Institutes, Prof. Micha Brumlik. Er rief bei der Bundestagswahl 1998 auf der Titelseite des Zentral- ratsblattes „Jüdische Allgemeine „ zur Wahl der Grünen auf, denn: „Sie bringen dem Besatzungsstaat Israel eine tragfeste kritische Solidarität entgegen. Israel weiß, was es an Bündnis 90/Die Grünen hat." Brumlik zeigte sich begeistert darüber, dass die Grünen „die konsequente Aufhebung des völkischen deutschen Staatsangehörig- keitsrechts sowie eine generöse und verantwortete Ein- wanderungspolitik befürworten."

Ob das so stimmt? Gewiss, er hat es auf diese Weise erklärt, aber wir dürfen nicht vergessen, dass die Ideo- logie der Grünen schlussendlich alle Länder und Völker „bunt" und „multikulturell" machen will; dazu zählt auch Israel. Hinzu kommt die muslimische, antisemiti- sche Bedrohung für die Juden in Deutschland, welche die Grünen halfen hierher zu importieren. Auch dürfte Israels Ministerpräsident Benjamin Netanjahu (ein Ver- bündeter von Ungarns Präsident Orban) nicht begeistert davon sein, dass sein Intimfeind George Soros die Grünen so mag und über sie lobend sagte: „Die Grünen haben sich zur einzigen proeuropäischen Partei entwikkelt."

Die Grünen sind, dank Fischer, stark im transatlantischen Bündnis mit den USA verbandelt, wobei das nicht so einfach ist. Denn sie sind nicht mit der ganzen USA verbündet; nur mit den Demokraten und den Republikanern lediglich dann, wenn sie brav im Sinne der One-World-Ideologie handeln. Das tun die Republikaner unter Donald Trump nicht und entsprechend stehen die Grünen Trump feindlich gegenüber. Trotzdem wollen die Grünen einen Teil der Insassen des Gefangenenlagers Guantanamo in Deutschland aufnehmen. „Der Bitte der US-Regierung diesbezüglich ist zügig nachzukommen" heißt es in einer Aufforderung des Grünen-Parteitages. Selbst Innenminister Schäuble (CDU) hatte die Aufnahme wegen mangelnder Informationen abgelehnt.

Frei in Deutschland herumlaufende potentielle Terroristen? Für die Grünen kein Problem; islamistische Terroristen begehen schließlich keine Attentate auf grüne Politiker. Und natürlich würden diese Gefangenen, sobald sie aus den USA nach Deutschland überstellt worden wären, sehr bald einen milden Richter mit bestimmtem Parteibuch finden, der sie freikommen lässt.

*

Wann immer es darum geht, Deutschland zu schaden, machen die Grünen mit. Dem Vertrag von Lissabon wurde auch zugestimmt und die Verhandlungen um den EU-Beitritt der Türkei, der sowohl kulturell als auch wirtschaftlich in eine Katastrophe für Europa führen würde, sollen so schnell wie möglich mit einer Vollmitgliedschaft abgeschlossen werden. Im August 2011 forderten die Grünen eine „demokratisch legitimierte Wirtschaftsregierung" (Europäische Union) und die Einführung von „Eurobonds". Einer Steuersenkung erteilten die Grünen für die kommenden Jahre eine grundsätzliche Absage; sie planten Steuererhöhungen. Diese kommen inzwischen auch. Steuern werden im Merkelland schon lange nicht mehr gesenkt. Dafür werden bereits vorhandene erhöht und neue (wie die CO_2-Steuer) eingeführt. Ganz im Sinne der Grünen, die gar nicht an der Regierung sein müssen, um ihre Politik durchzusetzen. Das macht Merkel für sie; dieselbe Merkel, die Helmut Kohl nach dessen Sturz „zufällig" beerbt hat.

Natürlich wäre es für die Grünen, schon wegen der vielen schönen Posten vorteilhafter, doch selbst in der Regierung zu sitzen, auch wenn sie das Entgegenkommen der Merkel-CDU gewiss zu schätzen wissen. Besonders in Koalitionen auf Landesebene. Entsprechend nehmen die Grünen, wo sie als Koalitionspartner Verantwortung tragen, , auch Einfluss darauf, dass ihre Ideologie konsequent durchgesetzt wird. Für CDU-Politiker, die nicht mehr an Deutschland sondern nur noch an den Euro in ihrer Tasche glauben, kein Problem. So haben die Grünen ganz spezielle Wünsche in der Migrationspolitik:

- Ein neues Einwanderungsgesetz, das mehr Menschen die Möglichkeit gibt einzuwandern.
- Einen leichteren Familiennachzug, ohne Sprachtests im Herkunftsland.
- Zulassung des Kommunalwahlrechts für MigrantInnen.
- Mehr Menschen ermöglichen, mehrere Staatsangehörigkeiten zu haben.
- „Illegal" lebenden Menschen (ohne Aufenthaltsrecht) in der BRD (kostenlosen) Zugang zu medizinischer Grundversorgung beschaffen und ihre Kinder (kos-

tenlos) in Kindergärten und Schulen unterbringen.
- Ausländischen Flüchtlingen muss von Anfang an (kostenloser) Zugang zu Bildung, Integrationskursen, Spracherwerb, dem öffentlichen Personen- und Nahverkehr sowie Kommunikationsmedien ermöglicht werden.
- Großzügige Bleiberechtsregelung.
- Sofortige Abschaffung des Asylbewerberleistungsgesetzes.
- Sofortige Aufhebung der Residenzpflicht.
- AsylbewerberInnen und Menschen mit Duldung haben ein Recht auf Teilhabe am gesellschaftlichen Leben.
- Essenspakete und Gutscheine in Bargeld umwandeln.
- Schutz von Klimaflüchtlingen und Umweltvertriebenen.
- Keine Inhaftierungen mehr für minderjährige Straftäter.
- AsylbewerberInnen und deutsche Staatsangehörige müssen bei den Sozialleistungen gleichgestellt und gleich behandelt werden.
- Eigene Wohnungen für Flüchtlinge (unter anderem „private Mietwohnungen").
- Überführung von Flüchtlingen in die gesetzlichen Krankenkassen.

Die Folge davon ist unter anderem, dass aus grün regierten Ländern praktisch überhaupt nicht mehr abgeschoben wird; egal wie viele Verbrechen der Asylant begeht. Den Schaden haben ja auch die normalen Bürger auf der Straße und nicht die grünen Politiker in ihren schicken Villengegenden mit eigenem Wachschutz. Hemmungen kennt diese Partei nicht und wer ihre Programme liest, sieht auch, dass sie sogar offen zugeben, wohin die Reise gehen soll. Nur macht sich kaum jemand die Mühe, sich das anzusehen und nicht wenige Menschen wurden inzwischen so weit umerzogen, dass sie Dinge wie die „Vereinigten Staaten von Europa" für eine tolle Idee halten.

Lediglich die AfD stellt sich dem entgegen. Bei „AfD Kompakt" prangerte sie vor der letzten EU-Wahl die Pläne der Grünen offen an. Dort heißt es unter anderem:" Nachdem AfD-Bundessprecher Prof. Dr. Jörg Meuthen an den beiden Bereichen ‚Armutsmigration nach Europa' und ‚Zerstörung unserer Automobilindustrie' verdeutlicht hatte, was unserer Heimat droht, wenn die GRÜNEN ihre politischen Ziele durchsetzen werden, geht es im MEUTHEN-Facebook-Post heute um eines der politischen ‚Lieblingsthemen' von GRÜN und ROT, die Abschaffung Deutschlands."

Nüchtern und sachlich prangerte er an, dass „in diesen verblendeten Kreisen Deutschland" zutiefst suspekt, ja zuweilen sogar geradezu verhasst ist, „was jeder Bürger gesunden Menschenverstandes und voller Heimatliebe im Herzen einfach nicht nachvollziehen kann".

Des Weiteren erklärte er:

„Unvergessen ist die Teilnahme einer gewissen Claudia Roth, auch seinerzeit schon Vize-Präsidentin des Bundestages, an einem Demonstrationszug, an dessen Spitze 'Deutschland verrecke' und 'Deutschland, du mieses Stück Scheiße' skandiert wurde. Eine echte Distanzierung dieser Figur von jenen Parolen ist mir bis heute nicht bekannt. Ihr Parteivorsitzender – also der erschreckend substanzlose, aber dennoch von den Medien groteskerweise andauernd hochgejubelte Kinderbuchautor Habeck – hat das Lebensgefühl der Grünen für sich sehr treffend auf den Punkt gebracht: ‚Mit Deutschland wusste ich nichts anzufangen und weiß es bis heute nicht.'

Zudem bekannte er sich im gleichen Atemzug dazu, dass er Vaterlandsliebe stets – ich erlaube mir diesen Kinderbuchautor wörtlich zu zitieren – „zum Kotzen" fand. Was also könnte einem 'Grünen' Besseres passieren, als dass dieses Land namens Deutschland einfach von der Landkarte verschwindet?

Deutschland soll als Nationalstaat verschwinden und aufgehen in einem Gebilde namens 'Vereinigte Staaten von Europa'. Das wird an vielen Stellen des grünen Wahlprogramms deutlich, zumeist indirekt, einmal aber auch sehr direkt."

Tatsächlich erkennt man bei der Durchsicht des grünen EU-Wahlprogramms, was für Pläne diese Partei mit Deutschland hat. Umso erschreckender ist die Stärke, mit welcher die Grünen, angefeuert durch die FFF-Proteste, ins EU-Parlament einzogen. Der AfD-Chef Meuthen listete einige für uns besonders interessante Punkte auf:

- Abschaffung des Einstimmigkeitsprinzips in der EU: Damit könnten auf einmal zahlreiche Regelungen in Deutschland Geltung erlangen, die von uns Deutschen nicht gewollt werden. (Wahlprogramm, S. 86)

- Schaffung einer eigenständigen EU-Steuererhebung: Die Brüsseler Bürokraten sollen nicht länger nur von Überweisungen aus den einzelnen Mitgliedstaaten abhängig sein – sie sollen „endlich„ selbst ganz neue, ZUSÄTZLICHE Steuern erheben können. (Wahlprogramm, S. 52)

- Schaffung einer europäischen Arbeitslosenversicherung: Die Arbeitskraft der Deutschen soll dann auch die Arbeitslosigkeit in anderen Ländern finanzieren – die übrigens zu einem nicht geringen Teil durch die

Fehlkonstruktion namens „Euro„ verursacht wird, aber dies heute nur am Rande. (Wahlprogramm, S. 60)

- Vollendung der Bankenunion und gemeinsame, europäische Einlagensicherung: Deutsche Banken und deutsche Guthaben sollen in Mithaftung genommen werden für Schieflagen im Finanzsektor anderer Länder (Wahlprogramm, S. 62).

Zum Abschluss seiner Bewertung kam er zum seines Erachtens beunruhigsten Punkt des Wahlprogramms, nämlich zur Forderung der Grünen nach einem EU-Staat. Wörtlich heißt es hierzu laut Meuthen:

„Wir wollen eine breite Diskussion über Unionsmodelle wie die Vereinigten Staaten von Europa, den föderativen Bundesstaat oder die Europäische Republik führen.'[7]

Anders als Merkel und ihre CDU geben die Grünen offen zu, dass sie für die „Vereinigten Staaten von Europa" sind. Bei anderen Dingen sind sie nicht so offen und ehrlich; zum Beispiel waren es die Grünen und die SPD, welche den Beschluss fassten, den Hambacher Forst abzuholzen. Als dann jedoch die CDU wieder an der Macht waren, waren die Grünen plötzlich dagegen und machten der Regierungspartei die Hölle heiß. Mit freundlicher Unterstützung linker Demonstranten und Baumbesetzer, welche die grünen Taten nicht infrage stellten. Ebenso wenig wird infrage gestellt, ob die Grünen schon immer entschiedene Gegner des umstrittenen Projektes „Stuttgart 21" waren. Die Medien haben es jedenfalls

---

7   https://cms.gruene.de/.../docume.../2019_Europawahl-Programm.pdf"

immer so hingestellt, als wären die Grünen von Anfang an dagegen gewesen und diese Falschdarstellung zu ihren Gunsten hat die Melonenpartei gewiss gefreut. Zum Leidwesen der Grünen sprechen die Drucksachen des Bundestages jedoch eine etwas andere Sprache (Bundestag-Drucksache 15/5572, vom 31.05.2005). Antragsteller sind unter anderen die Abgeordneten Albert Schmidt, Volker Beck, Franziska Eichstädt-Bohlig, sowie weitere Abgeordnete und die Fraktion Bündnis 90/Die Grünen. In der Drucksache steht folgendes wörtlich:

„Die Antragsteller haben den Antrag eingebracht […] die Bauarbeiten für den Rastatter Tunnel nicht weiter aufzuschieben, den Realisierungsablauf des Bahnprojekts Stuttgart 21 nicht in Frage zu stellen, die Maßnahme Wendlingen–Ulm–Augsburg umgehend in Angriff zu nehmen."

Doch im Jahre 2010 vollführten die Grünen einen überraschenden Schwenk um 180 Grad. Laut Bundestag-Drucksache 17/2893, vom 10.09.2010 stellten die Grünen im Bundestag folgenden Antrag: „Sofortiger Baustopp für Stuttgart 21 und die Neubaustrecke Wendlingen-Ulm".

Gewiss, diese Drucksachen liegen einige Jahre auseinander und eine Partei kann ihre Meinung ja auch mal ändern, doch wer jetzt auf den zeitlichen Abstand zwischen den Drucksachen hinweisen möchte, sollte wissen, dass die Grünen ihre Meinung auch sehr viel schneller ändern können.Vor der Wahl zur Hamburger Bürgerschaft war die GAL (Grün-Alternative Liste) gegen den Bau des Kohlekraftwerks Moorburg, nach der Wahl genehmigte die grüne Umweltsenatorin Anja Hajduk den Bau. Ein anderes Beispiel bietet Jürgen Trittin. Als Bundesumweltminister ließ er Castor-Transporte nach Gorleben „knüppeln" und jetzt demonstriert seine Partei mit ihm gemeinsam wieder gegen genau diese Transporte.

*

Die Grünen stellen sich mit medialer Unterstützung gerne als „Freiheitspartei" hin. Und das stimmt ein Stück weit auch, denn alles was uns schadet, wollen sie legalisieren. Andere Dinge möchten sie hingegen verbieten. So zum Beispiel die 1. Klasse bei der Deutschen Bahn. „Es geht nicht, dass sich nur exklusive Leute exklusive Angebote leisten können, wir fordern Komfort für alle", ließ sich ein Sprecher der Grünen Jugend in Kiel zitieren und bekam dabei Unterstützung von der Landespartei.

Das Ergebnis einer Klassenabschaffung können wir beobachten, seit bei der Bahn die 3. Klasse abgeschafft wurde. Die sogenannte „Holzklasse" war sehr nützlich, weil sich dadurch auch Geringverdiener eine Zugfahrt leisten konnten. Inzwischen gibt es nur noch zwei Klassen und es ist eher zu befürchten, dass Zug fahren noch teurer wird, wenn keine 1. Klasse mehr existiert.

Aber die Verbotswut der Grünen geht sogar noch weiter. Geht es nach den Grünen, sollte es ein Alkoholwerbungsverbot geben und auch einen verpflichtenden Vegetarier-Tag in öffentlichen Kantinen. Zudem unterstützen die Grünen seit 2007 ein Glühbirnen-Verbot. Dieses wird inzwischen als EU-Richtlinie seit 2008 schrittweise umgesetzt. Die grünen Ratsfraktionen in Städten wie Berlin, Wiesbaden, Potsdam und Leipzig setzen sich für das Verbot von Heizpilzen vor Gaststätten und Bars ein. Die Grüne Jugend fordert seit 2009 ein Lichtverbot. Die Grünen-Politikerin Renate Künast forderte im August 2012 eine Ächtung von Limonaden auf Schulhöfen. Zudem sollten diese nicht mehr an den Bildungseinrichtungen verkauft werden dürfen. Eine solche Einmischung in die Privatangelegenheiten der Bürger ist typisch für die Grünen. Im Besonderen für Künast. Eine Freundin meiner Mutter unterhielt sich einmal mit Renate Künast während des Wahlkampfes über Politik. Frau Künast wollte sie offenkundig überzeugen, die Grünen zu wählen. Als sie merkte, dass das nicht so recht klappte, erblickte Künast eine Gruppe junger Migranten und verabschiedete sich von der Freundin meiner Mutter mit den Worten: „Entschuldigung, ich muss los; dort ist die Zukunft."

Dann ging sie zu den jugendlichen Migranten, um mit ihnen zu reden. Ein solches Verhalten passt zu ihr. Sie beklagt sich ja vor Jahresfrist, darüber, dass man im Internet auf sie geschimpft hat, weil sie für angeblich gewaltfreien Sex mit Kindern eingetreten wäre. Dass ein solch abscheulicher Akt nie gewaltfrei sein kann, scheint sie nicht zu wissen.

Zu diesem Thema erklärte Bettina Jarasch: „Renate Künast hat offensichtlich, wie nahezu die gesamte grüne Partei, damals die fatale Unterscheidung von einvernehmlicher Sexualität mit Kindern und Sexualität, bei der Gewalt eine Rolle spielt, gemacht. Diese Unterscheidung wirkte wie eine Beruhigungspille und hinderte uns daran, unsere Positionen zu hinterfragen."

Interessant, oder? Denn eigentlich ging es bei der grünlinken 68er-Ideologie darum, angeblich alles zu hinterfragen. Letztendlich betraf dies jedoch nur die Positionen des Gegners und nie die eigene Weltsicht!

Das ist es wohl, was man Arroganz der Macht nennt. Eine solche erlebte ich selbst mit, als ich mit einem Kumpel auf einem Kreuzberger Straßenfest unterwegs war. Da ich gerne grünes Infomaterial an Altpapierhändler verkaufe (in der Hoffnung, dass beim nächsten Mal was Besseres aus dem Papier wird), ging ich dort mit einem Kumpel an den Stand der Grünen. Mein Kumpel unterhielt sich mit den Grünen, da kam der Politiker Ströbele (der früher RAFler vor Gericht verteidigte) und die Grünen brachen die Unterhaltung mit meinem Kumpel ab und schleimten sich schön bei Ströbele ein. Eine solche Überheblichkeit gegenüber potentiellen Wählern unterstreicht, dass diese Partei es gar nicht nötig hat, nett zu ihren Mitbürgern zu sein. Sie wissen eine Medien- und Geldmacht hinter sich, welche die Massen in ihrem Sinne manipuliert. Bürgernähe? Brauchen die Grünen nicht!

Deswegen war es der Partei auch völlig egal, als der „Berliner Büchertisch" im grün regierten Kreuzberg dicht gemacht wurde. Und das obwohl die Partei Jahre vorher noch Bücher an den Laden gespendet hatte. Der Autor dieser Zeilen nahm einige dieser Werke, die in den Verschenkkisten landeten, kostenlos mit nach Hause. Es waren Werke von Lenin, Marx und Stalin. Neun Cent pro Kilo Altpapier. Was fordern die Grünen noch so alles? Ach ja, seit 2012 wollen sie ein striktes Nachtflugverbot in der BRD. Und im November 2011 sprachen sich die Grünen für eine Zwangsabgabe auf Plastiktüten in Höhe von 22 Cent pro Beutel aus. Sollte das nicht ausreichen, forderte die Partei ein Verbot in der EU. Das wurde bisher noch nicht umgesetzt; zumindest nicht völlig. Aber bei Aldi und Lidl kosten die kleinen Obsttüten, welche früher umsonst waren, inzwischen einen Cent.

Dreist wie sie sind, wollen die Grünen auch noch anderen Parteien vorschreiben, wieviel Männer und Frauen sie zu Kommunalwahlen aufstellen dürfen. So zum Beispiel in Baden-Württemberg. Dort wollten die Grünen eine Geschlechterquote (50:50) in Kommunalwahllisten aller Parteien gesetzlich vorschreiben! Das ist eindeutig verfassungswidrig und undemokratisch, aber weder ein Fall für die vierte Gewalt (Medien) noch für das Bundesverfassungsgericht, deren Richter teilweise aus dem grünen Lager stammen. Aber eines sollte klar bleiben:

Parteien stellen ihre Liste durch ihre Mitglieder in geheimer Wahl auf und nicht anders. Nur die bestimmen die Zusammensetzung der Wahlliste und nicht grüne Funktionärinnen!

Die Liste grüner Unverschämtheiten ließe sich endlos fortsetzen. Weitere dreiste Forderungen der Grünen kamen zum Beispiel vom eben erwähnten Bundestagsabgeordneten Hans Christian Ströbele. Er plädierte dafür, einen Feiertag für Mohammedaner in der BRD einzuführen. Etwas in der Art haben wir sogar schon; den 03. Oktober!

Eigentlich ist er unser „Tag der deutschen Einheit", aber weil wir Deutschen ja nichts für uns haben dürfen, wurde daraus gleichzeitig der „Tag der offenen Moschee". Den Deutschen gönnen die Grünen keinen Feiertag; erst recht keinen positiv besetzten. Entsprechend forderten die Grünen in Nordrhein-Westfalen, den 08.05.2015 zum Feiertag zu erheben, womit sie „kollektiv" an den 08.05.1945 als dem Ende der nationalsozialistischen Herrschaft erinnern wollen. Sie traten damit vor allem ganz bewusst der Forderung entgegen, den 500. Jahrestag der Reformation durch Martin Luther zum Feiertag zu erheben. Dabei handelt es sich um Symbolpolitik, wie wir sie auch in Berlin (beispielsweise bei der Umbenennung von Straßen wie der einst nach Karl von Einem benannten „Einemstraße" erlebten, die nach einem Schwulen benannt wurde) immer wieder erleben. Das Ziel ist, den öffentlichen Raum zu kontrollieren und allem den eigenen, grünen Stempel aufzuzwingen. Und egal wie viel Unsinn die Grünen anstellen; sie halten an ihrem Kurs auf ein „anderes Deutschland" fest. Verluste unter den Einheimischen werden dabei nicht nur in Kauf genommen, sondern offenkundig begrüßt. Die offenen Grenzen ließen die Grünen jubeln und wer „Merkel muss weg", sagt ist für sie ein Rechtsextremist. Von daher ist es wenig verwunderlich, dass der AfD-Politiker Alexander Gauland am 02.01.2017 bei einer „Nafri"-Debatte, wegen der Silvesterereignisse in zahlreichen deutschen Großstädten, erklärte:

„Alles, was mit innerer Sicherheit, Recht und Ordnung zu tun hat, scheint den Grünen in einem Maße zuwider zu sein, dass man nur den Kopf schütteln könnte, wäre ihr politisches Handeln nicht so gefährlich für unsere Gesellschaft. Die Gefahr für neuerliche Massenvergewaltigungen in der jüngsten Silvesternacht in Köln war durch die Anreise von hunderten von Nordafrikanern gegeben. Die Polizei hat diesmal vernünftig reagiert, diese eingekreist und zurückgeschickt. Wenn Frau Peters dieses Vorgehen nun kritisiert, spricht sie sich de facto gegen unbeschwertes Feiern und gegen die Sicherheit unserer Mitmenschen und vor allem der Frauen und Mädchen in Köln aus. Aber auch in der Außenpolitik blockieren die Grünen schon seit längerem die vernünftige Absicht, vielen nordafrikanischen Ländern den Status eines sicheren Herkunftslandes zu geben. Diese Blockade hat zur Folge, dass immer mehr Kriminelle und Wirtschaftsmigranten als Asylbewerber völlig zu Unrecht nach Deutschland einreisen dürfen. Vor diesem Hintergrund drängt sich einem immer mehr der Eindruck auf, dass die Grünen keine Rechtsstaat-Partei sind. Im Gegenteil: Durch ihre Politik höhlen sie Recht und Ordnung in Deutschland systematisch aus. Wer Freiheit durch Sicherheit in Deutschland will, darf nicht Grün wählen."

Schaut man sich die Geschichte dieser Partei an, ist es kein Wunder, dass Deutschland so in der Tinte sitzt. Nach dem Kosovo und Afghanistan hatte Gerhard Schröder kein Interesse, die USA bei einem dritten

Kriegsabenteuer zu begleiten. Auch dürfte Schröders neuer Freund Putin nicht ganz unschuldig an dieser moralischen Wende im Kopfe des SPD-Kanzlers gewesen sein. Auf jeden Fall musste die rot-grüne Koalition vor Ausbruch des Irakkriegs über einen Kampfeinsatz der Bundeswehr entscheiden. In diesem Fall verweigerte die Bundesregierung eine Kriegsteilnahme an der Seite der USA als Teil der sogenannten „Koalition der Willigen". Hinterher halfen die Medien fleißig dabei mit, es so hinzustellen, als wären die Grünen für das „Nein zum Irakkrieg" verantwortlich. Dieselben Grünen, die vorher „Ja" zum Kosovokrieg gesagt hatten. Der Wähler glaubte es unbesehen, denn eine Zeitung würde ihn ja nie belügen, oder?

Faktisch setzten die Grünen die Akzente in der rotgrünen Bundesregierung. Renate Künast war Bundesministerin für Verbraucherschutz, Ernährung und Landwirtschaft von 2001 bis 2005. Was sie für diesen Job qualifiziert, hat bisher noch niemand so richtig erklären können. In der Legislaturperiode 1998 bis 2002 wurden von den Grünen unter anderem die Ökosteuer, eine Aufweichung des Staatsangehörigkeitsrechts, die Möglichkeit eingetragener Lebenspartnerschaften, der Ausstieg aus der Atomenergie, das 100.000-Dächer-Programm (Solarstromsubvention) und das Erneuerbare-Energien-Gesetz (EEG; wirtschaftliche und wissenschaftliche Förderung von Wind- und Solarenergie, Biomasse sowie Erdwärme) durchgedrückt. Die Folgen trägt der einfache Durchschnittsbürger. Für die getöteten Vögel und Insekten durch Windräder interessieren sich die angeblich grünen Umweltschützer ebenso wenig wie für die psychischen Schäden bei den Leuten, die in der Nähe von Windrädern leben.

Lediglich einige grüne Mitglieder machten von ihrem Recht Gebrauch, mit den Füßen abzustimmen. Die Mitgliederzahl der Partei sank zwischen 1998 und 2002 von fast 52.000 auf unter 44.000. Später stieg sie jedoch wieder an und schießt seit dem Hype um Greta in ungeahnte Höhen. Die jetzige Anzahl zu nennen dürfte sinnlos sein, weil sie bis zur Veröffentlichung dieses Werkes ohnehin nicht mehr aktuell sein wird. Zu massiv profitieren die Grünen von ihrer medialen Schützenhilfe und der Panikmache um den sogenannten Klimawandel, von dem vor allem dann in den Nachrichten panisch die Rede ist, wenn es im Sommer heiße Tage gibt. Kaum ist es im Sommer warm, wird Angst und Schrecken verbreitet. Dazu erklärte der Wetterexperte Jörg Kachelmann, nachdem ein Reporter des *Hessischen Rundfunks* davor warnte, in der Mittagshitze zu arbeiten:

„Deutschland mit dem Wissensstand des Frühmittelalters. Dank Medien auch 2018 im Felde der bildungsfernen Vertrotteltheit und Falschinformation unbesiegt."

Journalisten wie Kachelmann waren und sind aber die Ausnahme. Für gewöhnlich werden die Grünen von den Medien massiv hofiert. Und die der grünen Partei heute wohlgesonnen Journalisten waren auch damals schon aktiv. Als Gerhard Schröder in einer Regierungserklärung am 14.03.2003 die Agenda 2010 verkündete und mit den Worten „Wir werden Leistungen des Staates kürzen" begann, fiel diese unbeliebte von den Grünen mitgetragene Maßnahme nicht zu Ungunsten der Melonenpartei aus. Schnell zeigte sich, dass die unpopulären Reformen vornehmlich die SPD und sehr viel weniger Bündnis 90/Die Grünen belasteten. Hatten die Grünen bei allen Wahlen während der Legislaturperiode 1998 bis 2002 Stimmen verloren, so gewannen sie nach der Bundestagswahl plötzlich bei sämtlichen zehn folgenden Wahlen bis 2005 hinzu. Dies dürfte die Folge einer Wählerwanderung im linken Lager zu Gunsten der Grünen und zum Schaden der SPD gewesen sein. Etwas, was wir seit der Regierungsbeteiligung der SPD in einer neuerlichen GroKo unter Merkels Führung erneut beobachten können. Bei der EU-Wahl 2004 konnten die Grünen mit 11,9 Prozent einen Zugewinn von 5,5 Prozent verzeichnen. In Deutschlands Hauptstadt Berlin sah es für die Partei sogar noch besser aus. In den Berliner Bezirken Mitte, Pankow und Friedrichshain-Kreuzberg wurde sie stärkste Kraft und das sieht man den Bezirken auch an. In einigen Stadtteilen von Großstädten wie zum Beispiel in St. Pauli in Hamburg oder in Berlin-Kreuzberg erreichte sie mit 57,8 Prozent beziehungsweise 52 Prozent die absolute Mehrheit. In Hamburg kamen sie landesweit deutlich über die Marke von 20 Prozent. Gleichzeitig entfernte sich die SPD immer mehr von ihren Traumwerten, die sie einstmals mit über 40 Prozent so stark gemacht hatten. Nach einer verlorenen Landtagswahl in Nordrhein-Westfalen entschloss sich Gerhard Schröder dazu, Neuwahlen anzustreben und die Vertrauensfrage im Bundestag zu stellen. Die Folge waren die Wahlen von 2005, welche im Ergebnis die Partei der Grünen von der Macht verdrängte, aber die grünlinke Ideologie in der Person Merkel erneut an die Macht brachte.

*

Mit dem Ausscheiden aus der Bundesregierung waren die Grünen bis zur Bürgerschaftswahl in Bremen im Mai 2007, welche auf die Bildung einer rot-grünen Koalition hinauslief, weder in der Bundes- noch in einer Landesregierung vertreten. Einen Machtentzug mussten die Grünen jedoch nicht sonderlich lange durchmachen. 2008 ging die Partei in Hamburg das erste schwarz-grüne Bündnis auf Landesebene ein, welches jedoch 2010 nach dem Rücktritt von Ole von Beust (CDU) scheiterte. Einen großen Erfolg erzielten die Grünen bei der Landtagswahl in Baden-Württemberg am 27.03.2011. Ihre Partei landete auf dem zweiten Platz. Zusammen mit der SPD löste sie die CDU-FDP-Koalition unter Stefan Mappus ab. Mit Winfried Kretschmann wurde erstmals ein Grünenpolitiker Ministerpräsident eines deutschen Bundeslandes. Die mediale Berichterstattung rund um den durch eine Naturkatastrophe zerstörten Reaktor im japanischen Fukushima war dabei sehr hilfreich und es ist davon auszugehen, dass die Grünen sich dieser medialen, mächtigen Schützenhilfe durchaus bewusst waren. Inzwischen kommen Vertreter dieser Partei in praktisch jeder Nachrichtensendung zu jedem beliebigen Thema zu Wort, wohingegen die stärkste Oppositionspartei AfD medial unterrepräsent gehalten wird.

Als es 2013 einen neuerlichen Wahlkampf gab, erschienen trotz medialer Gleichschaltung einige dunkle Punkte aus der grünen Vergangenheit im Licht und wurden einer breiteren Öffentlichkeit bekannt. Es kam zu einer Debatte über die Rolle pädophiler Gruppen in der Partei sowie einer Kontroverse um den im Wahlprogramm der Grünen erwähnten Veggietag. Der Parteivorstand reagierte durch die öffentliche Diskussion, indem er den Politikwissenschaftler Franz Walter im Juni 2013 mit einer Studie zur Pädophilenbewegung beauftragte. Im November 2014 wurde diese Studie veröffentlicht. Damit war die Sache im Großen und Ganzen erledigt und verschwand im Nebel der Geschichte. Der Durchschnittswähler vergisst schnell und die Politiker wissen das auch. Aber es dauerte, bis die Wähler vergaßen und weil die Wahl im selben Jahr stattfand wie der Skandal, verlor die Partei im Vergleich zur Bundestagswahl 2009 2,3 Prozentpunkte und erzielte 8,4 Prozent der Stimmen. Damit wurde das Ziel einer Regierungsbildung mit der SPD verfehlt. Inzwischen sehen die Farbenspiele freilich anders aus; rot-rot-grün ist ebenso denkbar wie schwarz-rot, schwarz-grün, grün-schwarz, schwarz-rot-rot oder rot-schwarz. Nur mit der Partei, die unsere Grenzen schützen möchte, will keiner zusammenarbeiten. Zeitgleich mit der Bundestagswahl 2013 fand die Landtagswahl in Hessen statt, nach der die zweite Koalition zwischen CDU und Grünen gebildet wurde (Kabinett Bouffier II). Diese Koalition hat noch heute Bestand. Inzwischen sind die Grünen in dieser Koalition noch stärker und die CDU biedert sich bei ihnen massiv an.

Die Anbiederung der CDU/CSU an den grünen Zeitgeist geht sogar so weit, dass weltweit bekannte Morde verleugnet werden. So äußerte sich zum Beispiel Hessens CDU-Ministerpräsident Volker Bouffier in einem Interview mit der *FAZ* dahingehend, dass der Mord an dem Kasseler Regierungspräsidenten Walter Lübcke „der erste Mord an einem Politiker nach dem Krieg" gewesen wäre. Da fragt man sich doch: Hat Herr Bouffier wirklich schon vergessen, dass im Mai 1981 der hessische Wirtschaftsminister Heinz Herbert Karry (FDP) in seinem Haus in Frankfurt am Main erschossen wurde, während er schlief? Täter und Mitwisser dieses abscheulichen Mordes konnten übrigens bis heute nicht überführt werden, wobei etliche Spuren tief in das damals noch junge grüne Milieu führten. Es gab ein Bekennerschreiben selbsternannter „Revolutionärer Zellen" voller Beleidigungen und die damalige Bundesanwaltschaft ließ über viele Jahre hinweg Telefonanschlüsse vermeintlicher Sympathisanten überwachen. Einer der aufgrund dieser Ermittlungen Überwachten war übrigens ein gewisser Joschka Fischer. Er wurde so lange überwacht, bis er durch die Wahl in ein Parlament Immunität erhielt. Zu dieser Zeit verriet eine Europaabgeordnete der Grünen der Stasi, sie wisse, wer Karry erschossen hatte. Aber bevor die westdeutschen Behörden auf diese Dinge aufmerksam wurden, starb sie mit Mitte Vierzig an einem Herzinfarkt.

*

Fakt ist: Der „Fall Karry" beschäftigte die bundesdeutsche Öffentlichkeit und die Behörden in den 80er Jahren enorm. Besonders natürlich in Hessen, wo die Bluttat ja stattgefunden hatte. Dort war Volker Bouffier auch schon damals politisch aktiv. Aus diesem Grund stellt sich natürlich die Frage, warum er sich nicht mehr an diesen Fall erinnern konnte? Könnte es an der Tatsache liegen, dass er mit den Grünen dieses Bundesland heute regiert und in dieser Regierung mit der CDU immer weiter nach links gerückt ist? Zusammen mit den Grünen hat seine CDU nur eine Stimme Mehrheit; womöglich möchte er den Koalitionspartner nicht verärgern. Aus demselben Grund kommt er den Grünen ja auch bei anderen Themen entgegen; sei es die Abholzung von Märchenwäldern für Windräder, die Einführung der Gender-Ideologie oder das mangelhafte Abschieben abgelehnter Asylbewerber. Leider ist es so, dass wo immer die CDU mit den Grünen regiert, sie dieser Partei massiv entgegenkommt. Viele ältere CDU-Wähler haben immer noch die Ära Adenauer und Erhard im Kopf, aber sie sollten endlich aufwachen und merken, dass diese Zeiten leider nie wieder zurückkehren werden. Adenauer und Erhard waren Handlanger der Alliierten, aber sie waren deutschenfreundliche Handlanger, die für unser Land und Volk taten, was sie konnten. Adenauer war auch noch mit den Werten der guten alten Kaiserzeit aufgewachsen, wohingegen Merkel und ihre Eltern freiwillig in die DDR zum SED-Regime gingen. Würde Adenauer heute leben, wäre er für die Merkel-CDU wahrscheinlich ein „Nazi".

Aber vielleicht, und diese Möglichkeit sollte in Betracht gezogen werden, tut der Autor dieser Zeilen dem Volker Bouffier auch etwas Unrecht. Eventuell hatte er diesen einen Mord, der ja immerhin schon eine Weile her ist, während des Interviews einfach nicht auf dem Schirm. Ein Politiker hat schließlich viel um die Ohren. Nur wieso hat er dann auch noch die zahlreichen Opfer der RAF vergessen?! Und den Republikaner Gerhard Kaindl, der im Jahre 1992 in Berlin im Beisein eines *JF*-Journalisten von Linksradikalen in einem asiatischen Restaurant erstochen wurde? Zumindest an die RAF hätte er sich erinnern müssen, oder? Andererseits waren zwei der Anwälte der RAF Mitglieder von SPD und Grünen. Das sollte uns zu denken geben, jedoch nicht so sehr wie die Tatsache, dass die beiden sich im Laufe ihres Lebens politisch kaum bewegt haben und inzwischen eher zum vernünftigen, realpolitischen Teil ihrer jeweiligen Partei gezählt werden können.

Realpolitik. Eigentlich ein schönes Wort. Würde doch die CDU zur Abwechslung so handeln, anstatt ideologisch verblendet unser Land in den Abgrund zu führen; immer schön den Grünen hinterhermarschierend. Realpolitisch wäre es, in Sachsen eine Regierung mit der AfD zu bilden oder zumindest eine Minderheitsregierung mit Duldung der AfD. Doch zu beidem kommt es nicht, denn das Zweite ist der CDU zu unsicher und das Erste hätte zur Folge, dass die CDU die AfD im Kulturkampf gegen die Grünen unterstützen müsste. Dann stünde alles in Frage, was die CDU von den Grünen und von den Globalisten in EU und UNO mitgetragen hat: UN-Migrationspakt, Massenzuwanderung, Eurorettung, Genderwahn und natürlich auch das was der Schriftsteller Akif Pirincci als „Kult um Frauen, Homosexuelle und Zuwanderer" bezeichnet hatte. Kurzum: Es stünden all die Märchen auf dem Prüfstand, welche wir lauten

Lobbygruppen und ihren Hintergrundmächten verdanken. Einen solchen Kulturkampf möchte die CDU jedoch nicht ausfechten; die CDUler sind zu feige und die gut bezahlten Pöstchen sind zu bequem. Selbst in Bayern, wo CSU und Freie Wähler eine Mehrheit stellen und die patriotische AfD immerhin einen gewissen Achtungserfolg erzielte, traut man sich diesen gemeinsamen Kulturkampf einer bürgerlichen Mehrheit gegen eine grün/linke Minderheit nicht. Deswegen wurde eine Journalistin, als sie CDU und AfD in Sachsen zusammen eine „bürgerliche Mehrheit" bescheinigte, auch sofort medial angegiftet und zurückgepfiffen. Recht schnell folgten auch die üblichen Distanzierungen von Seiten des Mainstreams. Klar, die Mitarbeiter eben dieses Hauptstroms haben auch Jobs, welche sie natürlich nicht verlieren möchten. Ein Teil von ihnen dürfte schlicht und einfach aus Mitläufern bestehen; sowie schon zu Zeiten anderer Regierungsformen. Dieser Teil wird so lange brav den Mund halten und nur dann bellen, wenn die Chefs „Gib Laut!" befehlen.

Sind sie jedoch erstmal in Rente, könnten von ihnen durchaus kluge Wortmeldungen kommen. So wie von Ex-Bundespräsident Joachim Gauck, der vor kurzem anmerkte, man benötige auch „eine erweiterte Toleranz in Richtung Rechts". Dies beinhalte „nicht jeden, der schwer konservativ ist, für eine Gefahr für die Demokratie zu halten und aus dem demokratischen Spiel am liebsten hinauszudrängen." Man müsse laut Gauck vielmehr sehr genau zwischen rechts im Sinne von stark Konservativ und rechtsextremistisch/rechtsradikal unterscheiden. Solche mutigen Worte kommen besser spät als nie, jedoch wären sie weitaus hilfreicher gewesen, als Gauck noch im Amt war. Seine Worte entsprechen in diesem Fall natürlich der Wahrheit, nur kommen sie zu einem Zeitpunkt wo er keinen Posten mehr zu verlieren hat und glücklicherweise auch keine Repressionen mehr befürchten muss. Hilfreich sind diese Äußerungen für das patriotische Lager trotzdem, denn man kann sich stets auf sie berufen und das ist immerhin etwas. Es wird nur nicht viel nützen, denn diejenigen die nach wie vor im Amt sind, handeln völlig anders. So zum Beispiel die Leiterin der Landeszentrale für politische Bildung in Brandenburg, Martina Weyrauch. Sie und andere Politiker sind der Ansicht, dass vor allem, man höre und staune, Berufstätige zu sehr nach rechts neigen und man entsprechende Gegenmaßnahmen treffen müsse. Sehr deutlich zitierte sie die *Freie Welt*: „,Es gehe nicht um, ja darum, dass wir gar nicht neutral agieren können – neutral im Sinne, es ist uns egal, ob sich Demokratie entwickelt oder nicht', sagt sie gegenüber dem Deutschlandfunk, 'sondern wir sind laut Grundgesetz und laut auch unseres Organisationserlasses in Brandenburg natürlich verpflichtet, im Sinne der offenen Gesellschaft, im Sinne unserer demokratischen Grundordnung zu agieren.'" Die *FW* fügte hinzu: „Dumm daran ist, dass im Grundgesetz nichts von einer 'offenen Gesellschaft' als Staatsziel steht. Auch hier wird eindeutig politisch manipuliert."

*

Diese Ereignisse zeigen, wie sehr die Grünen es inzwischen schaffen, alle Altparteien und auch die Medien auf Linie zu bringen. Bei manchem Konservativen dürfte auch Angst eine Rolle spielen. Extrem groß ist gewiss die Angst, als „Rechter" oder als „Nazi" abgestempelt zu werden. Ein twitter-Post von einem hochrangigen Grünen genügt dafür und schon steht man auf der Abschussliste. Selbst die Finger schmutzig machen sich die Grünen natürlich nicht; sie sagen nur etwas und was sie sagen, ist für Gruppen wie die Antifa, die FFFler oder „Extinction Rebellion" (ER)Befehl!

Einige dieser selbsternannten „Weltretter" durfte ich vor Jahresfrist persönlich kennenlernen. Die Linken dieser Gruppe mit Namen „Extinction Rebellion" protestierten nämlich gegen die Merkel-muss-weg-Demo vor dem Kanzleramt am 9. Oktober 2019. Diese ER-Leute haben meines Wissens ja schon jede Menge Störaktionen betrieben und so uns Normalbürgern das Leben schwer gemacht. Die Politiker betrifft dieser Unsinn freilich nicht; was kümmert es wohl Merkel, wenn die Bahn nicht fährt? Aber die ER-Protestler agieren als nützliche Idioten der etablierten Parteien; sie rennen bei ihnen mit ihrem Pseudoklimaschutz offene Türen ein und bieten den Politikern so die Gelegenheit, zu sagen: „Seht her! Da protestieren so viele dafür; machen wir das doch!"

Und dann kommen CO2-Steuern und ähnliche Drangsalen der Durchschnittsbürger. Es ist wie ein Drache, der sich in den Schwanz beißt. Die ER-ler störten trotz Polizeipräsenz unsere Demo, indem sie dazwischen brüllten. Unter anderem wehte bei ihnen die rot-schwarze Antifafahne und es waren Linke aus Spanien, England und Deutschland da. Die spanischen Antifa/ER-ler waren offenbar noch immer sauer, weil sie den spanischen Bürgerkrieg verloren haben. Sie sangen in spanischer Sprache die „Kommunistische Internationale" und es ist mehr als wahrscheinlich, dass sie nicht vergessen haben, was ihre Genossen in Spanien getan haben. Man denke an all die angezündeten Kirchen, all die ermordeten Priester und all die geschändeten Nonnen während des Bürgerkrieges. Die Linken haben sie gewiss nicht vergessen, sondern sind vielleicht noch stolz auf ihre Schandtaten! Hierbei sollte ich noch einmal daran erinnern, dass Fridays for Future abgekürzt FFF ist, was für 666 steht und die Zahl des Teufels ist. Denn das ist in dem Zusammenhang von Interesse, dass die Linken schwarz-rote Fahnen verwenden, die symbolisch für den Teufel und die Hölle stehen. Macron hat diese Farben bei seiner Präsidentenamtseinführung auch massiv verwenden lassen. Es würde den Autor dieser Zeilen wenig überraschen, wenn die Hintermänner dieser Linken im Geheimen den Teufel oder einen seiner Dämonen anbeten. Daher ist es auch wenig verwunderlich, dass sie Anhänger eines anderen Dämonenkults massiv in unserem Land willkommen heißen. Die Linken vor dem Kanzleramt riefen unter anderem „Refugees Welcome", was eigentlich nichts mit Klimaschutz zu tun hat und sogar kontraproduktiv für den CO_2-Ausstoß ist, denn wenn Asylanten in Deutschland sind, produzieren sie mehr CO_2 als wenn sie in der dritten Welt bleiben. Mehr Asylanten in der westlichen Welt sind also eigentlich kontraproduktiv für den CO_2-Ausstoß, aber darum geht es diesen Klimaspinnern in Wahrheit gar nicht. Sie wollen das, was die Linken schon immer wollten; Deutschland und Europa zu Grunde richten. Die Ausrede ist eine Andere; das Klima. Das Ziel bleibt dasselbe: eine neue Gesellschaft; ein linkes, weltfremdes „Utopia". Früher war das angebliche Waldsterben die Ausrede, dann noch die Atomkraftwerke und natürlich sind diese Dinge austauschbar. Jetzt sind es eben Klima und Asylanten. Beides wird als Waffe gegen die Normalbürger benutzt.

Ob die linken Protestler das wissen oder ob sie nur ahnungslose Handlanger sind? Ich tippe eher auf Letzteres. Die Demo war für mich übrigens ein großer Erfolg. Ich habe eine nette Abgeordnete aus Brandenburg kennengelernt und führe eventuell bald per E-Mail ein Interview mit ihr. Und ich traf auch einen ehrenwerten Herren aus Bayern, der mir berichtete, dass Claudia Roth ihm mal die Antifa auf den Hals gehetzt hat. Das klang auf jeden Fall nach einem interessanten Bericht, den ich mir als objektiver Journalist natürlich gerne anhören wollte. Zumal der Deutsche Bundestag es kürzlich abgelehnt hat, sich von der Antifa zu distanzieren. „Antiextremistischer Grundkonsens in Politik und Gesellschaft - Rechtsstaat und Demokratie schützen - Antifa ächten" lautete der entsprechende Antrag der AfD-Fraktion. Abgelehnt, entschieden CDU/CSU, SPD, Grüne, Linke und FDP einmütig.

Aber nun gilt es, ein Fazit aus der grünen Geschichte zu ziehen.

*

Es zeigt sich, dass keine Partei so sehr für den deutschen Selbsthass steht, wie die Grünen. Neben der SPD und der Linken haben sie sich sozusagen als dritte Antifa-Partei etabliert. Besonders im linksliberalen Milieu deutscher Großstädte feiern sie massive Erfolge. Ursprüngliche Inhalte wie Umweltschutz und Friedenspolitik wurden sehr schnell durch antideutsche und multikulturelle Positionen ersetzt.

Diese Positionen werden gnadenlos durchgeboxt. Gegen jeden Widerstand und mit allen Mitteln. Die Grenzen zwischen Grünen und offen agierenden Linksextremen verschwimmen zunehmend. So rief die Grüne Jugend in Niedersachsen 2014 dazu auf, in die linksextreme „Rote Hilfe" einzutreten. Außerdem beteiligten sich Politiker der Grünen an der Kampagne „Ich bin linksextrem".

Zahlreiche Lebensläufe grüner Politiker sind durch das linksextreme 68er-Milieu geprägt. So zum Beispiel bei Joschka Fischer, Jürgen Trittin, Hans-Christian Ströbele, Winfried Kretschmann oder Daniel Cohn-Bendit. Ströbele hat übrigens nicht nur die RAF (unter anderem Andreas Baader) ab 1970 vor Gericht verteidigt, sondern wurde 1975 wegen Missbrauchs der Anwaltsprivilegien noch vor Beginn des Stammheim-Prozesses von der Verteidigung ausgeschlossen. 1980 wurde Ströbele von der 2. Großen Strafkammer beim Landgericht Berlin wegen Unterstützung einer kriminellen Vereinigung zu einer Freiheitsstrafe von 18 Monaten auf Bewährung verurteilt, weil er am Aufbau der RAF nach der ersten Verhaftungswelle 1972 mitgearbeitet habe und in das illegale Informationssystem der RAF involviert gewesen sein soll.[8]

Die jüngeren Kader sind auch nicht besser als ihre Vorgänger in der Partei. So wie zum Beispiel die EU-Parlamentsabgeordnete Ska Keller. Sie posieren offen mit einer Fahne der „Antifaschistischen Aktion". Und Robert Habeck, seit 2018 Co-Parteivorsitzender, äußerte: „Es gibt kein Volk und deswegen auch keinen Verrat am Volk." Vaterlandsliebe findet Habeck, wie schon erklärt „zum Kotzen".

Wenn es gegen Andersdenkende geht, sind die Grünen immer mit von der Partie. Zum Beispiel bei den linken Anti-PAG-Demos oder der Anti-AfD-Demo in Augsburg. Ein wichtiges Anliegen ist ihnen auch die Beteiligung von Migranten an Wahlen in Deutschland. Wie niederträchtig die Grünen sogar im Bundestag agieren, zeigt ein Fall vom Mai 2018. Obwohl sich die Partei offiziell von vom Verfassungsschutz beobachteten Vereinen und Organisationen fernhält, ging man nie auf Distanz zu antifaschistischer Gewalt. Nach dem linksextremen Überfall auf den AfD-Politiker Frank Magnitz ging Cem Özdemir sogar soweit, den Schwerverletzten über Twitter als „Nazi" zu beschimpfen. Wenige Tage nach dem Angriff wurde das Auto des patriotischen YouTubers Alex Malenki in Brand gesteckt, nachdem der Leipziger Grünen-Politiker Jürgen Kasek via *twitter* dazu aufrief,

---

8 Quelle: Silvana Heißenberg: „Hexenjagd und Hochverrat" auf Seite 206. Erschienen im Anderwelt Verlag 2019.

„Ibster", womit identitäre Hipstar gemeint sind, zu jagen.

Das sind die Grünen und ihre Geschichte zeigt, wie sie immer schlimmer mutiert sind. Sehr zum Leidwesen unseres Landes und Volkes. Heute zeigen sie ihre Verachtung für alle Deutschen und ihren Hass auf Patrioten ebenso offen wie früher. Berichtet wird darüber natürlich nicht. Stattdessen laufen im Fernsehen, wie zum Beispiel auf ZDFinfo während ich das hier schreibe im Hintergrund, Sendungen gegen die AfD, gegen die Identitären und natürlich für Multikulti, was angeblich sehr wünschenswert sein soll. Auffällig ist, dass die Identitären und die AfD die einzigen sind, bei denen man noch das Singen der Nationalhymne hört. Bei den Grünen beispielsweise singt man lieber das Freimaurerlied, welches inzwischen EU-Hymne ist. „Freude schöner Götterfunken", erklang es in der Heinrich-Böll-Stiftung, als die Grünen am 26.05.2019 ihren Erfolg bei der EU-Wahl feierten. Danach hatten sie im EU-Parlament noch mehr Einfluss, wobei schon ihr bisheriges Treiben nicht ohne Konsequenzen für das deutsche Volk blieb. Ohne ihre Verbündeten in Medien und Hochfinanz hätten sie das gewiss nicht geschafft. Nicht ohne Grund hatte der Altgrüne Jürgen Trittin eine Einladung zur „Bilderberg-Konferenz" im Jahre 2012 wahrgenommen. Im Anschluss daran fand der FDP-politiker Rainer Brüderle dazu deutliche Worte im Bundestag. Konkret sagte er:

„Ihre neuen Freunde von der Hochfinanz haben mir etwas ins Ohr geflüstert: Herr Trittin fordert jetzt die Bankenunion für Europa. Die Einlagensicherung soll nach seinem Willen europäisiert werden. Herr Trittin will, dass die deutsche Oma mit ihrem Sparbuch für ausländische Investmentbanker haftet. (...) Das ist grüne Politik der sozialen Kälte, nicht mehr, aber auch nicht weniger. Das steht in einer Linie mit ihrer armutsfördernden Energiepolitik. Fünf Mark für einen Liter Benzin, Dauersubventionen in Milliardenhöhe für Solardächer, die in China produziert werden, Dosenpfand, Handypfand, Plastiktütenverbot - Sie sind die Partei der Bioschickeria in Deutschland. (...) Für die Grünen kommt der Strom aus der Steckdose und das Geld aus dem Automaten."

Diese deutlichen Worte haben sogar den Autor dieser Zeilen überrascht. In diesem Punkt hatte die FDP tatsächlich einmal Mut bewiesen; ebenso wie in der Frage des Libyen-Bomabardements, wo Westerwelle „Nein" gesagt hatte. Nicht lange danach wurde die FDP von den Medien fertig gemacht, schließlich ist sie, trotz mancher kluger (und für den Mainstream wohl ZU KLUGER) Wortmeldungen und Forderungen, eine Mainstreampartei und musste auf Linie gebracht werden. Das ist auch recht gut gelungen, zumal Westerwelle verstorben ist und Brüderle nichts mehr in der Partei zu sagen hat. Der Geist von Männern mit Zivilcourage wie Jürgen Möllemann wurde inzwischen größtenteils ausgetrieben und weil die FDP erstens auf Linie ist und man zweitens die AfD als Hassobjekt hat, wird die gelbe Partei von den grünlinken Medien relativ in Ruhe gelassen. Interessant in diesem Zusammenhang ist jedoch noch, dass die Hetze der Medien die FDP damals schwach gemacht hat, wohingegen diese Art der politischen Agitation bei der AfD nicht so recht verfängt. Das grünlinke Medienkartell wurde also zumindest in seiner Glaubwürdigkeit geschwächt, auch wenn es noch einige Tricks, wie zum Beispiel das aus dem Hut zaubern von Bloggern wie diesem Rezo, auf Lager haben.

*

Wir haben nun der Geschichte der grünen Partei eine Menge Zeit gewidmet und gesehen, wie sie sich entwickelt hat. Es hat mehrere Jahrzehnte und einen 68er Marsch durch die Institutionen lang gedauert, aber die Grünen sind zu einer mächtigen etablierten Partei geworden. Ihre Tätigkeit hat maßgeblichen Einfluss auf unsere Gesellschaft. Welche Folgen grüne Politik in der Gegenwart hat, schauen wir uns deshalb im nächsten Kapitel etwas genauer an.

Grünen-Revoluzzer: Joschka Fischer

Otto Schily und Petra Kelly

GRÜNE POLITIK AM BEISPIEL BERLIN

Wie schlimm es aussieht, wenn die Grünen an der Macht sind, zeigt sich in der deutschen Landeshauptstadt Berlin. Dort regiert rot-rot-grün mit stabiler Mehrheit. Der Berliner Landesverband der Grünen hat im Rahmen eines Landesparteitages die völlige Gleichstellung des Islam mit anderen Religionen gefordert: „Für die Einbürgerung des Islam brauchen wir seine grundsätzliche Gleichstellung mit anderen Religionen und Weltanschauungen". Genehmigungsverfahren für Moscheen jeder Größe sollen beschleunigt werden. Ausdrücklich stellen die Berliner Grünen Moscheen mit Kirchen auf eine Stufe. Sie verkennen dabei, dass in christliche Kirchen keine Selbstmordattentäter für den heiligen Krieg rekrutiert werden; in bestimmten Moscheen dagegen durchaus. Zudem blenden sie die Verknüpfung religiöser mit politischen Forderungen verschiedener Trägervereine moslemischer Zentren in Deutschland vollständig aus. Sie wollen die desintegrierende Wirkung des Bestandes islamischer Parallelgesellschaften in unserem Land nicht wahrhaben, die Deutschland als Wirtschafts- und Bildungsstandort in Frage stellen. Damit gefährden die Grünen die Zukunft Deutschlands.

Um einer Stigmatisierung „ganzer Gruppen von Mitbürgern mit Migrationshintergrund" vorzubeugen, sollen nach Vorstellungen der Grünen die Polizei- und Sicherheitskräfte künftig vermehrt darauf achten, den Anteil der festgenommenen ausländischen Straftäter kleinzuhalten. Begründet wurde diese Forderung damit, dass der Anteil der Ausländer viel kleiner sei, als dies die polizeilichen Kriminalstatistiken suggerieren würden. Mit einer Konzentration der Polizeiarbeit auf bestimmte Bürgergruppen würden so unnötige Stigmatisierungen vorgenommen und Fremdenhass geschürt.

Tatsächlich sollte künftig der Anteil der von der Polizeiarbeit verfolgten kriminellen Ausländer geringer ausfallen, denn „nur weil jemand nicht blond und blauäugig ist, ist er noch lange kein Verbrecher" wurde die Parteivorsitzende der Grünen zitiert. Man will also nur noch die Kriminellen verfolgen, die man sehen möchte und nicht etwa die tatsächlich Vorhandenen.

Auch wurde darauf hingewiesen, dass sich die Polizeiarbeit schon präventiv immer wieder auf Ausländer konzentriere. In der Folge wird überlegt, künftig ungerechtfertigt verdächtigten Ausländern ein Schmerzensgeld zuzusprechen, wenn eine vorläufige Festnahme nicht durch erwiesene Schuld unterlegt werden konnte. „Die psychischen Belastungen der durch Staatsgewalt unschuldig Verfolgten sind hoch und können im Extremfall zu Depressionen und Arbeitsunfähigkeit führen", sagte eine Sprecherin der Grünen.

*

Ausbaden dürfen dieses Verhalten die Normalbürger, welche immer mehr zu Fremden im eigenen Land werden. Zahlreiche Dealer gehen in Berlins Görlitzer Park ungestört ihren kriminellen Geschäften nach. Friedrichshain-Kreuzbergs Bezirksbürgermeisterin Monika Herrmann (Grüne) behauptet der *Bild* zufolge, dass die Anwohner das so wollen. Ist an dieser Behauptung etwas dran? Immerhin haben viele Kreuzberger die Grünen gewählt und es ist allgemein bekannt, dass diese für die Drogendealer sind. So erklärte Herrmann laut *tagesspiegel.de*, dass keine Gruppe im Park diskriminiert werden dürfe, auch nicht die Drogendealer.

Dieses Verhalten der Bezirksbürgermeisterin von Tempelhof-Schönebergs direktem Nachbarbezirk reiht sich ein in eine ganze Reihe von Fehlverhaltensaktionen.

Und jedem klar denkenden Menschen dürfte bewusst sein, dass die Fehlentwicklungen in Friedrichshain-Kreuzberg nicht an der Bezirksgrenze Halt machen. Zudem sind auch in anderen Stadtteilen der Landeshauptstadt zahlreiche Wähler auf den grünen Klimahype hereingefallen. Nur wer die Grünen wählt, wählt nicht den Umweltschutz, sondern das genaue Gegenteil: Für Windräder und Solaranlagen werden etliche Bäume gefällt und zudem entsteht unter den Windrädern ein Betonfuss, der mangels nötigem Willen der Großkonzerne nicht mehr entfernt wird und daher Boden für zukünftiges Bäume pflanzen wegnimmt. Als sie vor einigen Wochen in Äthiopien 350.000.000 Millionen Bäume gepflanzt haben, war das etwas Gutes für den Umweltschutz. Wenn sie jedoch in Deutschland Bäume fällen um ihre geringe Energie produzierenden Wind- und Solarparks zu errichten, ist das eher umweltschädlich. Zudem werden dabei zahlreiche Vögel und Insekten getötet und das Geräusch der Windräder kann psychische Schäden bei den Menschen verursachen.

Aber das scheint die Grünen nicht zu interessieren. Man darf in diesem Zusammenhang auch nicht vergessen, dass die Grünen eine linke Partei sind und alles aus dem Munde eines Linken Quatsch ist, außer der Begrüßung: „Hallo, ich bin ein Linker."

Diese Partei zerstört bewusst unser Land und natürlich auch unsere Natur. In der Kunstwelt gibt es den linken Begriff „Landschaftsfaschismus". Das ist, wenn jemand statt hässlichem Abfall eine schöne Landschaft zeichnet. Für die Linken sind Landschaften „Faschismus„ und wir wissen ja, wie sie auf „Faschismus" reagieren. Was diese Partei offenkundig möchte, ist unsere Städte und Länder zur Grunde zu richten. Wer dies nicht glauben möchte, kann gerne einen Spaziergang durch die bunten und vielfältigen Teile Berlins unternehmen und sich selbst ein Bild machen, wie im Görlitzer Park gedealt wird. Oder im Volkspark Hasenheide. Oder am Hermannplatz. Oder ...

Die Liste ließe sich beliebig fortsetzen. Aber Leute wie Monika Herrmann sind ja tolerant. Auch gegenüber Fahrraddieben, wie die BZ zu berichten wusste. „Grüne Bürgermeisterin leitet Aufruf zum Diebstahl von Fahrrädern weiter", erklärte Gunnar Schupelius dort. Großartig. Und das, obwohl die Grünen doch angeblich so sehr für Fahrräder sind. Aber wie schon gesagt: Jedes Wort ist bei denen mehr als es scheint. So auch das mit der Toleranz gegenüber allen, die im Görlitzer Park etwas machen. Klar, gegenüber den Dealern sind sie tolerant, weil diese ihrem ideologischen Weltbild entsprechen. Aber man stelle sich mal vor, die AfD würde im Park eine Demo veranstalten; wie tolerant wären die Grünen dann?

Mit Sicherheit wäre es dann mit der grünen Toleranz nicht mehr sonderlich weit her. Aber das ficht die Grünen nicht an, denn ungefähr 85 Prozent der Journalisten wählen SPD, Grüne oder Linke und daher können sie sich einer breiten Unterstützung sicher sein. Diese mediale Macht hat allerdings auch für alle anderen Parteien Folgen, wobei diese recht unterschiedlich sind. Die einzige Folge für die AfD ist beispielsweise massive Hetze der Gesinnungsjournalisten gegen die patriotische Partei. Dies hat für die AfD positive und negative Folgen. Negative sind Anschläge auf AfD-Politiker und ihr Eigentum. Positiv ist, dass die Medien sich durch diese Hetze bei manchen Menschen unglaubwürdig machen und diese Mitbürger daraufhin erst Recht AfD wählen. Bei einem sachlichen und objektiven Umgang hätte die Partei jedoch noch mehr Stimmengewinne, besonders aus dem Lager derjenigen, die alles glauben, was ein Bildschirm ihnen erzählt.

Die Folgen der grünlinken Medienmacht sind für die ohnehin eher auf alternative Medien setzende AfD etwas, was sie von Anfang an kannte und daher bis zu einem gewissen Grad angemessen mit einkalkulieren konnte. Für die anderen etablierten Parteien, allen voran die CDU/CSU, ist die grün/linke Medienmacht jedoch etwas, was sich im Laufe von Jahrzehnten entwickelt hat und worauf sie sich auf völlig falsche Weise einstellte. Dabei gilt es zu bedenken, dass viele AfD-Wähler ebenso wie viele CDU/CSU-Wähler dieselben Ansichten im Bezug auf Asylkrise, Islam und Eurorettung haben. Allerdings sind die CDU/CSU-Wähler leichtgläubiger, weshalb sie immer wieder die Partei wählen, welche ihnen ein X für ein U vormacht. Das weiß auch die Union (durch Umfragen, Statistiken usw.), weswegen sie auch ständig rechts blinkt und links abbiegt. Rechts blinken für die Wähler und links abbiegen für Merkel und ihre Globalistenbosse in der EU, bei den Bilderbergern und bei der UNO. Und natürlich für die grün/linke Medienmacht, damit diese positiv über die Union berichtet und der Union weitere Stimmen einbringt, wodurch die hohen Handlanger ihre Posten behalten können. Der durchschnittliche CDU-Wähler dürfte gewiss nicht Zeitungen wie diese hier lesen; er sieht sich das *ZDF* an oder liest die *Süddeutsche* und glaubt jedes Wort dort. Und weil in den Redaktionsstuben die linken 68er und ihre Nachfolger sitzen, was wir deren „Marsch durch die Institutionen" verdanken, der übrigens von der aus den USA und besonders der CIA massiv unterstützten Frankfurter Schule ausging, wissen die CDU/CSUler, wo und auf welche Weise sie sich einschleimen müssen. Was sie auch gerne tun, bringt es ihnen doch hohe, gut betuchte Pöstchen ein, auf denen sie viel Geld als Handlanger diverser Schattenmächte des Globalismus verdienen können. Aufgabe einer patriotischen Regierung wäre es, diesen Saustall auszumisten!

Fakt ist: Wir dürfen uns nicht herumschubsen lassen. Wir müssen alles tun, was in unserer Macht steht, damit das Ziel von Parteien wie den Grünen, uns zur Minderheit im eigenen Land zu machen, nicht gelingt.

*

Wo ich gerade auf das Thema „Krieg" zu sprechen kam, fällt mir ein Punkt auf: Nach zwei Weltkriegen lag Deutschland in Schutt und Asche und wurde von sehr fleißigen Menschen wieder aufgebaut. Heute braucht es für so einen Schutt-und-Asche-Zustand keinen Krieg mehr, dafür reicht eine rot-rot-grüne Regierung. Die Frage aber bleibt, ob man mit der Zuwanderung von Fachkräften den Wiederaufbau und Beseitigung der angerichteten Schäden schafft, denn die Fridays for Future-Jugend und ihre Eltern haben null Bock auf sowas. Außerdem stellt sich die Frage, ob wir überhaupt noch ein Deutschland danach haben werden. Habeck kann mit Deutschland nichts anfangen und Claudia Roth befürwortet beim Demo-Mitlaufen „Deutschland, du mieses Stück Scheiße" oder „Deutschland verrecke". Armes Deutschland. Wie schlimm die Lage ist, wird in Berlin besonders deutlich. Linke, selbsternannte „Rebellen" dürfen Stunden lang Straßen und Brücken besetzen und die Polizei erhält Befehl von oben, sie machen zu lassen. Zahlreiche Busse und Züge fallen aus; nicht das dies jemandem in Berlin auffällt, wo das ständig passiert. Stromausfälle sind in manchen Gegenden der Millionenstadt auch nicht selten. Der Aktivist Hadmut Danisch erklärte dazu:

„Dass die Grünen mit Demokratie nichts zu tun haben, habe ich schon öfter geschrieben. Deren Frauenstatut und feministische Anwandlungen sind mit Demokratie schlechthin unvereinbar. Bemerkenswerterweise haben das inzwischen doch einige der Grünen gemerkt. Und wollen klagen. Der Knackpunkt ist, dass sie eine 'Doppelspitze' wählen sollen. Während um den Männerposten Anton Hofreiter, Cem Özdemir und Robert Habeck zur Wahl standen (wobei man sich schon streiten kann, ob schon das überhaupt eine Wahl ist), gab es bei dem Frauenposten nur Katrin Göring-Eckardt. Man hat da keine Wahl.

Anscheinend kann man nicht mal gegen sie wählen, weil man - falls ich die Artikel richtig verstanden habe - nur die gesamte Kandidatenliste ablehnen kann. Man kann also nicht für einen der Männer, aber gegen Göring-Eckardt stimmen. Man kann sich höchstens enthalten, und damit würde ihr nach den Regeln der Grünen schon eine einzige Stimme (beispielsweise wohl ihre eigene) genügen. Das ist deren verdammtes Frauenquotendenken. Man bekommt einfach irgendwelche Leute aufgezwungen, ob man will oder nicht, und schlimmer noch: Ob man sie wählt oder nicht. Scheint aber der Basis dann doch zu stinken, die sammeln inzwischen Geld, um dagegen zu klagen. Siehe hier und hier[ext]. Ich frage mich, wie kaputt die Grünen sein müssen, um so einen Mist zu bauen. Und ich frage mich, was für ein kaputtes Selbstverständnis eine Göring-Eckardt haben muss, um sich auf so eine Weise den Posten anzueignen und sich dann noch für legitimiert zu halten. Ich habe die schon live erlebt. Die hält sich für unglaublich toll. (Klar, wenn das so konstruiert ist, dass man gar nicht gegen sie sein kann...). Vor allem aber frage ich mich: Wer wählt sowas?"

Diese Frage stellte ich mir auch immer wieder. Viele Wähler sind meines Wissens Leute, die es nicht besser wissen und wirklich glauben, die Grünen wären für Umwelt- und Naturschutz. Von der Deutschenfeindlichkeit und der Pädosexgeschichte der Grünen wissen diese Leute tatsächlich nichts! Woher auch? Aus dem Fernsehen oder den Zeitungen? Dem Radio gar?

Ganz sicher nicht. Darum hilft in diesem Fall vor allem eins: Aufklärung.

*

Das Beispiel Berlin zeigt, wie dringend eine solche geboten ist. Hier zeigt sich die ganze Wucht und der geballte Wahnsinn rot-rot-grüner Politik. Gruppen wie „Extinction Rebellion" rannten hier offene Türen ein, als sie ab dem 07.10.2019 mit ihren Aktionen so richtig los legten und, wie die *Junge Freiheit* vom 11.10.2019 schrieb, „die Macht übernommen" hatten. Weder die Regierung, noch die weisungsgebundene Polizei stellten sich auf die Seite der auf diese Weise regelrecht in Geiselhaft genommenen Bürger. Die ERler konnten problemlos und unangemeldet den „Großen Stern" rund um die Siegessäule blockieren und SPD-Innensenator Geisel erklärte gegenüber dem *RBB*: „Es ist ja so, dass wir Blockaden, Veranstaltungen durchaus als spontane Demonstrationen werten können, die ja nach Demonstrationsrecht zulässig sind."

Man stelle sich im Umkehrschluss einmal vor, die „Identitäre Bewegung" hätte derartige Besetzungen durchgeführt, um gegen das Aussterben der Deutschen zu protestieren. Wären die dann auch zulässig gewesen? Nun, man beachte, dass Geisel in diesem Zitat das Wort „können" benutzt hat. Das heißt, er und seine Leute hätten das Ganze ebenso auch nicht zulassen können, was sie im Falle einer identitären Aktion wohl auch nicht getan hätten. Kritik an Geisel? Kommt vor allem aus den Reihen der AfD und vereinzelt auch von einigen, womöglich noch nicht ganz links umerzogenen FDPlern.

Entsprechend kann es sich das rot-rot-grüne Regime in Berlin leisten, diese zu ignorieren; weiß es doch fast die ganze mediale Macht der Hauptstadt hinter sich, zu der auch die *taz* gehört, welche Friedrichstraße vom Staat mitfinanziert ein großes Hauptquartier gebaut bekommt. Die eben erwähnte *Junge Freiheit*, welche auch in der Hauptstadt sitzt und mehr Leser hat als die *taz* hat , bekommt ein solches Gebäude natürlich nicht. Dafür blickt die *JF* mit Sorge auf die Enteignungswut der in Berlin ansässigen Grünen. Deren Vorstand hat sich mehr als deutlich für Enteignungen ausgesprochen und wer glaubt, diese würden zukünftig nur die Reichen und Leute betreffen, die mit Wohnraum spekulieren, der hat aus der Geschichte nichts gelernt. Sind Enteignungsregelungen erstmal im Anlaufen, ist es nur eine Frage der Zeit, bis sie auf den politischen Gegner ausgedehnt werden. Ist das Eigentum nicht mehr vor dem Staat sicher, sind alle politisch Andersdenkenden existenzbedroht. Wollten die Berliner Grünen wirklich etwas für mehr Wohnraum tun, wobei es bei den Enteignungen ja offiziell gehen soll, müssten sie nur Asylanten und integrationsunwillige Migranten konsequent abschieben. Dann wären ganze Stadtteile frei für neue Mieter, aber da diese Ghettos und Parallelgesellschaften im grünlinken Sinne sind, wird nichts dagegen unternommen. Das liegt zum einen an der Toleranz der Grünen und ihrer Schwesterparteien gegenüber einem immer aggressiver auftretenden Islam (was sich auch im Hoffieren der eigentlich als „rechtsextrem" geltenden „Grauen Wölfe" durch Leute wie Sven Wolf [SPD] zeigte, als dieser eine vom Verfassungsschutz beobachtete Moschee der GW in Remscheid besuchte; am Tag der deutschen Einheit, der gleichzeitig „Tag der offenen Moschee" ist) und zum anderen, dass viele Linke Parallelgesellschaften toll finden, weil sie selbst darin untertauchen können; so wie in der berüchtigten Rigaer Straße. Aber auch in Berlin gibt es Menschen, die sich nicht zu linken Ideen bekennen wollen und darunter leiden. Besonders wenn sie in offenem Widerspruch zu linksgrünen Dogmen stehen.

*

Eines der linksgrünen Dogmen, welches laut der Tugendwächter nicht in Frage gestellt werden darf, ist die Ermordung ungeborener Kinder. Die Abtreibung ist fester Bestandteil der linken Ideologie, weil sie den Menschen von Gott und vom Leben fortreißt. Entsprechend radikal reagieren die Gutmenschen, wenn jemand für den Lebensschutz eintritt. So sind am Wochenende des 5./6. Oktober 2019 Abtreibungsaktivisten in die Beratungsstelle des mit „1000plus" zusammenhängenden Vereins „Pro Femina" in Berlin eingebrochen. Hierzu eine Anmerkung: „Pro Femina" kann man, wegen des ähnlich klingenden Namens, leicht mit „Pro Familia" verwechseln, doch letzteres ist eine pro-Abtreibungsorganisation, weswegen allein der Name schon die ganze Verlogenheit der Linken aufzeigt, denn eigentlich müsste es „Anti-Familia" heißen. Aber zurück zu der Schandtat von Anfang Oktober. Die Betroffenen berichteten in ihrem Newsletter folgendes über die Tat:

„Die Chaoten hinterließen einen mit Farbe und Buttersäure zugeschmierten Flur. An mehreren Wänden wurde der Spruch 'Pro Choice!' angepinselt. Fensterscheiben wurden eingeschlagen. Was sich in Berlin an Intoleranz abgespielt hat, ist kein Einzelfall, sondern inzwischen die Regel. Denn die Abtreibungsaktivisten haben sich in den letzten Jahren immer mehr radikalisiert. Das Ziel ist klar: Sie wollen uns durch Terror mundtot machen.

Empörend ist die Tatsache, dass von der Politik so gut

wie keine Verurteilung dieser Radikalisierung zu hören ist. Wohin die Feigheit unserer Politiker führt: Diejenigen, die sich für das Recht auf Leben einsetzen – dieses Recht wird übrigens vom Grundgesetz geschützt – werden immer stärker dämonisiert und der linken Hetze und Verleumdung preisgegeben. Es ist eine Schande, dass der deutsche Staat auf diese Weise Bürger im Stich lässt, die sich für die Grundrechte der Menschen einsetzen. Wir dürfen uns auf keinen Fall mit dieser Situation abfinden."

Dieses Verhalten ist leider typisch für das von linken Kräften regierte Berlin. Die Organisation „1000plus", die sich für Hilfe statt Abtreibung und für den Schutz ungeborenen Lebens einsetzen, schrieb dazu folgendes:

„Die Abtreibungsbefürworter, die sich selbst 'Pro Choice'-Bewegung nennen, sprechen gern und viel über Entscheidungsfreiheit, Selbstbestimmung und Neutralität. Wofür diese Bewegung wirklich steht, haben wir heute Morgen hautnah erlebt. Als unsere Beraterin Bianca gegen 8 Uhr unser Beratungszentrum in Berlin aufschließen wollte, bot sich ihr ein Bild blinder Zerstörungswut: Eingeschlagene Fenster, beschmierte Wände, Türen, Teppiche. Um keine Zweifel aufkommen zu lassen, haben die Urheber in Großbuchstaben ihre Unterschrift hinterlassen: ‚Pro Choice'. Auf ‚indymedia' findet sich bereits ein dazugehöriges ‚Bekennerschreiben'."

Hierzu sollte einmal angemerkt werden, dass die linksextreme Internetseite *Indymedia* eigentlich gar nicht mehr existieren dürfte. Die Behörden waren, als sie noch unter der Führung des eher politisch neutral denkenden Hans-Georg Maaßen standen, massiv dagegen vorgegangen und trotzdem gibt es diese Webseite noch. Aber

Leute wie Maaßen wurden ja auch konsequent aussortiert von der linksgedrehten CDU und den anderen Altparteien im Verbund mit den Mainstreammedien. Zu besagten Medien sollte man Maaßen vielleicht einmal zitieren:

„Ein Tagesschau-Journalist (ausgerechnet der Chef des ,FaktenFinders') mit Antifa-Hintergrund, eine NDR-Autorin, die jedem fünften Thüringer 'eine reinhauen will', weil er AfD gewählt hat, ein DLF-Journalist, der offen zum Hass gegen alle aufruft, die er für rechts hält. Das ist unser öffentlich-rechtlicher Rundfunk."[9]

Dem sollte eigentlich nichts hinzuzufügen sein, aber leider ist der linke Mediensumpf dermaßen tief, dass man damit so viele Bücher füllen könnte, dass sie aneinandergereiht länger wären als die chinesische Mauer. Dies durften auch die Lebensschützer erfahren, denn wie die 1000plus-Leute berichteten, ist diesem Angriff Anfang Oktober eine massive Hetze etablierter Medien und Politikern vorangegangen:

„Vergangene Nacht also ist die Saat derer endgültig aufgegangen, die in einer medialen Kampagne seit Monaten davon schreiben, unsere Beratung sei 'manipulativ', 'nicht ergebnisoffen', oder sogar von 'Psychoterror' gesprochen haben – ohne jemals einen Beweis vorzulegen. So funktioniert Verleumdung und so werden Menschen manipuliert. So wird Hass gesät und zur Gewalt gegen Andersdenkende angestachelt. Im genannten 'Bekennerschreiben' steht, es ginge hier um Feminismus. Verwüstung einer Beratungsstelle für Schwangere in Not als Dienst an Frauen? Wenn ihnen wirklich Frauen

---

9 Quelle: https://www.compact-online.de/mainstream-schuert-hass-vorsicht-nach-dem-vorspiel-gehts-zur-sache/

am Herzen liegen, warum gründen die Urheber dieses Vandalismus keine eigenen Beratungs- und Hilfsangebote für Schwangere? Warum nur kaputtmachen und nicht etwas anderes, etwas, was sie für besser halten, aufbauen? Nimmt man das gesamte Beratungsangebot für Frauen im Schwangerschaftskonflikt in den Blick, so wird schnell klar, dass die staatlichen Beratungsstellen in Deutschland sicherlich einen Anteil von über 90 Prozent an allen Beratungen in diesem Bereich stellen. Das reicht „Pro Choice"-Aktivisten nicht. Sie wollen das letzte größere private Beratungsangebot zerstören, das wirklich Entscheidungsfreiheit herstellt. Es soll also keine Alternativen geben. Das ist es, was man einen 'totalitären' Anspruch nennt."

Unterkriegen lassen sich die mutigen Lebensschützer jedoch selbst im rot-rot-grünen Berlin nicht. Am Ende ihres Newsletterschreibens heißt es:

„Bitte tragen Sie unsere Beraterinnen und tragen Sie ganz Pro Femina mit Ihren Gebeten durch die nächsten Tage und Wochen! Bleiben Sie bitte an unserer Seite und damit an der Seite der verzweifelten Frauen, die sich jeden Tag an uns wenden. Ich verspreche Ihnen, dass wir das Feld nicht jenen überlassen werden, die nichts als Zerstörung im Sinn haben. Wir werden alles dafür tun, damit wir den Betrieb unseres Berliner Beratungszentrums baldmöglichst wieder aufnehmen können. Nicht einer Ideologie wegen, nicht wegen 1000plus, sondern aus Nächstenliebe für Frauen wie diese."

Im rot-rot-grün regierten Berlin wurde übrigens auf die Anschläge auf die Lebensschützer von Seiten der Mainstreammedien und etablierten Parteien nicht nur eisern geschwiegen. Nein, die SPD entschloss sich sogar etwas zu unternehmen. Jedoch nicht etwa gegen die linken Terroristen, sondern gegen die Lebensschützer, deren Verbot Mitglieder der SPD nun fordern. Das Ergebnis dieser Forderung ist nicht weiter verwunderlich: So hatten im Oktober 2019 238 Delegierte der SPD Berlin die Wahl, sich den Forderungen linksextremistischer, verfassungsfeindlicher Gewalttäter anzuschließen und sich die Falschbehauptungen fragwürdiger Meinungsjournalisten zu eigen zu machen. Oder sich für die freie Beratungswahl und die Solidarität mit Schwangeren in Not zu entscheiden. Die Entscheidung ist EINSTIMMIG gefallen: Im „Konsensverfahren" wurde der Antrag Nr. 170 „Pro Choice statt Pro Femina" der „Kreisdelegiertenversammlung Steglitz-Zehlendorf" durch den Landesparteitag angenommen. Damit fordert die Berliner SPD, rund drei Wochen nach dem Anschlag linksradikaler „Pro Choice"-Aktivisten auf die Lebensschützer geschlossen, das Beratungszentrum von Pro Femina am Kurfürstendamm „umgehend zu schließen".

Das ist die bunte Hauptstadt unseres Landes. Noch ist das Ganze aber nicht durch, denn nur weil eine Partei die Schließung einer Einrichtung fordert, heißt das nicht, dass diese auch geschlossen wird. Schließlich muss immer noch der Schein gewahrt werden, dass wir ein Rechtstaat sein sollen und daher ist es sehr wahrscheinlich, dass die Lebensschützer trotzdem weiter ihre Einrichtung betreiben; auch gegen den Willen der rot-grün-linken Parteiendiktatur. Denn wer Gott in seinem Herzen trägt, lässt sich auch nicht von grünlinken Gutmenschen und deren Helfershelfern unterkriegen. Doch mit Gott hat zwar die Arbeit von 1000plus und Pro Femina zu tun, nicht jedoch das Treiben der linken Pseudoelite, die alle Völker und Nationen (welche der Gedanke Gottes sind) umvolken und abschaffen wollen. Entsprechend ist es auch nicht weiter verwunderlich, dass zu den letzten, durch linksgrüne Demos aufgewühlten Tage und Wochen in Berlin die *Freie Welt* schrieb:

„Die Klimaaktivisten und die Open-Borders-Aktivisten haben sich zusammengeschlossen. Greta Thunberg trägt Antifa-Shirts und Carola Rackete ruft bei einer ,Extinction Rebellion'-Demo zur Klima-Rebellion auf."

Indem Gruppen wie 1000plus sich gerade in Berlin engagieren, haben sie sich mitten ins Herz der Finsternis gesetzt. Man kann nur hoffen, dass ihr Licht es erhellen möge. Greta und Rackete haben mit ihren Aktionen eindeutig gezeigt, wo sie politisch stehen und wohin die Reise geht. Da Asylanten in Europa mehr CO2 verbrauchen als in ihren Herkunftsländern, wird auch mehr als deutlich, dass es hier nicht um Umweltschutz, sondern um die organisierte und geplante Zerstörung der westlichen Welt geht. Für diesen Vernichtungsfeldzug eignet sich besonders das rot-rot-grün regierte Berlin mit seinen vielen linksalternativen Szenen hervorragend. So hatte die Regierungspartei SPD nichts gegen das Bündnis von Thunberg, Rackete und ERlern einzuwenden. Stattdessen reagierte die Partei, deren Kurt Schuhmacher einst noch sagte, die Kommunisten wären rot lackierte Nazis, aufgeschlossen auf die Ankündigungen der Linksextremisten. „Ich verstehe die Ungeduld von vielen", sagte die Interims-Parteivorsitzende Malu Dreyer der Deutschen Presse-Agentur in Berlin und fügte hinzu: „Ich begrüße frühzeitige Aktionen jeglicher Art, die die Dringlichkeit der Aufgabe deutlich machen."[10]
Solche Zustände sind im rot-rot-grünen Berlin leider völlig normal. Ebenso wie ständige Straßenumbenen-

---

10 Quelle: https://www.welt.de/politik/deutschland/article20
1497242/Klimaproteste-in-Berlin-Am-dritten-Tag-will-Extinction-Rebellion-zum-Kanzleramt-ziehen.html

nungen im Sinne der politisch korrekten Ideologie, welche übrigens in den USA erfunden wurde, wo grüne Politiker wie Fischer und Cem Özdemir linke Denkfabriken besuchten. Straßen wie die „Einemstraße", die „Petersallee" (auf die wir später noch kurz zu sprechen kommen), der „Nachtigalplatz" oder die „Lüderitzstraße" sollen nach irgendwelchen Fremden benannt werden, die keinen oder kaum einen Bezug zu Deutschland haben. Dass es für die betroffenen Anwohner enormen Stress bedeutet, ihre Adresse zu ändern und für ansässige Geschäfte hohe Kosten entstehen, kümmert die grünen Tugendwächter der politischen Korrektheit nicht im Geringsten. Grüne Politiker wie Bertrand Njoume und Kulturstadträtin Sabine Weißler pfeifen auf Personen unserer Geschichte und treiben den Umbenennungsirrsinn voran. Umbenennungsgefährdet ist jede Straße, deren Namensgeber den Grünen nicht gut genug ist, weil er irgendwas gemacht hat, was dieser Partei nicht passt. Mit anderen Worten: Jede Straße ist gefährdet!

Konkret geht es um die Kontrolle des öffentlichen Raums, wo die Grünen durch Straßennamen dominieren wollen. Die Zeche zahlen einmal mehr die betroffenen Bürger.

*

Mit einer öffentlichen Raumkontrolle durch Straßenumbenennungen lassen es die Grünen natürlich nicht gut sein. Nein, sie und ihre Mitstreiter von SPD und Linken wollen auch die Fortbewegungsmittel der Menschen abschaffen, welche sie nicht kontrollieren können. Anders als in Bussen und Bahnen gibt es in vielen älteren Automobilen keine Überwachungssysteme und zudem kann ein Autobesitzer hinfahren wo er möchte. Jedem Freiheitsfeind muss ein Auto also ein Dorn im

Auge sein. Womöglich deswegen erklärte Berlins Verkehrssenatorin Regine Günther in der *Welt Online* vom 01.03.2019: „Wir wollen, dass die Menschen ihr Auto abschaffen."

Sie hätte genauso gut sagen können, dass sie will, dass die Menschen ihre Bewegungsfreiheit abschaffen. Bei all den Schattenseiten in Berlin sollte hier jedoch nicht verschwiegen werden, dass die Stadtregierung die Polizei hin und wieder auch mal gegen Schwerverbrecher vorgehen lässt. Zumindest gegen Leute, welche in ihren Augen Schwerverbrecher sind. So zum Beispiel am Dienstag, dem 15.10.2019. Da griff das Ordnungsamt in Berlin so richtig durch, aber natürlich nicht gegen Drogendealer oder Autonome. Mit Schlagstock, Pfefferspray, schusssicherer Weste und Chip-Lesegerät brach das Amt vom grün dominierten Berlin-Mitte zur großen Hunde-Kontrolle auf! „Null Ermessungsspielraum; jeder Verstoß wird geahndet", lautet die Aussage vom Amtsleiter Lorenz Kummert. Gegen die Leinenpflicht geht es bei 35,00 Euro los im Katalog. Bei Wiederholungstätern wird es teurer. Bis zu 500,00 Euro bei gefährlichen und bissigen Hunden. Währenddessen liegen die Drogendealer vor Lachen im Dreck. Besagte Dealer dürften sich noch mehr vor Lachen krümmen, wenn sie sehen, womit die Grünen ebenfalls kein Problem haben; nämlich damit, dass im Görlitzer Park ein Denkmal für einen Drogendealer errichtet wurde. Das geschah am 03.11.2019, während anderswo Polizisten um ihr Leben kämpften, worauf ich gleich noch zu sprechen komme.[11]

*

---

11 Quelle: https://www.morgenpost.de/bezirke/friedrichshain-kreuzberg/article227500093/Kreuzberg-Denkmal-fuer-Drogenhaendler-Dealer-als-Letzter-Held.html

Ansonsten wollen die Grünen alles verbieten, aber Drogen, die den Menschen schaden, wollen sie erlauben. Wie übel es im grünlinken Berlin und besonders im von Grünen völlig dominierten Kreuzberg zugeht, durfte der Verfasser persönlich einmal mehr am 19.10.2019 erfahren. Er besuchte an diesem Tag einen guten Freund, der dort lebt. Schon auf dem Hinweg stellte er fest, dass es von zerbrochenen Glasscherben und Wandschmierereien nur so wimmelte. Obwohl viele linke Hipstarstudenten in Kreuzberg wohnen, wurde auf der Straße kaum Deutsch gesprochen. Bei den sprechenden Ausländern schien es sich vor allem um Studenten und Touristen zu handeln. Muslime sah man auch einige, aber die meisten dürften aus den ortsansässigen Asylantenheimen stammen, denn viele Afrikaner und Orientalen können sich die Mieten im „bunten Kiez" gar nicht mehr leisten. Als ich noch ein Kind war, habe ich in Kreuzberg gewohnt. Wir hatten zu den Afrikanern aus mehreren verschiedenen Ländern recht guten Kontakt. Mit Drogen hat keiner von denen gehandelt; sie alle führten legale und auch recht ordentliche Restaurants. Diese Afrikaner, die übrigens alle aus christlichen Ländern stammten, gibt es in Kreuzberg meines Wissens nicht mehr und ihre Läden ebenso wenig. Gentrifizierung lässt grüßen. Statt bartloser, gut gekleideter und integrationswilliger christlicher Afrikaner habe ich in Kreuzberg inzwischen vor allem Solche herumlungern sehen, die Islamistenbärte tragen und offenkundig mit Drogen dealen. Das scheinen die Ausländer zu sein, welche sich die Grünen für unser Land wünschen.

Ich marschierte durch die verdreckten Straßen zur Wohnung meines Freundes und holte ihn ab. Im selben Haus wohnte eine Frau, an deren Haustür ein jüdischer Gruß und eine schöne Gipsarbeit hing. Ich wunderte mich, warum der jüdische Gruß schief hing und die

Gipsarbeit fehlte. Also wies ich meinen Kumpel darauf hin und er hielt es für angebracht, zu klopfen und nach-zufragen. Nach mehreren Versuchen machte ein Typ auf, der für mich auf den ersten Blick so aussah, als sei er auf irgendwelchen Drogen. Es stellte sich heraus, dass er der Untermieter der Frau war und nun eine neue Bleibe suchen musste, weil die Frau verstorben ist, nachdem sie sich „den goldenen Schuss" gesetzt hatte. Ihre Tochter war daraufhin weggezogen und hatte die Katze mitge-nommen. Der Hund der Wohngemeinschaft war nun im Tierheim; wohl weil der Typ nicht mal dafür die Verant-wortung übernehmen wollte. Mein Kumpel hatte von dem Drogenproblem der Frau nie etwas gewusst. Zwar war ihm klar gewesen, dass sie öfter in der Klinik war, aber er dachte, sie wäre krank gewesen; auch wegen ih-ren sehr kurzen Haaren. Ich erklärte ihm, dass das mit den kurzen Haaren wahrscheinlich was Politisches war oder die Frau es sich von irgendwelchen Schicki- Micki-Starlets abgeschaut hatte. Als der Untermieter die Tür wieder geschlossen hatte, tröstete ich meinen Kumpel ein wenig. Es nahm ihn sehr mit, dass die Frau tot war. Eine ehemalige Lehrerin übrigens.

Ich half ihm den Müll hinunterzubringen und wäh-rend wir das Zeug entsorgten, kam eine ihm unbekann-te Frau aus dem Haus. Offenbar eine Obdachlose, die in irgendeinem warmen Winkel des Gebäudes heimlich übernachtet hatte. Manche nutzen dafür auch das Rat-haus/Bürgeramt, wo sie auch richtig aufgehoben sind, denn dort sitzen diejenigen, die Obdachlosen nichts aber Asylanten alles geben.

Als wir dann unterwegs waren, meinte er, es sei, als wäre diese Gegend verflucht. Vor Jahren war hier schon mal ein Türke gestorben, weil auch er sich den „golde-nen Schuss" gesetzt hatte. Ein anderer Türke war von einem bulgarischen Menschenhändlerehepaar ermordet

worden. Wir durchschritten die verschmutzten Straßen, kamen an einem vermüllten Spielplatz vorbei und
gingen erstmal zur Markthalle. Das dauerte etwa eine
Stunde und dort angekommen, erblickten wir vor dem
Eingang eine Baustelle, auf der natürlich nicht gebaut
wurde. Stattdessen war so abgesperrt, dass ein Teil des
Weges nicht genutzt werden und der Bus nicht halten
konnte. Wir schauten uns kurz in der Markthalle um
und gingen anschließend weiter, denn wir wollten eine
Bekannte von ihm besuchen, da diese ein paar Bücher
zu verkaufen hatte. Auf dem Weg dorthin überquerten
wir die Bergmannstraße, welche die Grünen für einen
Haufen Geld mit grünen Punkten versehen haben. Die
Rechnung für die Verunstaltung der Bergmannstraße
mit grünen Punkten, Autos die Parkplätze klauenden
„Begegnungsstätten" und ähnlichem Müll, zahlen natürlich nicht die Grünen sondern die Steuerzahler.

Seit die Grünen diese Straße als Experimentierfeld
nutzen, staut sich dort der Verkehr immer wieder mal.
Am Zielort angekommen, betreten wir das Gebäude.
Der Eingangsbereich ist ziemlich mit Abfall zugestellt
und auch vor den meisten Wohnungen sieht es nicht
besser aus. Vor der Wohnung seiner Bekannten ist alles
soweit sauber und auch drinnen ist alles ordentlich. Wir
machten ein gutes Geschäft mit den Büchern und gingen
wieder.

Später besuchte ich eine Veranstaltung der „Kirche
in Not"(KiN). Das Gebäude wird videoüberwacht und
es gibt Warnschilder vor ungebetenen Gästen. Auf dem
Hin- und Rückweg zur KiN-Veranstaltung sehe ich fast
nur außereuropäische Migranten. Deutsch wird auch
hier kaum gesprochen. Nur in der Kirche sehe ich dann
viele Deutsche und ein paar anständige Ausländer aus
Ruanda und Pakistan. Es handelt sich um Christen, die
uns von den Christenverfolgungen berichten. Gebetet

wird für alle Christen weltweit, aber die kurzen Ansprachen gehen vor allem um die diskriminierten Christen aus Nigeria, die Arbeit in Ruanda, die Verfolgungen in Pakistan und den türkischen Angriff auf Syrien, bei dem auch Christen massiv gefährdet sind und es bereits türkische Übergriffe gegen sie gegeben hat. Wie das ist, als Christ in der Minderheit zu sein, habe ich während meiner ganzen Oberschulzeit erleben dürfen. Nicht so schlimm wie in Pakistan, wo das ganze Land islamisch ist, aber die Schulerfahrungen des pakistanischen Priesters deckten sich unheimlich mit meinen eigenen. Man wird beleidigt, bespuckt, es gibt Schläge (wobei in Deutschland natürlich ein „Nazi" ist, wer sich dagegen wehrt) und man wird aufgefordert, zum Islam überzutreten. Was in Pakistan Alltag ist, erleben auch immer mehr Deutsche. Umkehren ließe sich diese Entwicklung höchstens durch einen massiven Politikwechsel.

Auf der KiN-Veranstaltung begegnete ich einer netten Bekannten und einem Journalisten der *Jungen Freiheit*. Es gab ein paar freundliche Wortwechsel und ich machte mich bald auf den Heimweg, bei dem ich Zeuge wurde, wie auf dem Bahnhof, nachdem ich schon in den Zug eingestiegen war und dieser losfuhr, kulturelle Bereicherer einander ihre Kultur näherbrachten.

*

Das ist der Alltag im multikulturellen, von den Grünen mitregierten Berlin: Drogentote, ständige Verwahrlosung, Überfremdung, Migrantengewalt und vieles mehr. Man darf auch folgendes nicht vergessen: Wer rotgrün-links wählt, der bekommt den Islamismus gratis dazu! Das zeigte sich nicht nur in Berlin, sondern überall. Derzeit besonders spektakulär in Klagenfurt (Österreich). Dort unterstützt die rote SPÖ, ebenso wie die grünen Kräfte es überall im Verbund mit den sogenannten Sozialdemokraten tun, den Bau einer Großmoschee. Die Aufregung in den sozialen Netzwerken war groß, als plötzlich Pläne für die Errichtung eines Islamischen Kulturzentrums in Klagenfurt die Runde machten. Es ist das größte jemals dagewesene Bauprojekt der Islamischen Glaubensgemeinschaft in Kärnten. Selbst Insider der Bauszene zeigten sich verwundert, wie still und heimlich die Vorbereitungen für diese Moschee gelaufen sind. Besonders wenn man bedenkt, dass sie auf einem immerhin 5.000 Quadratmeter großen Grundstück im Klagenfurter Stadtteil St. Peter gebaut wird. Berichten zufolge handelt es sich wohl um das größte Projekt, das die Islamische Glaubensgemeinschaft in Kärnten je geplant hat. Wie die *Kleine Zeitung* berichtet, soll auf dem Gelände nicht nur eine Moschee, sondern auch ein Kulturzentrum mit Festsaal, Café und Wohnungen für Geistliche entstehen. Und es gab keine offizielle Information durch die Stadt. Dass die Bevölkerung weder von Seiten der geistlichen Vertretungen noch von der Stadt Klagenfurt eine offizielle Information zu dem Großprojekt gegeben hat, stößt auf Verwunderung. Imam Omer Busatlic erklärt das gegenüber der *Kleinen Zeitung* folgendermaßen: Man hat leider immer auch etwas Angst, dass so etwas passiert wie in Neuseeland. Die Baugenehmigung für die Moschee wurde im Februar vom Magistrat erteilt. Dass dies quasi hinter dem Rücken der Bevölkerung geschah, war wohl auch nur möglich, weil sowohl die Stadt Klagenfurt als auch das Land Kärnten von der SPÖ regiert werden. Ein Kärntner drückte das in einem Schreiben an die patriotisch gesinnte *unzensuriert*-Redaktion, die ebenfalls über das Thema berichtete, so aus: „Die ganze Sache verdeutlicht die Fusion der linken Welt mit dem Islam."[12]

---

12 Quelle: https://www.unzensuriert.at/content/78733-still-und-heimlich-bau-einer-moschee-in-klagenfurt-wurde-erst-beim-spa-

Eine solche Fusion kennen wir bereits aus dem Iran. Damals verbündeten sich Linksradikale und Islamisten gegen den Schah von Persien, stürzten ihn und am Ende töteten die Islamisten fast alle Linken. Die wenigen Überlebenden flohen nach Europa und in die USA, wo sie ihre Ideologie weiter verbreiteten, was zeigt, dass Linke völlig lernunfähig sind. Die Zeche für dieses Bündnis, welches wohl auch dem US-demokratischen Präsidenten Jimmy Carter, der Persiens Monarchen schändlich im Stich ließ, sehr gut gefiel, zahlt nach wie vor das persische Volk. So wird es wohl auch in Deutschland und Österreich kommen, wenn dem nicht endlich ein Riegel vorgeschoben wird! Denn der linksgrüne Gutmensch legt sich immer mit dem radikalen Islamisten ins Bett; das ist fast schon ein Naturgesetz. Darum: Wehret des Anfängen!

Wie schlimm es aussieht, wenn linke Kräfte regieren, kann man auch in Schweden sehen, wo der von Alexander Merwo in den „Beutewelt"-Büchern befürchtete Überwachungsstaat immer weiter voranschreitet. Nicht nur, dass dort in islamistischen Ghettos fremde Gesetze herrschen und die Einheimischen immer mehr zur Minderheit werden; nein! Das reicht natürlich noch nicht, weshalb sich die Schweden nun nach der Bargeldabschaffung (*Beutewelt* und *1984* lassen grüßen), inzwischen angeblich freiwillig Chips implantieren lassen. „Der Chip ist Teil meines Körpers geworden", titelte vor kurzem der *SPIEGEL* und erklärte: „Jeder fünfte Mitarbeiter einer schwedischen TUI-Tochter trägt einen Mikrochip in der Hand und nutzt ihn intern. Das berge Chancen, sagt Geschäftsführer Huber. Deutsche seien zu misstrauisch gegenüber digitalen Technologien."[13]

tenstich-bekannt/
13 Quelle: https://www.spiegel.de/karriere/schweden-tui-mitarbeiter-tragen-mikrochips-unter-der-haut-a-1287060.html

*

Aber kommen wir zurück zu den Grünen in Berlin. Beziehungsweise zu den Früchten ihrer Politik. Letztendlich müssen alle Berliner die Folgen der rot-rot-grünen Regierung tragen. Marode Straßen, renovierungsbedürftige Brücken und ein ständig von Ausfällen belastetes Verkehrsnetz treffen schließlich alle Bürger.

Alltag im rot-rot-grün regierten Berlin. Und dank der rot-rot-grünen Regierung in Berlin ist es auch völlig normal, wenn sich die Stadt mal übers Wochenende in ein Schlachtfeld verwandelt. Schuld daran sind jedoch nicht nur die etablierten Politiker, sondern auch die Medien. Immerhin senden sie immer dieselben langweiligen Wiederholungen, sodass der durchschnittliche Linke nichts Besseres zu tun hat, als auf die Straße zu gehen und Randale zu machen. So auch am Wochenende des 03. und 04. Novembers 2019. Dort lief am Sonntagabend auf Pro7 der Film „Kong: Skull Island". Man durfte einem riesigen Affen dabei zusehen, wie er Menschen platthaut. Freilich hatte der Film sehr viel Verständnis für den Affen und auch der Autor dieser Zeilen muss zugeben, dass es ihm nichts ausgemacht hat, zu sehen wie der Trumpgegner Samuel L. Jackson plattgemacht wurde. Die Soldaten in dem Film wurden bekämpft, obwohl sie nur Anweisungen befolgt haben; was übrigens alle Soldaten überall auf der Welt so machen. Sie bekommen Befehle und befolgen diese. Dasselbe gilt auch für Polizisten und natürlich erst recht für Polizisten in Berlin. Und obwohl diese nur ihre Arbeit machen und ihre Anweisungen vom Staat erhalten, also im Falls Berlins von Grünen, Linken und SPD, sind sie die Prügelknaben und die Politiker lachen sich ins Fäustchen. An besagtem Wochenende durfte Berlin miterleben, wie die Linksradikalen mit denen die rot-rot-grünen Politiker gerne gemeinsam „gegen rechts" protestieren, ihre Wut an den

Polizisten ausließen, welche im Grunde für die rot-rot-grünen Politiker arbeiten (und es trotz dieser Regierung fast immer hinbekommen, ihren Job ordentlich, politisch neutral und zum Wohle der Bürger zu erledigen!). Wahrscheinlich hassen die Linken die Polizisten aus demselben Grund aus dem sie die Bauern, die Arbeiter und die Soldaten hassen; alle diese Gruppen sind ihnen nicht links genug und können, bis auf wenige Einzelfälle auch gar nicht links sein, weil sie hart arbeiten, mit ihrer Arbeit und mit ihrer Heimat verbunden sind. Die meisten Linken haben keine Heimat, sondern sind überall zu Hause seiende Weltbürger; kurz: das genaue Gegenteil von Polizisten, Soldaten, Arbeitern und Bauern. Entsprechend haben sie kein Problem, an diesen Gruppen ihren Hass auszulassen. Alles was nicht ihrer Ideologie entspricht, verachten sie und das mussten die Beamten an besagtem Novemberwochenende einmal mehr ausbaden. Bei dieser Schlacht in Berlin griffen Linksextreme vor allem Polizisten in Friedrichshain an. Beamte wurden verletzt, Autos demoliert, Gebäude beworfen. Rund 1.500 Polizisten aus Berlin und dem gesamten Bundesgebiet sowie Beamte der Bundespolizei versuchten, eine Eskalation der Gewalt zu verhindern. Statt friedlicher Kundgebungen flogen Steine, Flaschen und Farbbeutel. Aktivisten brannten Reifen und Mülltonnen ab, zerstörten geparkte Autos und jagten Sicherheitspersonal. Während einer Demonstration gegen 18:00 Uhr vom Schlesischen Tor in Richtung Petersburger Platz vermummten sich immer wieder Teilnehmer, Pyrotechnik wurde abgefackelt. Aus einem Wohnhaus an der Rigaer Straße wurden die Einsatzkräfte, als der Aufzug vorbeizog, mit Flaschen beworfen. Ein Polizeisprecher erklärte der *BZ* zufolge: „Völlig überraschend wurde dann von wenigen Teilnehmenden ein Bauzaun einer gesicherten Baustelle eingerissen und es wurden zwei private Sicherheitskräfte mit

Gegenständen beworfen."[14]

Die Sicherheitskräfte berichteten später, dass sie um ihr Leben gerannt waren. Nur zwei Verdächtige konnten festgenommen werden. Gegen 20:00 Uhr alarmierten Anwohner der Magazinstraße in Berlin-Mitte die Polizei. Sie hatten beobachtet, wie eine Gruppe von 10 bis 15 schwarz gekleideten und vermummten Personen Farbbeutel gegen die Fassade der Bußgeldstelle und Fensterscheiben mit Kleinpflastersteinen beworfen hatten. Dann zündete die Gruppe auf der Kreuzung drei Autoreifen an und flüchtete.

Gut zwei Stunden später wurden erneut Polizisten an der Rigaer Straße aus einer Gruppe von rund 25 Personen heraus mit Steinen beworfen. Die Randalierer schoben zwei Müllcontainer auf die Fahrbahn und setzten sie in Brand. Außerdem wurden die Beamten mit Farbe besprüht und immer wieder vom Dach eines Hauses aus mit Steinen beworfen. Mehrere Autos wurden ebenfalls demoliert. Dort konnte ein weiterer Tatverdächtiger festgenommen werden. Mindestens 19 Polizisten wurden an diesem Wochenende verletzt.

Wie schon so oft ging die Gewalt von der linken Hochburg Rigaer Straße ein. Das der dortige „Deutschland verrecke"-Schriftzug, der inzwischen sogar in Filmen wie „Der Minister" zu sehen war, vor einigen Jahren verschwunden ist, ist nicht zuletzt der Tatsache zu verdanken, dass ein gewisser Herr Schwochert die Polizei so lange am Telefon bequatschte, bis dieser Schriftzug schließlich entfernt wurde. Friedlicher ist es in der Gegend trotzdem nicht geworden. Und wird es wohl auch in Zukunft nicht werden, denn sogar in der *Berliner Morgenpost* heißt es:

---

14 Quelle: https://www.bz-berlin.de/berlin/friedrichshain-kreuzberg/steine-boeller-und-farbanschlaege-auf-autos-und-polizisten-in-rigaer-strasse

„Innensenator Andreas Geisel (SPD) kann nicht so, wie er gern würde, weil ihm die Unterstützung der Grünen und Linken fehlt, die über die Rigaer Straße am liebsten gar nicht reden würden. Seine Pläne, das Haus an der Rigaer Straße zu kaufen und so den Kiez zu befrieden, kann man auch keinen Glauben schenken. Wie ernst zu nehmen ist ein Innensenator, der es nicht schafft, herauszufinden, wem das Haus an der Rigaer Straße eigentlich gehört?"[15]

Ausbaden dürfen das Ganze diejenigen Anwohner der Rigaer Straße, welche friedlich und unpolitisch sind und selbst ständig um ihr Eigentum bangen müssen. Denn Linksradikale respektieren fremdes Eigentum bekanntlich nicht. Legen die rotgrünen Rüben jedoch irgendwo Infomaterial zum Mitnehmen aus und jemand nimmt alles mit, um es später zum Altpapierhändler zu bringen und neun Cent pro Kilo zu kassieren, dann sprechen sie plötzlich von „Diebstahl". Müssen Polizisten und Sicherheitskräfte hingegen regelrecht um ihr Leben kämpfen, stört das die Grünen offenbar herzlich wenig. Diese Zustände sind in der von den Grünen mitregierten Hauptstadt unseres Vaterlandes jedoch leider trauriger Alltag.

*

Auch völlig „normal" im rot-rot-grünen Berlin ist, dass richtige Oppositionsparteien wie die AfD keine Räumlichkeiten bekommen. Dazu erklärte die Partei:

„Die AfD im gesamten Bundesgebiet, nicht nur in Berlin, sieht sich zunehmend mit einer konzertierten Aktion von Gruppen am linken Rand des politischen Spektrums

---

15 Quelle: https://www.morgenpost.de/meinung/article227543921/
Rigaer-Strasse-Das-Schweigen-der-Politik-ist-eineFrechheit.html

111

konfrontiert, die versuchen, uns unsere demokratischen Versammlungsrechte zu beschneiden. Dabei geht es längst nicht mehr nur darum, gegen Veranstaltungen der AfD friedlich und gewaltfrei zu demonstrieren. Das ist ein unverzichtbarer Teil des Demonstrationsrechts und steht jedem frei. Es geht den Tätern darum, zu verhindern, dass Veranstaltungen der AfD überhaupt stattfinden. Damit zielen die linksextremen Urheber bewusst darauf ab, das Grundrecht auf Versammlungsfreiheit für die AfD und für alle Bürger, die sich über die AfD informieren wollen außer Kraft zu setzen. Dieses Grundrecht soll zum Gnadenrecht werden: nur, wer der politischen Linken genehm ist, darf eine politische Veranstaltung durchführen. Dabei bedienen sich die linksextremistischen Täter – auch das leider keine ganz neue – Entwicklung – inzwischen krimineller Mittel aus dem Arsenal extremistischer Bewegungen: Wirte, die bereit sind, der AfD Tagungsräume zur Verfügung zu stellen, werden unter massiven Druck gesetzt, sobald ein Veranstaltungsort publik wird. Zu den Methoden, Wirte und Vermieter zu terrorisieren gehören u.a.:

- Drohung mit physischer Gewalt gegen den Wirt und seine Mitarbeiter und deren Familien.
- Drohung mit Sachbeschädigung am Eigentum des Wirtes und der Mitarbeiter. Diese Drohungen sind bereits in mehreren Fällen umgesetzt worden.
- Drohung mit geschäftsschädigenden Aktionen wie die gezielte Herabsetzung des Veranstaltungsortes mit schlechten Bewertungen – was übrigens vom Gesetzgeber verboten ist.

Ausübung von Druck auf Kunden und Partner der Wirte und Vermieter mit dem Ziel, deren Geschäftsbeziehungen zu zerstören. Alle diese Aktionen können mit dem Wort Erpressung mit Hilfe krimineller Methoden zusammengefasst werden. Sie haben nichts mit der friedlichen Ausübung des Demonstrationsrechtes zu tun und stehen im krassen Widerspruch zum grundgesetzlich garantierten Recht auf Versammlungsfreiheit. Gleichwohl haben die politisch Verantwortlichen in unserem Land und in Berlin darüber bislang kaum ein Wort verloren. Wenn es um Gewalt, Erpressung und Drohung gegen die AfD geht, hüllen sie sich in Schweigen. Das sonst so gerne gebrauchte Wort von der „Verrohung der Sitten„ gilt offensichtlich nicht, wenn Wirte und Vermieter betroffen sind, die der AfD Räumlichkeiten zur Verfügung stellen wollen, aber dann massiv eingeschüchtert und bedroht werden. So schafft man dann erst einen Resonanzboden für Gegner der freiheitlichen Demokratie, die man doch eigentlich schützen wollte."

Zwar ist die AfD demokratisch gewählt, aber das kümmert die selbsternannten „demokratischen" Parteien, welche die AfD einfach nicht dazuzählen, herzlich wenig. Und Ladenbesitzer die AfDlern Räume geben, riskieren einiges, weil sie sich der „Kontaktschuld" aussetzen. Man ist schon gefährdet, wenn man mit AfD-Politikern nur redet. Selbst dann riskiert man seine Existenz. Ganz anders die grünen Politiker; sie dürfen sich treffen mit wem sie wollen, wie das nächste Kapitel zeigt.

Jutta Dithfurt

GRÜNE POLITIKER UND MIT WEM SIE
SICH ABGEBEN – EIN BEISPIEL

Grüne Politiker gibt es viele. Mehr als dem deutschen Volk lieb sein kann. Aber manche stechen besonders hervor; eine davon ist Claudia Roth. Trotz vieler Gemeinsamkeiten gibt es zwischen Angela Merkel und Claudia Roth doch einen Unterschied: Merkel ist es völlig egal, wenn sie jemand beleidigt. Aber wehe eine grüne Politikerin und im Besonderen Claudia Roth fühlt sich auch nur einmal angesprochen; schon wird geklagt! So erging es zum Beispiel Felix Menzel von der *Blauen Narzisse*. Er hielt einen satirischen Vortrag, erfand für diesen Vortrag eine Kunstfigur und Roth fühlte sich angesprochen, weil er diese erfundene Figur als ein unangenehmes Meerestier bezeichnete. Daraufhin klagte sie und bekam vor Gericht Recht. Für Roth sind Deutsche Nichtmigranten und mehr nicht. Sie betreibt, wie sie selbst sagt, seit „20 Jahren Türkenpolitik", was im Grunde bedeutet, dass sie sich in innertürkische Belange einmischt. Als in der Türkei eine Großmoschee gebaut werden sollte, tat sie etwas, wofür andere in Deutschland als „Nazis" oder „Rechtsextreme" oder „Islamfeinde" gelten; sie protestierte dagegen. Wobei man sich natürlich fragen muss, warum sie sich als Vizepräsidentin des deutschen Bundestages in innertürkische Angelegenheiten einmischt? Sie hat sich da nicht einzumischen; die Türkei gehört den Türken und Deutschland gehört den Deutschen! Aber bei Einmischungen in anderer Länder Angelegenheiten belässt sie es natürlich nicht. Roth bekennt sich offen zur sogenannten „Humanistischen Union"; ein Verein, in dem ein Bekannter mit dem ich in der Ausbildung war, ein Praktikum machte. Besagter Bekannte war ein Ultralinker, der Multikulti ganz super fand. Sein

Vater stammt aus den USA, die Mutter aus Russland und in Deutschland blieb er nur, um die Ausbildung zu machen und Kohle vom deutschen Staat zu kassieren. Er fand, dass wir noch mehr Asylanten aufnehmen sollten, aber weil es mit diesem Land so bergab gehe, wolle er bald in die USA auswandern.

Diese Weltsicht spricht für sich selbst. Sie dürfte gut zur „Humanistischen Union" passen, zu welcher sich nicht nur Roth, sondern auch Sabine Leutheusser-Schnarrenberger, Volker Beck, Renate Künast und die verstorbene Grüne Petra Kelly bekannten. Peter Helmes schrieb in seiner Broschüre „Die grüne Moral-Partei und der Pädophilie-Skandal" über die HU:

„Die HU ist betont antikatholisch, antiklerikal und antichristlich, weshalb sie vielfach als antichristliche Organisation gewertet wird. Sie versteht sich selbst als Bürgerrechtsbewegung (...). Als ihr ‚natürlicher Gegner' gilt die katholische Kirche, mit der sie sich am liebsten anlegt. Im besonderen Blick der HA stand und steht u.a. die Liberalisierung des Strafrechts (sic!), weshalb sie sich gegen die Strafbarkeit rein ‚sittenwidriger' Verhaltensweisen - beispielsweise Pornographie, Prostitution, Homosexualität oder Gotteslästerung - wendet. Ach ja, Kommunismus und Sozialismus sollten auch nicht rechtlich verfolgt werden dürfen."

Helmes blickt jedoch noch tiefer in den grünen Sumpf, wenn er sich der „Arbeitsgemeinschaft Humane Sexualität" (AHS) widmet:

„Die AHS ist ein eingetragener Verein und steht in engen personellen Verflechtungen mit der Humanistischen Union und den Grünen. Viele AHS-Mitglieder kamen aus der 'Deutschen Studien- und Arbeitsgemeinschaft Pädophilie' (DSAP). Die Strategie der DSAP war klar formuliert: ‚Solche Leute gilt es anzusprechen und aufzuzeigen, dass sexuelle Zärtlichkeiten den Kindern selbstbewusstes Handeln gegenüber seelischer Gewalt ermöglichen.' Sex mit Erwachsenen, so die Botschaft, mache Kinder stark fürs Leben. Nach der Auflösung der Pädophilien-Organisation im Jahre 1983 schloß sich ein Großteil ihrer Mitglieder der AHS an."

Es zeigt sich also deutlich eine Verbindung zwischen der AHS und der von Roth unterstützten HU. Ob die Politikerin ein Problem damit hat? Das ist die Frage. Claudia Roth darf ein „Nie wieder Deutschland"-Transparent tragen und trotzdem Bundestagsvizepräsidentin werden, während man der AfD einen Vizepräsidentenposten unter fadenscheinigen Gründen verweigert. Bei Joschka Fischer schaut es auch nicht viel anders aus. Der ehemalige Polizistenprügler kann Außenminister werden und kaum jemand stört sich daran. Schaut man sich jedoch seinen Nachfolger Heiko Maas an, wirkt Fischer fast wieder harmlos. Unfassbar auch, wie Fischer einmal den Bundespräsidenten als Arschloch beschimpfte; man stelle sich vor, ein AfD-Politiker täte etwas in der Art. Überhaupt genießen Leute wie Fischer regelrechte Narrenfreiheit. Obwohl er als Führer der sogenannten „Putztruppe" in Frankfurt am Main massiv aktiv war, durfte er unser Land mitregieren. Bei grünlinken Politikern wird jedes Fehlverhalten toleriert, aber wehe jemand wie Christian Wulf nimmt ein Handy als Geschenk an. Dann ist gleich die Hölle los. Und wenn Robert Habeck sagt „Vaterlandsliebe fand ich stets zum Kotzen. Ich wusste mit Deutschland nichts anzufangen und weiß es bis heute nicht", dann stört das scheinbar niemanden.[16]

---

16 Quelle: Peter Helmes „Deutschland verrecke: Zehn Todsünden der Grünen gegen das deutsche Volk".

Habeck ist mit solchen Worten ja nicht alleine. Von Joschka Fischer ist der Satz überliefert: „Deutsche Helden müsste die Welt, tollwütigen Hunden gleich, einfach totschlagen."[17]

Auch stammen vom ehemaligen Außenminister folgende Worte: „Deutschland ist ein Problem, weil die Deutschen fleißiger, disziplinierter und begabter als der Rest Europas (und der Welt) sind. Das wird immer wieder zu 'Ungleichgewichten' führen. Dem kann aber gegengesteuert werden, indem so viel Geld wie nur möglich aus Deutschland herausgeleitet wird. Es ist vollkommen egal wofür, es kann auch radikal verschwendet werden – Hauptsache, die Deutschen haben es nicht. Schon ist die Welt gerettet."

Klingt nicht so, als ob dieser Mann die Interessen des deutschen Wahlvolkes vertreten hätte. Und für den Geist eines klugen Politikers sprechen seine Worte auch nicht. Ebenso wenig seine politische Argumentation. In den 70ern erklärte er, wenn er gegen etwas war, wir würden nicht mehr in den 60ern leben. In den 80ern sagte er, wir leben nicht mehr in den 70ern und dreimal dürfen Sie raten, was er dann in den 90ern erklärte. Auch bei denen, die nach Fischer bei den Grünen hohe Posten einnahmen, sieht es nicht viel besser aus. Cem Özdemir erklärte: „Wir wollen, dass Deutschland islamisch wird"[18]

Und in der Hürriyet vom 08.09.1998 (auf türkisch) sagte er etwas, was im Focus am 14.09.1998 abgedruckt wurde: „Was unsere Urväter vor den Toren Wiens nicht geschafft haben, werden wir mit unserem Verstand schaffen!"[19]

---

17 Quelle: Pflasterstrand 1982; zitiert „Nation & Europa", Mai 1999, Seite 7
18 Quelle: Interview mit Susanne Zeller-Hirzel, letzte Überlebende der Weißen Rose
19 Quelle: https://gloria.tv/article/E6tqFPxRPB4Z6v4PNf3qMcCjF

Den dicksten Vogel abgeschossen haben die Grünen jedoch mit Claudia Roth und ihrem Verhalten. Hier nur drei Zitate von ihr, um das zu belegen:
In einem Artikel in der Welt am Sonntag vom 06.02.2005 durfte sie ihre Wunschvision zum Tag der Deutschen Einheit offenbaren: „Am Nationalfeiertag der Deutschen ertrinken die Straßen in einem Meer aus roten Türkenflaggen und ein paar schwarzrotgoldenen Fahnen."

An anderer Stelle sagte sie: „Der Islam ist nicht bloß als Gastarbeiterreligion zu tolerieren, sondern als Bestandteil unserer eigenen Kultur anzuerkennen."[20]

Außerdem erklärte sie ziemlich deutlich: „Türkei ist zweite Heimat für mich, ich mach seit 20 Jahren Türkeipolitik"

Aber es kommt noch dicker. Diese Partei, die sich immer wieder gerne als freundlich gegenüber den Juden ausgibt und behauptet, sie wäre gegen Antisemitismus, hat offenbar kein Problem damit, wenn die eben vielzitierte Claudia Roth sich mit Antisemiten trifft. Hier zeigt sich ziemlich deutlich die Doppelmoral der Grünen. An einem Tag beklagt sich Claudia Roth über Antisemitismus in Deutschland und am Nächsten begrüßt sie freundschaftlich einen Spitzenrepräsentanten der iranischen Mullahs, welche übrigens den Holocaust leugnen und Israel vernichten wollen. Geht es um den lockeren, gedankenlosen Umgang mit dem mörderischen Mullah-Regime in Teheran, so ist Claudia Roth zweifelsohne eine Wiederholungstäterin. Denn vor sechs Jahren, auf der Münchner Sicherheitskonferenz im Februar 2013, begrüßte die damalige Bundesvorsitzende der Grünen ausgerechnet den iranischen Botschafter lachend mit einem kumpelhaften High-Five-Handabklatschen. Man kennt sich und hat offenbar des öfteren freundschaftlich miteinander zu tun. Jedenfalls begrüßen sich so keine

---

20 Quelle : RP Online am 21.11.2004

flüchtigen Bekannten. Was Claudia Roth über den iranischen Botschafter hätte wissen können: Unter Khomeini war der Mann Gouverneur der iranischen Provinzen Kurdistan und West-Aserbaidschan und ließ hunderte kurdische Oppositionelle zum Tode verurteilen. Ob die kurdischstämmigen Wähler der Grünen wissen, wie nett Roth zu einem Kurdenschlächter ist? Im Januar 2015 führte Roth jedenfalls als Bundestagsvizepräsidentin eine Bundestagsdelegation nach Teheran an. Unmittelbar vor dem 70. Erinnerungstag der Befreiung des NS-Vernichtungslagers Auschwitz. In Teheran traf sie sich dann ausgerechnet mit einer Regime-Frau, die 1979 als junge Radikale an der Geiselnahme in der US-Botschaft beteiligt gewesen sein soll. Und mit dem iranischen Parlamentspräsidenten Ali Laridschani. Den hat sie vor kurzem wieder getroffen. Zu einer Sitzung der Interparlamentarischen Union (IPU) in Belgrad. Und weil Begegnungen mit prominenten Parlamentariern mörderischer Diktaturen so fröhlich stimmen, hat Roth ihren alten Bekannten Laridschani „mit ausgestreckten Armen und freudig strahlend" begrüßt. So schildert das jedenfalls die *Bild*-Zeitung.

Als Sohn eines Groß-Ayatollahs und verheiratet mit der Tochter eines anderen Ayatollahs gehört Laridschani zur iranischen Elite; praktisch ist er Teil des innersten Zirkel des Mullah-Regimes. In den achtziger Jahren war er stellvertretender Stabschef der Revolutionsgardisten. 2005 hatte er in der Präsidentschaftswahl kandidiert. Wahlsieger Mahmud Ahmadinedschad ernannte ihn nach der Wahl zum Chef des obersten nationalen Sicherheitsrats. Den aktuellen Obersten Religionsführer und Khomeini-Nachfolger Ali Khamenei kannte Laridschani schon, als dieser noch ein unbekannter Kleriker war. Seit 2008 ist Laridschani Parlamentspräsident und fällt gerne mit, na sagen wir mal, ganz besonderen Reden auf. 2007 verteidigte er in München die Holocaust-Leugnung seines Präsidenten Ahmadinedschad: „Ich spreche weder dafür noch dagegen, es gibt wichtigere Fragen" und „Ich glaube, es gibt eine Überreaktion, was den Holocaust angeht, die ich nicht verstehen kann." 2009 sagte er, wieder in München, wieder zum Thema Holocaust: „Dabei gibt es eben unterschiedliche Sichtweisen."

Wenn Deutsche sowas machen, landen sie im Gefängnis. Wenn Iraner etwas Ähnliches tun, bekommen sie von Grünen ein High-Five. Damals jedenfalls wurde Laridschanis Präsident Ahmadinedschad nicht müde, zu fordern oder zu verkünden, Israel müsse „von der Landkarte gefegt" werden. Passend dazu freute sich Laridschani 2012 darüber, „dass unsere Hilfe für die Hamas finanziell und militärisch ist". 2015 entschuldigte der Ayatollah-Sohn den Terroranschlag auf die französische Satire-Zeitschrift Charlie Hebdo. Er gab den 12 Ermordeten die Schuld: „Die Schmähungen heiliger Religionen und Propheten unter dem Deckmantel ‚Meinungsfreiheit' verursachen Hass und Provokation."

Die Grünen hatten diesen Anschlag übrigens verurteilt. Offiziell jedenfalls. Auf jeden Fall hat der Leser nun ein Bild von dem Mann, mit dem die grüne Bundestagsvize Claudia Roth in Teheran plaudert oder den sie in Belgrad „freudig strahlend" begrüßt. Im Bundestag lässt sie hingegen keine Gelegenheit aus, mit den Parlamentskollegen auf das Existenzrecht Israels zu pochen. Freilich haben Israel und das jüdische Volk ein Anrecht auf Fortbestand; ebenso wie jedes andere Volk und jeder andere Nationalstaat dieser Welt. Allerdings haben die Grünen bekanntlich kein Problem damit, Deutschland und den Deutschen offiziell das Existenzrecht zu nehmen, indem sie unser Land mit Millionen Fremden fluten und uns überall zur Minderheit in der eigenen Heimat machen. Bei Israel halten sie sich öffentlich jedoch eher zurück.

Aber trotzdem bleibt manchem auch hier nicht die Doppelmoral verborgen: Eben noch waren Leute wie Claudia Roth zu recht scheinbar empört über den mörderischen Antisemitismus in Halle und dann herzen sie in Belgrad den Antisemiten und Israel-Hasser Laridschani. Wie darf man das verstehen? Vielleicht so: Bei der grünen Moralpolitikerin Claudia Roth ist es mit Moral und Anstand doch nicht so weit her. Vielleicht ist es aber auch so, dass Israel inoffiziell bei Grünen und Linken nicht sonderlich beliebt ist, weil es ein starker Nationalstaat mit einem gesunden Staatsvolk ist. Womöglich gibt es bei den Grünen und Linken ja auch eine verborgene, antisemitische Seite? Aber dazu kommen wir in einem späteren Kapitel.

Zum Treffen von Ali Laridschani und Claudia Roth erklärte AfD-Chef Jörg Meuthen laut Arcadi übrigens folgendes:

„Die grüne Bundestagsvizepräsidentin Claudia Roth traf kurz nach dem grauenhaften antisemitischen Attentat von Halle mit dem iranischen Parlamentssprecher Ali Laridschani einen Mann, der zweifellos ein Maximal-Antisemit ist. Claudia Roth empfängt mit geradezu demonstrativer Freundlichkeit eine Delegation der iranischen Führung, deren erklärtes Ziel es ist, Israel zu vernichten und die dafür den Terror von Hamas, Hisbollah und Islamischem Dschihad bekanntermaßen vielfältig unterstützt. Das ist nicht nur vollkommen geschmacklos, es ist abscheulich. Verwunderlich ist es eher nicht, denn der Israel-Hass gehört seit jeher zur DNA der Linken, auch der grünen Linken. Ihre Antisemitismus-Vorwürfe gegen die AfD werden durch Roths eigenes Verhalten als das enttarnt, was sie sind: PR-Manöver, um vom ganz realen grünen Antisemitismus abzulenken. Wer es wirklich ernst meint mit dem Kampf gegen

Antisemitismus, der wird Vertretern eines Regimes, das Israels Vernichtung anstrebt und den Holocaust leugnet, ganz sicher nicht auf diese Weise begegnen. Frau Roth sollte sich einfach nur schämen."[21]

*

Schämen tut sie sich freilich nicht und ein Fall, wo sie sich für etwas schämt was sie selbst angerichtet hat, ist dem Autor nicht bekannt. Das würde auch gar nicht zur Persönlichkeit Roths passen. Ebenso dreist wie ihr Verhalten sind die darauffolgenden Verteidigungsreden der anderen etablierten Politiker. Bundestagspräsident Wolfgang Schäuble war einer der Verteidiger. „Es ist üblich, am Rande internationaler Konferenzen auch Anfragen ausländischer Delegationen zum bilateralen Gespräch anzunehmen und dabei mit gebotenem Nachdruck unsere Wertmaßstäbe zu vertreten", erklärte er laut *Tagesspiegel*.[22]

Mag sein, dass er damit theoretisch sogar recht hat, aber in der Sache ist doch folgendes offensichtlich: Weder war irgendwo zu lesen, welche angeblichen Werte Roth verteidigt hat, noch hat Schäuble verlauten lassen, auf welche Werte er sich bezieht. Und die anderen Verteidigungsreden auf Roths Verhalten, die wenig überraschend nicht nur von den Grünen sondern auch von den anderen etablierten Parteien kommen, sehen auch nicht besser aus, sondern klangen wie hohle Phrasen. Ahnungslos wie immer beschwerte sich Katrin Göring-Eckardt auf *Twitter*:

---

21 Quelle: https://www.bayernkurier.de/inland/39268-moralpolitikerin-ohne-moral/
22 https://www.tagesspiegel.de/politik/antisemitismus-vorwuerfe-gegen-claudia-roth-wolfgang-schaeuble-verteidigt-gruenen-politikerin/25141418.html)

„Die @BILD lässt jeden Anstand vermissen. Sie relativiert antisemitische Hetze, indem sie alle um Dialog bemühten gesellschaftlichen Akteure zu Feinden Israels und Antisemiten erklärt."

Okay, also diejenigen die Israel vernichten wollen, sind nicht etwa deren Feinde, sondern um „Dialog bemühte gesellschaftliche Akteure". Einmal mehr spricht das Verhalten der Grünen für sich selbst. Und es zeigt sich, dass die linken Kräfte im Westen völlig vergessen haben, was mit ihren Genossen im Iran nach der islamistischen Machtübernahme passiert ist. Vielleicht ist es ihnen aber auch völlig egal, weil für Manche von Ihnen Anstand und Moral Fremdworte sind. Zudem lässt es tief blicken, wenn die Grünen mit Judenhassern einen Dialog führen, aber einen Solchen der judenfreundlichen AfD verweigern.

Die meisten Medien, die Gesellschaft und die anderen Parteien stellen dieses sonderbare Verhalten nicht in Frage. Das hängt natürlich mit dem Einfluss der Grünen zusammen, auf den wir im nächsten Kapitel zu sprechen kommen.

Die Grünen feiern die „Homo-Ehe".

DER GRÜNE EINFLUSS AUF DIE GESELLSCHAFT UND DIE ANDEREN PARTEIEN

Welchen Einfluss das grüne Gesinnungstreiben auf andere Parteien hat, habe ich bereits kurz am Beispiel des „Fall Karry" beleuchtet, von dem Hessens Ministerpräsident nun nichts mehr wissen möchte. Daran zeigt sich: Inzwischen haben sich alle Altparteien voll und ganz den Grünen angepasst. Selbst die einstmals konservative CDU/CSU. Weitere Ereignisse belegen diese traurige Entwicklung.

Im September 2019 sagte die Merkel-Regierung bei einem „Flüchtlingsgipfel" in Malta der neuen italienischen Regierung zu, jeden vierten Bootsmigranten aus dem Mittelmeer in Deutschland aufzunehmen. Dies berichtete die italienische Zeitung *La Repubblica*. Es wurde vereinbart, dass ein System zur automatischen Verteilung von Migranten aus dem Mittelmeer eingerichtet werden soll. Die neue italienische Regierung wird übrigens massiv von Merkel unterstützt und besteht aus der linken 5-Sterne-Bewegung und der noch linkeren PD. Eigentlich war diese Regierung nicht gewählt worden, sondern besteht nur, weil die beiden Parteien sich weigern, Neuwahlen zu betreiben, denn sie glauben zu wissen, dass die Lega dann stärkste Kraft würde. Besagte Lega und der von ihr gestellte Innenminister Salvini waren Multikulti-Merkel und auch den Grünen natürlich ein Dorn im Auge, denn er stellte sich dem Umvolkungswahn entgegen und schloss die Häfen. Entsprechend freuten sich grünlinke Kreise über seinen Machtverlust und Seehofer scheint ebenfalls nicht traurig zu sein. Denn bei einer Anhörung von Horst Seehofer im Innenausschuss sagte der Bundesinnenminister etwas sehr Bemerkenswertes. Veröffentlicht wurde Seehofers Aussage nicht etwa durch die Mainstream-Medien, sondern durch die stellvertretende Vorsitzende der AfD-Bundestagsfraktion, Beatrix von Storch. Unmittelbar nach der Anhörung im Innenausschuss nahm sie eine Videobotschaft auf und veröffentlichte diese auf twitter. Bei der Anhörung ging es um die 25-Prozent-Zusage Horst Seehofers für die Aufnahme von illegalen Bootsmigranten aus dem Mittelmeer. Demnach soll der Bundesinnenminister folgendes gesagt haben:

„Wir können nicht verhindern, dass die anderen 75 Prozent auf dem Wege der Binnenmigration auch noch kommen. Wie auch, wir haben ja keine nationalen Grenzkontrollen. Die Sicherheitsüberprüfung vor Ort machen wir auf der Grundlage der mündlichen Angaben, die die Menschen machen; die haben ja meistens ihre Pässe verloren. Dann entscheiden wir, ob sie ein IS-Terrorist sind oder nicht. Und wenn sie die Frage verneinen, dann kommen sie rein."

Mit dieser Aussage widersprach Seehofer übrigens seiner eigenen Geschichte: Im Zusammenhang mit Angela Merkel sprach er einst von einer „Herrschaft des Unrechts", die er jetzt offenbar selbst fortsetzen möchte, allerdings nicht in aller Öffentlichkeit.[23]

Franz Josef Strauß würde sich im Grabe umdrehen. Offenbar war an dem AfD-Wahlplakat in Bayern, auf dem „Franz Josef Strauß würde AfD wählen" doch etwas dran...

*

---

23 Quelle: https://arcadi-online.de/joerg-meuthen-israel-hass-gehoert-zur-dna-der-gruenen-und-linken/

Wie deutschenfeindlich es in unserem Land zugeht, zeigte sich auch am 03.10.2019, dem Tag der deutschen Einheit.

Dieser ist inzwischen offenbar zu einem Tag geworden, an dem Deutschland in Berlin nicht mehr gefeiert werden darf. Auf dem Regierungsfest am Brandenburger Tor war keine deutsche Fahne mehr zu sehen. Die „Fest-Musiker" sangen nur noch auf Englisch. Gleichzeitig wurden mehrere Tausend Patrioten vollständig abgeschottet, denn es war ja die Demo der bösen Patrioten mit schwarz-rot-goldenen Fahnen. 4.000 Polizisten schützen etwas mehr als 2.000 patriotische Demonstranten.

Die Polizeiketten zogen sich kilometerweit auf beiden Seiten der Leipziger Straße bis zum Alexanderplatz; circa 240 Polizeiautos waren im Einsatz, nur um die Demonstranten mit den schwarz-rot-goldenen Fahnen am Tag der deutschen Einheit vor Gewaltbereiten mit linken Antifafahnen zu schützen. Auch daran zeigt sich, dass die Kräfte zunehmen, die das Ziel „Deutschland abschaffen!" in möglichst naher Zukunft verwirklichen wollen. Der 3. Oktober ist, wie schon erwähnt, bereits der „Tag der offenen Moschee". So wird er auf weiteres existieren, auch um das Gedenken an die „deutsche Einheit" etwas verblassen zu lassen. Schützenhilfe bei der Abschaffung unseres Landes bietet die anfangs scheinbar unpolitische, aber schnell von Linken gezielt genutzte FFF-Bewegung. In Deutschland ist die Weltuntergangssekte mit ihrem Klimakult nur der Auftakt zu einer neuen grün-roten Schüler- und Studentenbewegung, die noch radikaler ist als die 68er-Bewegung. Die Kinder, von denen viele anfangs nur mitliefen um entweder die Schule zu schwänzen oder weil sie wirklich die Welt retten wollen, werden massiv indoktriniert. Gleichzeitig haben wir von oben verordnet eine deutschenfeindliche Politik, über die zum Beispiel der Merkel-Freund und US-Demokrat Joe Biden einst grinsend verkündete, seine Regierung zwinge die Deutschen gegen ihren Willen und zu ihrem eigenen Schaden zu den Russland-Sanktionen. Weshalb unterstützt das Merkel-Regime gleichwohl die „Clintonites" trotzdem weiter, statt sich angesichts der Ukraine-Schurkereien der Biden-Sippe zumindest ein wenig von diesen umstrittenen Positionen zu entfernen?

Ganz einfach: Weil unser Land nicht wirklich souverän und weil der Zeitgeist links und US-Demokraten-freundlich ist! Nach wie vor ziehen in etlichen Bereichen die US-Demokraten und Globalisten aus der Wall Street die Strippen und entscheiden die Politik in Deutschland mit. Das zeigt auch der Einfluss, den US-Gruppen auf die Grünen nehmen; wie bereits auf das Engagement von Madeleine Albright für Joschka Fischer hingewiesen wurde.. Und sie stehen alle zusammen, wie beispielsweise am 24.08.2019 in Dresden zu sehen war. Damals marschierte „Unteilbar" durch Dresden. Unterstützung kam sowohl von SPD, Linken, Grünen und DGB als auch von gewaltaffinen Linksextremisten wie der „Interventionistischen Linken".Wenigstens die *Neue Zürcher Zeitung* schrieb recht offen zu diesem Thema:

„Vom öffentlichen Fernsehen über investigative Nachrichtenmagazine bis zu großen Tageszeitungen gibt es in deutschen Medien einen neuen Mainstream: grün. Bei der Debatte um Klimawandel und Energiewende spielen abweichende Meinungen eine untergeordnete Rolle, wieder einmal obsiegt der Kampf um die richtige Moral. Und: Während Interviews mit konservativen Politikern Verhören gleichen, muss das grüne Spitzenpersonal kaum fürchten, dass sein moralischer Rigorismus bloßgestellt wird."[24]

---

24   Quelle: https://www.neopresse.com/politik/seehoferkoennen-nicht-verhindern-dass-alle-bootsmigranten-zu-uns-

Soweit Wolfgang Bok in der *NZZ*. Seine Erfahrung deckt sich ziemlich mit dem, was auch der Autor dieser Studie mitbekommen hat. Besonders zeigte sich dieses mediale Verhalten bei einem Interview des Mainstreams mit Björn Höcke, indem dieser und seine Partei immer wieder hemmungslos in die Nähe von Adolf Hitler gerückt wurden. Objektive Berichterstattung sieht anders aus und weil in den Räten von Funk und Fernsehen auch zahlreiche Politiker von CDU, CSU und FDP sitzen, zeigt sich hier eindeutig, dass auch diese sich längst vom konservativen Denken eines Erich Mende, Alfred Dregger des früheren Bundespräsidenten Karl Carstens oder eines Helmut Kohl verabschiedet haben. Stattdessen sind sie auf grünem Kurs, was sich auch an der medialen Berichterstattung über die Terrortruppe „Extinction Rebellion" zeigt. Deren medial gehypte Klimahysterie nimmt kein Ende. Für die Grünen sind diese Sturmtruppen natürlich äußerst praktisch, helfen sie doch dabei mit, das System noch weiter nach links zu ziehen. Irgendwann steht selbst Josef Stalin rechts von uns! Sogar die Linke Jutta Ditfurth scheint dies mit Sorge zu sehen, bezeichnete sie die ERler doch als „religiöse Endzeitsekte".

Und man darf auch nicht vergessen, was der Gründer von Extinction Rebellion, Roger Hallam, bei einer Rede, die er Anfang 2019 bei Amnesty International gehalten haben soll, verkündete: „Wir werden die Regierungen zum Handeln zwingen. Und wenn sie nicht handeln, dann werden wir sie stürzen und eine Demokratie erschaffen, die tauglicher für den Zweck ist. Und ja, manche könnten in diesem Prozess sterben."[25]

Diese Wortmeldung spricht für sich selbst und zeigt

---

kommen/?source=ENL
25 Quelle: https://www.nzz.ch/meinung/es-gruent-in-den-redaktionen-der-deutschen-mainstream-medien-ld.1488781

ziemlich deutlich, wo die ERler politisch einzuordnen sind.

*

Beim „Fall Karry" hatten wir schon einen Blick auf Hessen geworfen. Schauen wir noch einmal dorthin, denn in diesem Bundesland zeigt sich sehr deutlich, wie die Grünen dabei mithelfen, die CDU immer weiter zu entkernen. Freilich gehören zum entkernen zwei; derjenige der entkernt und derjenige der sich entkernen lässt. Oder besser gesagt; sogar fleißig dabei mitmacht und vorauseilenden Gehorsam zeigt.

So will Hessens schwarz-grüne Landesregierung erreichen, dass auch „Beleidigung im Internet" zu einem Offizialdelikt wird, bei welchem die Behörden ermitteln müssen, selbst wenn kein Betroffener Anzeige erstattet hat. Das wird zwangsläufig zu einer Verwässerung des im Gesetz eindeutig geregelten Beleidigungstatbestandes führen. Diese Schwammigkeit kündigt sich schon in dem Anspruch der schwarz-grünen Regierung an, im Kampf gegen sogenannte „Hassrede" eine Vorreiterrolle einnehmen zu wollen. Wobei natürlich die Politiker entscheiden, was „Hassrede" ist und was nicht. Wo immer sie selbst oder eine ihrer Gesinnung genehme Gruppe betroffen ist, dürfte es nun „Hassrede" heißen. Und wo immer die „Hassrede" von ihnen selbst oder einer ihnen genehmen Gruppe ausgeht, wird der Fall gewiss gar nicht erst aufgenommen. Der orwellschen Gesinnungsschnüffelei wird damit Tür und Tor geöffnet und jeder der nicht „grün" redet, kann künftig damit rechnen, wegen „Hassrede" festgenommen zu werden. Denn was „Hassrede" ist und was nicht, entscheiden ja die Politiker. Hat jemand eine andere Meinung zum Klimawandel, ist das schon ein Hassverbrechen, weil diese Meinung ja aus grüner Sicht falsch sein muss und damit eine Gefahr für die ganze Menschheit ist.

Die CDU trägt diese Politik nicht nur klaglos mit, sondern setzt sich ohne Hemmungen an die Spitze. Das wir womöglich immer mehr in Richtung einer von den Grünen dominierten Öko-Diktatur steuern, erfüllt inzwischen manch einen dermaßen mit Sorge, dass er sich selbst im linken *Deutschlandfunk* vorsichtig kritisch zu Wort meldet. So fragte der Medienwissenschaftler Roberto Simanowski am 04.10.2019 im *Deutschlandfunk*:

„Steht uns ein neuer grand terreur bevor, ein Öko-Terror, der mit Flugscham beginnt und mit Fahrverboten endet? Davon ist auszugehen nach Greta Thunbergs fulminanter 'How dare you'-Wutrede vor der UN. (...) Es geht um die Aufbruchsstimmung. Darum, dass man im Kampf ums Überleben wieder eine Sache hat, für die es sich - perspektivisch gesehen und metaphorisch gesprochen - zu sterben lohnt, und, ja, auch zu töten."

Damit sprach Simanowski etwas aus, was sich manch einer gewiss schon gedacht hat; nämlich die Frage, wie weit die Bewegungen von Grünen, über Fridays for Future bis Extinction Rebellion zu gehen bereit sind? Denn wenn es um die Rettung der Welt und der Menschheit geht (was diese drei eng verbundenen Gruppen ja glauben), werden gerne alle Schranken fallen gelassen. Dieses Weltretterdenken und der Kampf des absolut Guten gegen das absolut Bösen stammt übrigens aus Hollywood und ist in unendlich vielen Filmen zu sehen, die natürlich Einfluss auf die Gehirne der Zuschauer genommen haben.

Für die Rettung der Erde und das Überleben der Menschheit ist in diesen Filmen praktisch alles erlaubt; unwahrscheinlich, dass FFFler, ERler und Grüne diese Streifen verpasst haben. Gegen das Aussterben darf man jedes Mittel anwenden; so lautet die Botschaft. Aber Moment! Da gibt es freilich Ausnahmen, denn weder die Grünen, noch die FFFler oder die ERler kämpfen gegen das Aussterben der Deutschen. Die „Identitäre Bewegung" hingen schon und das völlig gewaltfrei. Sagen jedoch die IBler „Wir wollen nicht aussterben" und meinen die Deutschen und Europäer, sind sie „böse" und „rechts" und „voll Nazi". Sagen hingegen die ERler, „Wir wollen nicht aussterben", sind sie die Guten und meinen dabei natürlich die Menschheit. Mit Ausnahme der weißen, westlichen Welt offenkundig; wie dem Autor auch die Begegnung mit ERlern vor dem Kanzleramt gezeigt hat.

*

Wie clever die grünen Gesinnungsgenossen vorgehen, zeigt sich auch an einem weiteren Beispiel aus dem schwarz-grün regierten Hessen. So ist auch der *Hessische Rundfunk* brav auf Linie der pseudomutigen Kämpfer gegen Rechts. Entsprechend wird in Sendungen wie „Klingeling bei Gieseking" gegen Andersdenkende gehetzt. Vordergründig wurde „Fridays for Future" kritisiert, aber ganz schnell stellte sich der mit Zwangsgebühren finanzierte Schund mal wieder als Propaganda gegen die AfD heraus. „Man kann in den Ferien nur noch von Samstags bis Donnerstags verreisen, weil das Kind Freitags immer demonstrieren geht." So harmlos fing es an mit der Geschichte um den neunmalklugen Jungen Tim, der nicht mit seiner Mutter Sabine in den Urlaub nach Kreta fliegen will. Wegen dem Klimawandel natürlich. Der Vater schlug stattdessen vor, die Naturschönheit der Heimat zu entdecken, zum Beispiel in Sachsen oder Thüringen. „Is' nah bei uns und wunderschön", heißt es von seiner Seite.

Das will Tim natürlich auch nicht und sagt: „Wir machen nicht bei Nazis Urlaub."

Daraufhin heißt es wörtlich: „Ich sach: 'Na, na, das sind doch nicht alle Nazis.' Darauf Sabine: 'Habe ich auch gesagt, aber scheiß Internet - der Tim sagt dir genau, wieviel Prozent am Reiseziel die AfD gewählt haben und dann will ich da auch schon nicht mehr hin.'"

Die Botschaft ist ziemlich eindeutig: Osten=AfD=Nazis. Und das wird von den GEZ-Gebühren der hessischen Bürger finanziert. Doch nicht nur in Hessen hängt der Haussegen schief. Auch typisch für ein rot-rot-grün regiertes Land ist die folgende Tatsache: Das Land Thüringen fördert den „Flüchtlingsrat Thüringen" mit knapp 900.000 Euro. Damit schafft die dortige Landesregierung natürlich neue Anreize für Migrationswillige in der ganzen Welt.[26]

Eine Anpassung an grünlinke Denk- und Redeweisen legte auch die CDU in Sögel an den Tag. Dort hatte das Establishment einmal mehr seinen Schlägertrupps wie der Antifa signalisiert, dass Entmenschlichung und Draufhauen gewünschte Mittel in der politischen Auseinandersetzung sind. Diesmal stammt die Vogelfrei-Erklärung von Günter Wigbers (CDU), Bürgermeister der Samtgemeinde Sögel im Emsland und langjähriger Pressesprecher. Dazu stellte er Gemeinsamkeiten zwischen Wölfen und der AfD her: „Beide haben bei uns nichts verloren und gehören beseitigt." Jens Schmitz, Fraktionsvorsitzender der AfD-Fraktion im Emsland, AfD-Ratsherr in Papenburg, schrieb dazu auf der Seite *afd-im-emsland.de*: „Unglaublich, der alte und neue Vorsitzende des CDU-Kreisverbandes Aschendorf-Hümmling, Günter Wigbers (CDU), möchte als Jäger anscheinend auf Wölfe und AfDler schießen. (...) Müssen sich

---

26 Quelle: https://www.einprozent.de/blog/asylfakten/thueringen-steuergeld-fuer-fluechtlingsrat/2486

AfDler nun fragen, ob die Emslandlager unter Wigbers wieder ‚eröffnet' werden?! Oder darf die AfD-Fraktion im Emsland weitere Anschläge befürchten, wie z.B. auf das Wohnhaus des AfD- Kreistagsabgeordneten Guido Stolte (…) , weil Wigbers (CDU) zu Gewalt gegen AfDler aufstachelt? Es wird immer deutlicher: Wenn der CDU die Argumente ausgehen, greifen sie zu Hass und Hetze erfüllten Aufforderungen."

Der AfD-Politiker Schmitz empfahl deshalb: „Herr Wigbers sollte seinen Hut nehmen und sich aus der Politik verabschieden! Wer heutzutage noch eine ‚Endlösung' anstrebt, gehört in Therapie, und nicht in die Politik."

Aber Schmitz ist nicht dumm und wird wohl wissen, dass der Hetz-Aufrufer sich kaum rechtfertigen müssen wird: „Auf Grund dieser Wiederwahl von Herrn Wigbers scheinen extremistische Töne im CDU-Kreisverband Aschendorf-Hümmling die Richtung anzugeben. Eine Beobachtung durch den Verfassungsschutz scheint hier mehr als gerechtfertigt zu sein !"

Aber der Verfassungsschutz wird nicht beobachten. Keine selbsternannten Anti-Hate Speech-Stiftungen werden darüber berichten und das Gros der Mainstream-Medien ebenso wenig. Man wird sich lediglich weiter darüber beklagen, dass der politische Widerstand das Diskurs-Klima so schrecklich „brutalisiert" hätte. In diesem Zusammenhang sollte man nicht vergessen, dass fast nur konservative Politiker bei Fehlern oder Entgleisungen zurücktreten. Dazu darf übrigens auch der Ex-Bundespräsident Wulf gezählt werden, dessen Nachfolger weit links von ihm stehen. Aber Linke, und zu denen zählen inzwischen auch weite Teile der CDU, treten nicht zurück. Selbst wenn sie, wie einst Volker Beck, mit Drogen erwischt werden. Denn Linke genießen in unserer „bunten Republik" Narrenfreiheit, weil sie ja die (selbsternannten) „Guten" sind.

Diese Narrenfreiheit nutzen linke Parteien ohne Hemmungen aus, wenn sie einmal auch politisch an der Macht sind. Das zeigt sich zum Beispiel in Thüringen. Nach fünf Jahren rot-rot-grün gleicht das einstmals schöne Bundesland einer Trümmerwüste. Dabei waren die Menschen gewarnt worden. Als im Herbst 2014 der Linke Bodo Ramelow mit Grünen und SPD Ministerpräsident wurde, standen Thüringer Bürger mit brennenden Kerzen auf dem Erfurter Domplatz und vor dem Thüringer Landtag. Sie protestierten gegen die Wahl eines Kommunisten von der Mauermörderpartei SED-PDS, die sich heute „Linke" nennt, zum Ministerpräsidenten eines deutschen Bundeslandes. Die Demonstranten warnten, dass Thüringen unter rot-rot-grün schweren Schaden nehmen wird und sie behielten recht. Thüringen wurde zu einem abschreckenden Beispiel, was passiert, wenn stasinostalgische SED-Linke und grünsozialistische Öko-Totalitaristen der SPD an die Macht kommen.

Was tat das linke Dreierbündnis nach der Machtübernahme? Unternahmen sie etwas gegen den demographischen Wandel, zum Beispiel durch Familienförderung? Nein. Betrieben sie eine dringend nötige Verwaltungs- und Behördenreform? Nein, die Schulen des Landes sind weiterhin ebenso marode wie Straßen und Brücken. Stattdessen wurden seit 2014 systematisch die steuerfinanzierte, aber vom Souverän nicht kontrollierbare Szene der sogenannten „Nichtregierungsorganisationen" (NGOs) für ihr Lieblingsprojekt, den „Kampf gegen rechts" zur Privat-Stasi im Dienste der Bekämpfung der bürgerlichen Mitte und letztlich aller abweichenden Meinungen ausgebaut. Blickt man nach Berlin, sollte das eigentlich keinen überraschen. In der Bundeshauptstadt wird das auch nicht anders gemacht, nur sind es hier vor allem westdeutsche Linksgrüne, die ihr Unwesen treiben. Die Abgeordneten der Koalition in Thüringen jedoch sind in diesem Punkt ein etwas anderer Fall, denn viele von ihnen stecken tief im Stasi- und Antifa-Sumpf. Mit der Antifa-Aktivistin Katharina König-Preuss, Tochter des linksextremen Jenaer Antifa-Pfarrers Lothar König, als „Sprecherin für Antifaschismus" hat die Linksfraktion das ziemlich deutlich und öffentlich klar gemacht. Doch ein besonders dreister Fall ist der des kommunalpolitischen Sprechers der Regierungsfraktion, Frank Kuschel.

Dieser ist seit 1983 SED-Mitglied, rückte 1989 ins Sekretariat der SED-Kreisleitung Ilmenau auf und setzte seine kommunalpolitische Karriere in der Partei nach der Wende nahtlos fort. Kuschel verpflichtete sich 1987 als Stasispitzel mit dem Decknamen „Fritz Kaiser", spionierte Ausreisewillige Familien aus und verriet noch im Oktober 1989 Sympathisanten der Bürgerrechtsplattform „Neues Forum" an die Stasi.

Die Stasikommission des Thüringer Landtags erklärte ihn im Jahre 2006 für „unwürdig, dem Parlament anzugehören". Das hinderte Kuschel jedoch nicht, auch 2009 wieder zu kandidieren; natürlich mit voller Rückendeckung von Partei und Fraktion.

Es sieht also alles andere als schön aus, im rot-grünlinken Sumpf. Jedoch gab es auch vorher in Thüringen schon gewisse Linkstrends. Schon 2011, also vor rot-rotgrün, wurde das sogenannte „Landesprogramm für Demokratie, Toleranz und Weltoffenheit" eingerichtet, das inzwischen unter dem Neusprechnamen „DenkBunt" agitiert. Als Ramelow mit den Grünen und Sozialdemokraten die Regierung übernahm, wurde das Programm massiv ausgebaut. Und immer wieder wird es dazu missbraucht, auch bekannte Linksextremisten zu unterstützen. Beispielsweise werden Konzerte der, auch bei Bundespräsident und Außenminister beliebten, links-

radikalen Rostocker Band „FeineSahneFischfilet" gefördert, welche mit der Antifa-Sprecherin der Linksfraktion
König-Preuss ein so inniges Verhältnis verbindet, dass
die Pseudo-Punker der linksextremen Pfarrerstochter
sogar ein eigenes Lied gewidmet haben.

Ein weiteres Paradestück linksradikaler Finanzierung
ist das 2016 eingerichtete „Jenaer Institut für Demokratie
und Zivilgesellschaft" (IDZ), welches ganz sicher nicht
zufällig im Heimatort von Frau König-Preuss seinen Sitz
hat. Grundlage dieses von deutschen Steuergeldern finanzierten Pseudoinstituts ist die im Koalitionsvertrag
vereinbarte Schaffung einer „Dokumentationsstelle",
um der angeblich angestiegenen „rechten" und „rassistischen" Gefahr entgegenzutreten. Blitzschnell und ohne
öffentliche Ausschreibung machte das von der Linken
geführte Bildungsministerium die von der Stasiagentin
Anetta Kahane alias „IM Victoria" betriebene „Amadeu
Antonio Stiftung" zum Träger des IDZ. Gründungsdi-
rektor wurde der Soziologe Matthias Quent, ehemaliger
Mitarbeiter von König-Preuss, die ihm schon Monate
zuvor offen den Posten zugesagt hatte. Allein im Grün-
dungsjahr bekam das sogenannte Institut 200.000 Euro.
Es wird vom Land selbst und vom „Landesprogramm
für Demokratie" gefördert und von der Amadeu Antonio Stiftung getragen.

Ganz oben auf der Agenda dieser feinen Gesellschaft
steht der „Kampf gegen rechts". Daher ist es wenig
überraschend, dass der Kampf gegen die immer gewalt-
tätigeren und insbesondere gegen die politisch Andersdenkenden und ihre Repräsentanten brutal militanten
Linksextremisten unter rot-rot-grün keine eigentlich
zuständigen Stellen kümmert. Auch in den Kampfauf-
trägen der diversen Programme und Institute kommt
er natürlich gar nicht erst vor. In einem rot-rot-grün regierten Bundesland genießen Linksextremisten faktisch

Narrenfreiheit und kommen auch mit den dreistesten Nummern davon. So wie die beiden Rudolstädter Antifa-Extremisten, bei denen die Polizei im Frühjahr 2018 hundert Kilo Chemikalien zum Bombenbauen sicherstellte.

Zu dem besorgniserregenden Fall war von der kompletten Landesregierung tagelang gar nichts zu hören. Dabei war einer der Verhafteten mit der schon mehrfach erwähnten Fraktions-Antifantin der Linken, Katharina König-Preuss, persönlich bekannt und hatte für sein „Engagement gegen Neonazis" sogar einmal einen „Demokratiepreis" des Freistaats Thüringen bekommen. Das in Thüringen zuständige Landeskriminalamt (LKA) wollte erst gar keinen politischen Hintergrund bei den Linksextremisten erkennen und übernahm den Fall auch erst nach massivem öffentlichem Druck und mit gehöriger Verspätung. Am Ende kamen die beiden verhinderten Linksterroristen mit geringen Geldstrafen und der dreisten Ausrede davon, sie hätten ja nur in Omas Garten Wühlmäuse bekämpfen wollen. Und nicht nur Linksradikale dürfen in rot-rot-grün regierten Ländern schalten und walten wie sie wollen. Dasselbe gilt auch für fremdländische Kriminelle. Die kalabrische `Ndrangheta, die gefährlichste aller süditalienischen mafiösen Organisationen, hat Thüringen nämlich längst zu einem ihrer Stützpunkte ausgebaut. Im Juni 2019 gelang dem LKA in Erfurt ausnahmsweise einmal die Festnahme eines hochrangigen Bandenmitglieds. Die Landeshauptstadt gilt als eine Hochburg der Geldwäsche durch dieses Syndikat. Und die eben erwähnte Razzia zeigte höchstens die Spitze des Eisbergs. Von der Öffentlichkeit unbemerkt hat sich nicht nur die italienische, sondern auch die armenische Mafia in den letzten Jahren in Thüringen ausbreiten können. Für die Bürger sind die Straßen auch infolge der Massenzuwanderung immer unsicherer geworden. Hinzu kommt, dass Messerattacken durch Asylbewerber oder deutschenfeindliche Überfälle durch Migrantengruppen auch in Thüringen längst zum Alltag gehören. Und Straftaten an Bahnhöfen haben besonders dramatisch zugenommen. Dabei sind die Täter fast ausschließlich Zuwanderer, wie eine Kleine Anfrage des Geraer Bundestagsabgeordneten (AfD) Stephan Brandner 2018 aufdeckte. Dabei darf man niemals vergessen: 2015 stand Linke-Ministerpräsident Bodo Ramelow höchstpersönlich als Willkommensklatscher an den Gleisen. Er hatte seine Personenschützer dabei; die normalen Bahnhofsbesucher können sich Solche nicht leisten.

Thüringen ist ein gutes Beispiel für linksgrüne Politik. Ereignisse wie das vor rot-rot-grün gegründete „Landesprogramm für Demokratie, Toleranz und Weltoffenheit" zeigen jedoch, dass sich im Grunde alle Altparteien dem grünen Denken angepasst haben. Büßen grüne oder linke Parteien einmal die politische Macht ein, wäre es für offiziell bürgerliche Parteien eigentlich ein Leichtes, deren Unsinn rückgängig zu machen. Als Berlin jedoch von SPD und CDU (nach rot-rot) regiert wurde, versagte die CDU fast auf ganzer Linie und strich den Linksradikalen der Stadt keinen Cent. Darüber nachgedacht haben tatsächlich ein paar CDUler, aber sofort kam ein entsprechendes mediales Echo, an dem sich zeigte, dass die unheimliche Macht der grünen Bedrohung weit über die Parteigrenzen hinaus reicht.

*

Schön ist die Lage in Thüringen nicht. Das zeigt auch das Verhalten von Matthias Strejc, der offen Vereinen und Unternehmen drohte, welche die AfD unterstützen. Strejc ist Mitglied der SPD und Bürgermeister in Bad

Frankenhausen, wo Höcke am 13.10.2019 auftrat. Eigentlich wäre er als Bürgermeister zur Neutralität und Überparteilichkeit verpflichtet, denn schließlich soll dieses Amt die Geschicke aller Bürger einer Gemeinde regeln. Ohne Ansehen der Person oder dessen Meinung, denn theoretisch gilt auch in Bad Frankenhausen Artikel 5 des Grundgesetzes. Stattdessen führte Strejc nicht nur eine Demonstration gegen den politischen Gegner an, sondern ließ sich anschließend auch öffentlich zu Äußerungen hinreißen, die ihn ziemlich eindeutig als Demokratieverweigerer entlarvten: „Für mich persönlich erschreckend war nur festzuhalten, dass doch einige Vorstände von großen Frankenhäuser Vereinen oder auch Geschäftspartner der Kurstadt mit bei der AfD Veranstaltung gegen uns als ‚Altparteien' und gegen Nächstenliebe demonstriert haben. Es ist ihr Recht dies zu tun. Genauso ist es das Recht des Stadtrates und der Verwaltung genau zu überlegen, wen man zukünftig finanziell fördert und mit wem man zukünftig zusammen arbeitet."

Damit zeigte er wieder einmal die völlige Verlogenheit der Altparteien. Das Recht auf die eigene Meinung gilt offenkundig nur für die Eigene. Politisch Andersdenkende werden mit der Vernichtung der wirtschaftlichen Existenz bedroht. Ähnlich wie in der DDR. Denn nichts anderes als eine solche Drohung ist es, wenn man erklärt, dass öffentliche Aufträge davon abhängig gemacht werden, ob der Auftragnehmer auch die „richtige" politische Einstellung hat. Dass er sich damit außerhalb des Grundgesetzes bewegt, muss dem Bürgermeister kurze Zeit später aufgefallen sein. Auf twitter erklärte er: „Mit kurzen Abstand möchte ich mich für einige wenige Sätze in meinem Kommentar gestern entschuldigen. Um eines klar festzuhalten, für mich bleiben Höcke und Co Faschisten. Dennoch haben meine Emotionen von gestern dazu geführt, dass ich in Teilen überreagiert habe. Und einige meinen persönlichen Tweet mit meinem Amt als Bürgermeister vermischen. Ich habe als Privatperson gepostet."

Tja, was soll man dazu sagen? Auf *COMPACT* äußerte sich Jürgen Elsässer dazu wie folgt:

„Herr Strejc, das macht die Sache nicht besser! Als Bürgermeister sind Sie zur unparteiischen und überparteilichen Amtsführung verpflichtet. Sie können und dürfen nicht Bürger diskriminieren und ihnen mit Mittelentzug drohen, nur weil diese eine andere politische Meinung haben – das sind die Steuergelder der Kommune, die die Bürger gezahlt haben, nicht Ihre persönlichen Gelder! Besonders empörend ist, dass Sie diese Drohungen gegen örtliche Vereine und Unternehmer ausgestoßen haben – das sind ja die Leistungsträger, die landauf landab und auch in Frankenhausen die Gesellschaft zusammenhalten und den Staat stützen. Und wenn Sie jetzt behaupten, Sie hätten das nur 'als Privatperson' gepostet, dann lachen doch die Hühner: Der Kopf, in dem solche Drohungen entstanden sind, ist doch derselbe, mit dem Sie auch jeden Tag ins Rathaus gehen."

Dem ist eigentlich nichts hinzuzufügen, verdeutlicht es doch sehr anschaulich, wie es in einem rot-rot-grün regierten Bundesland so läuft.

*

Wie weit diese grüne Macht geht, soll das nächste Beispiel zeigen. Die rot-grün-linke Herrschaft über den gesellschaftlichen Diskurs führt dazu, dass viele Menschen wie von selbst in eine Art Gesinnungsdiktaturdenken abrutschen. Der *Krautzone*-Journalist Alexander Kirton hat das selbst erlebt und darüber berichtet:

„An meiner vorherigen Schule merkte man rasch, dass mit mir etwas nicht stimmte - ich hinterfragte die Lehrer, die Medien und das vermeintlich Gute. Anders formuliert, ich akzeptierte die mir vorgelegten 'Tatsachen' nicht, sondern stellte diese vorerst auf den Prüfstand, um mir letztendlich ein eigenes Bild von jeglichen Dingen machen zu können. Diese eigenen Bilder machte ich mir auch stets. Zweifelsohne entsprachen diese nicht den unreflektiert übernommenen Bildern meiner Mitschüler. Damit ignorierte ich nicht nur den gesetzten und gesellschaftlich etablierten Rahmen ('das ist gut, das ist schlecht', 'das ist links, das ist rechts', 'das ist schwarz, das ist weiß', usw.), sondern verletzte zudem die ideologischen Wohlfühlzonen meiner Mitschüler. 'Nazi!' lautete also der Stempel, der mir, dem Dissidenten, aufgedrückt wurde und bekanntlich spricht man mit 'Nazis' nicht - man bekämpft sie nur. Wer nun ein 'Nazi' ist und wer nicht, bestimmt für gewöhnlich die Masse, bzw. diejenigen mit der größten Ansammlung von Karmapunkten - oftmals durch diverse Buttons und Aufnäher zu erkennen. Ein selbsternannter Antifaschist war an meiner damaligen Schule der Richter und als dieser mich auf einer linksextremen Prangerseite im Internet fand, musste dies natürlich breitgetreten werden. Schließlich bin ich eine große Bedrohung für meine Mitmenschen, die Wiedergeburt Hitlers, usw..."[27]

Seine Erlebnisse dürften bei weitem kein Einzelfall gewesen sein. Den politischen Gegner zu demoralisieren und dabei ganz auf grüner Wellenlänge reiten, ist jedoch nicht nur bei Jugendlichen und jungen Erwachsenen be-

---

27 Quelle: https://www.compact-online.de/hoecke-zieht-die-massen-spd-buergermeister-sieht-rot/?utm_source=newsletter&utm_medium=email&utm_campaign=Wegen+H%C3%B6cke%3A+SPD-B%C3%BCrgermeister+sieht+rot+und+droht+offen+AfD-Unt

liebt. Denn kaum war die erste AfD-Bashingwelle nach dem Halle-Attentat ein wenig abgeebbt ist, versuchen Politiker mit Präventionsvorschlägen zu punkten: Horst Seehofer (CSU) beispielsweise möchte künftig Computerspieler überwachen lassen, während Christine Lambrecht (SPD) noch härtere Strafen gegen Hate Speech einfordert. Denn der Halle-Täter habe sich offenbar im Internet radikalisiert. Wobei der Vorwurf des „Hate-Speech" natürlich nur für den politischen Gegner gilt. Nicht für die eigenen Leute, obwohl es da einen Hate-Speech-Autor gibt, der manch einem durchaus bekannt vorkommen dürfte: NRW-Ministerpräsident Armin Laschet von der grün eingefärbten CDU. Konnte man über Laschets Vergleich von Horst Seehofer mit Saddam Hussein noch schmunzeln, ließ der Ministerpräsident am 12.10.2019, auf dem Saarbrücker JU-Deutschlandtag, seinen Gewaltfantasien freien Lauf. Das Publikum quittierte seinen Hate-Speech nicht etwa mit Buhrufen oder Strafanzeigen, sondern mit tosendem Applaus. Laschet rief dazu auf, die AfD „bis aufs Messer zu bekämpfen". Bis aufs Messer! In einer Zeit, wo schon viel harmlosere Metaphern den Vorwurf faschistischer Gewaltanstachelung nach sich ziehen, erntete er fanatischen Zuspruch statt Empörung. Klar, diese Reaktion seiner Fans passt exakt zur populistischen Strategie des CDU-Politikers. Bloß keine komplexen Diskurse, da könnte Merkel-Fan Laschet nur verlieren. Stattdessen erklärt er nach dem Messer-Satz: „Klare Sprache, kurze Sätze, markante Botschaften. Dann werden wir die AfD vertreiben". Solche Sprüche hätte man eigentlich eher von einem Linksradikalen im grünen Gewand erwartet, aber manche bevorzugen heutzutage eben das Schwarze. Wer das alles für harmlos hält, braucht sich bloß vorzustellen, was passiert wäre, wenn ein AfD-Politiker öffentlich verkündet hätte, man müsse die GroKo „bis aufs Messer" bekämpfen.

Wohin die Reise geht, hatte auch schon das *COM-PACT*-Magazin bemängelt, als es anprangerte, dass wer die CDU wählt, die Grünen bekommt. Das bestätigt sich auch in Sachsen, worüber die *Welt* titelte: „23 Jahre alt, grün, bildet Regierung in Sachsen".[28]

In dem Artikel stellte die *Welt* Lucie Hammecke vor, weil der CDUler Kretschmer mit ihr und ihrer Partei koalieren will. Bei der Frage, wie sie als Nachwende-Geborene Ostdeutschland und die Ostdeutschen sieht, wird Lucie Hammecke nachdenklich: „Früher gab es für mich diesen Unterschied zwischen West und Ost eigentlich gar nicht", sagt die jüngste Abgeordnete im Sächsischen Landtag. „Aber mittlerweile habe ich gemerkt: Es gibt im Osten eine eigene Identität." Das mache sie schon allein daran fest, dass im Osten viel mehr Wähler anders wählten als im Westen. Ob das daran liegen könnte, dass ostdeutsche Belange bei bundespolitischen Entscheidungen zu wenig berücksichtigt würden? „Das weiß ich nicht", sagt Hammecke geradeheraus. „Weil ich gar nicht sagen kann, was ostdeutsche Belange sind."

Diesbezüglich stellt sich jedoch die Frage: Sollte jemand, der spontan nichts über ostdeutsche Belange weiß, Landtagsabgeordnete in Sachsen werden? Diese Frage scheint sich die CDU in Sachsen nicht zu stellen. Womöglich ist es ihr auch egal. Sie arbeitet ja auch im Nachbarland Sachsen-Anhalt lieber mit Linken zusammen, als mit der patriotischen Opposition AfD. So auch im September 2019, als in Sachsen-Anhalt ein Abwahlantrag der AfD an der Wahlverweigerung der CDU scheiterte. Der betreffende Grünen-Abgeordnete Striegel sollte per Antrag aus der „Parlamentarischen Kontrollkommission" entfernt werden, aber die CDU eilte

---

28 Quelle: https://www.welt.de/politik/deutschland/plus2018 22552/Lucie-Hammecke-Mit-dieser-Gruenen-will-Kretschmer-in-Sachsen-eine-Koalition-schmieden.html

ihm natürlich brav zur Hilfe. Unter Genossen arbeitet man schließlich zusammen.

Typisch grünlinkes Verhalten legte auch die CDU im Rheinland-Pfalz an den Tag. So schloss die rheinland-pfälzische CDU ihre Gemeinderätin Monika Schirdewahn wegen einer Fraktionsgemeinschaft mit ihrem Ehemann von der AfD aus der Partei aus. Sie habe durch ihr Verhalten den Christdemokraten schweren Schaden zugefügt und gegen die Grundsätze der Partei verstoßen, sagte das Bezirksparteigericht laut Nachrichtenagentur dpa. Die 62jährige Lokalpolitikerin hatte gemeinsam mit ihrem Mann Horst Schirdewahn im Gemeinderat von Frankenstein im Kreis Kaiserslautern zusammengearbeitet. Damit habe sie eine Vorgabe von CDU-Chefin Annegret Kramp-Karrenbauer ignoriert, die sich dagegen ausgesprochen hatte. Soviel zu dem Gerede davon, dass Politiker nur ihrem Gewissen und dem Grundgesetz verpflichtet wären. Einen „Fraktionszwang" dürfte es ja eigentlich in einer Demokratie nicht geben. Gegen ihren Ausschluß kündigte Schirdewahn Widerstand an, denn die Entscheidung des Bezirksparteigerichts ist noch nicht rechtskräftig. Sie kann noch Beschwerde beim Landesparteigericht der CDU einlegen.

Wohin uns die linksgrün gedrehte CDU führt, sieht man daran im Kleinen. Im Großen sieht man es an der Asylflut und ihren Folgen. Die als Asylanten herkommenden Afrikaner sagen nämlich ganz unverblümt, dass sie explizit nach Deutschland wollen und warum: „Angela Merkel hat ganz viel für die illegale Zuwanderung getan. Sie hat fast zwei Millionen Migranten aufgenommen im Jahr 2015." Und: „Merkel ist die Mama aller Afrikaner. Deshalb machen sich so viele von uns auf nach Deutschland." Dazu erklärte die *Junge Freiheit*:

„Signale einer restriktiven, ja tödlichen Asylpolitik Europas, wie sie von linken Politikern und Medien oft anklagend gezeichnet werden, dringend bis Guinea offenbar nicht vor. Stattdessen aber die Politik der ungeregelten Einwanderung, maßgeblich mitverschuldet durch die deutsche Bundeskanzlerin."[29]

Die Folgen darf das deutsche Volk ausbaden, welches in Städten wie Frankfurt am Main, wo Parteien wie die Grünen in den 60ern ihre Häuserbesetzungen durchzogen und massiv politische Macht gewannen, längst eine Minderheit ist.

So sieht er aus; der Einfluss der Grünen auf die Altparteien, welche regelrecht an der Melonenpartei kleben und ihr viel zu oft brav Schützenhilfe leisten. Dabei werden die Praktiken des linken Spektrums entweder bewusst ignoriert, gebilligt oder sogar gerne gesehen. Der linke Antisemitismus, der im nächsten Kapitel ein Stück weit beleuchtet wird, ist eine dieser ignorierten Tatsachen.

„Refugees welcome"-Demo der Grünen

---

29 Quelle: https://jungefreiheit.de/politik/deutschland/2019/merkel-ist-die-mama-aller-afrikaner/

Die Grünen, die Linken, die SPD und der Antisemitismus

Am 09.10.2019 ereignete sich in Halle/Saale ein grauenvoller Anschlag. Ein antisemitischer Irrer versuchte, die Tür einer Synagoge aufzuschießen, um Juden zu töten. Als ihm dies nicht gelang, suchte er sich zwei Zufallsopfer. Diese Tat ist abscheulich und wird von allen Anständigen abgelehnt. Selbstverständlich wurde sie von allen in Medien und Politik verurteilt. Als der Autor an diesem Mittwoch an der üblichen Merkel-muss-weg-Demo vor dem Kanzleramt teilnahm, gab es eine Schweigeminute für die Opfer. Später an diesem Abend kam dann das Gerücht auf, der Täter sei ein „Rechtsradikaler" gewesen und daraus wurde dann am nächsten Tag Gewissheit. Daraufhin traten die Altparteien erwartungsgemäß Lawinen gegen die AfD und alles nicht-linke los, was mich nicht weiter überraschte. Dass diese Partei eigentlich die judenfreundlichste Partei in ganz Deutschland ist und die Antisemitismuskarte gegen sie aus rein ideologischen Gründen ausgespielt wird, blenden die Berichterstatter bewusst aus. Es wird in den Medien ein Zusammenhang zwischen der AfD und dem Attentäter gestrickt, der nicht existiert. Zumal das in Englisch geschriebene Manifest des Killers nicht gerade auf eine Verbindung zur deutschen Rechten hinweist. Vielmehr hat der Typ sich in seinem Wahn am Attentäter von Neuseeland orientiert. Hinzu kommt, dass die mediale Gleichung Antisemitismus=Rechts=Nazi=AfD nicht aufgeht. Rechte Parteien gibt es fast überall auf der Welt; das ist etwas ganz Natürliches. Auch Israel hat rechte Parteien; zur Zeit wird es sogar von diesen regiert und Netanjahus Partnerparteien stehen sogar rechts von seiner rechten Partei.

Die rechten Regierungsparteien Ungarns und Polens sind sogar noch judenfreundlicher als die AfD, was aber mit ihrer Regierungsverantwortung zusammenhängt und auch damit, dass sie im israelischen Präsidenten einen Verbündeten gegen Soros und dessen Umvolkungspläne sehen. Soros ist jüdischer Abstammung; ebenso wie Netanjahu, Hans-Joachim Schoeps, Max von Oppenheim, Charlotte Knobloch und Jesus Christus. Abgesehen von Soros und Knobloch sind mir alle eben Genannten, aus dem jüdischen Volk gekommenen Individuen sehr sympathisch. Das ist auch nicht weiter verwunderlich, denn es gibt Solche und Solche in jedem Volk. Von daher ist es absolut unlogisch jemanden nur wegen seiner Herkunft abzulehnen..

Allerdings gilt es mit Blick auf die Einwanderung folgendes zu bedenken: Wenn es gute und böse Einwanderer gibt, sollte man dann nicht zumindest die Bösen von seinem Land fernhalten? Dazu müsste man jedoch die Grenzen schützen und böse Menschen abweisen. Zudem konnte ich feststellen, dass Regierungen wie die unter Adenauer und Erhard eher dazu neigen, fleißige Ausländer, die hier arbeiten wollen, anzuziehen, während Regierungen wie die von Schröder und Merkel die Neigung haben, vor allem Kriminelle auf Beutetour, Eroberer und deutschenfeindliche Rassisten herzulocken.

Womöglich zogen Adenauer und Erhard hauptsächlich Arbeitswillige an, weil sie selbst arbeitswillig waren...

Aber ich schweife ab; hier soll es schließlich um Antisemitismus gehen. Und darum, was gerade die linken Parteien sich erdreisten, diesen der demokratischen Rechten vorzuwerfen? In diesem Zusammenhang sollte man einmal etwas Licht ins Dunkel bringen, was die Judenfeindlichkeit bei den Altparteien anbelangt. Zumal der vor einiger Zeit verstorbene Karl Lagerfeld mit jüdischer Abstammung einmal erklärte, es sei ein Fehler , Millionen Feinde der Juden nach Europa zu holen. Warum aber wollen die Altparteien unbedingt Millionen Leute aus Ländern hier haben, in denen der Judenhass massiv vorhanden ist, wenn sie doch angeblich gegen Antisemitismus sind? Und warum will die AfD, wenn sie doch angeblich judenfeindlich ist, dann extra nicht, dass die Judenfeinde ins Land kommen?

Schauen wir uns doch einmal an, wie die Altparteien und im Besonderen die offiziell links Stehenden zum Judentum stehen.

*

Am besten beginnen wir mit einem eher harmlosen Beispiel; nämlich der Umbenennung der „Petersallee" in Berlin. Diese ist aktuell nach Hans Peters benannt. Hans Peters war ein Widerstandskämpfer gegen Hitler und hat die Juden in Deutschland unterstützt. Die Grünen kümmert das wenig. Der Name dieses judenfreundlichen Hitlergegners soll weichen. Ersetzen wollen Leute wie die grüne Kulturstadträtin Sabine Weißler ihn durch Personen wie Nzinga von Matamba. Komisch, die sonst eher antiroyalistischen Grünen wollen eine nach einem Bürgerlichen benannte Straße nach einer Königin benennen. Sollte mich als Monarchisten das freuen? Nein, denn zum einen haben wir Deutschen keinen Bezug zu dieser Person. Zudem musste ich erstmal nachschlagen, um festzustellen, ob es sich um einen Männer- oder Frauennamen handelt. Dies dürfte auch im Gendersinne der Grünen sein. Aber es kommt noch schlimmer:

Die Frau war Königin in Angola und bekämpfte die Portugiesen, während sie gleichzeitig zehntausende Sklaven verkaufte und verschiffte. Die Grünen wollen also den Namen eines Widerstandskämpfers und Judenfreundes tilgen, um nach einer Sklavenhändlerin eine Straße zu benennen. Ihre Begründung: Vor Jahrzehnten war die Straße nach Carl Peters benannt, welcher als Afrikaforscher tätig war und wohl geholfen hat, dass die Deutschen auf dem schwarzen Kontinent Fuß fassen konnten. Unnötig zu erwähnen, dass die Afrikaner es unter deutscher Herrschaft weitaus besser hatten als unter britischer oder gar belgischer Regierungsgewalt und die Gebiete nicht umsonst „Deutsche Schutzgebiete" hießen. Ich könnte jetzt lang und breit die Kolonialpolitik der Deutschen verteidigen, aber das hier soll ein Buch über die Grünen sein. Daher empfehle ich dem eventuell daran interessierten Leser diesbezüglich die Kaiserfront Extra-Bücher „Kampf um Afrika" Teil 1 und 2 zu lesen.

Um wieder auf das eigentliche Themazurückzukommen: Die Grünen sind sauer, weil die Straße nach Carl Peters benannt **war**! Inzwischen ist sie jedoch schon vor vielen Jahren umgewidmet worden, aber das bringt diese Partei trotzdem nicht von ihren Plänen ab. Sabine Weißler meinte sogar, es sei eigentlich eine Würdigung für Hans Peters, seinen Namen von dem Straßenschild zu tilgen und ihn durch diese Person aus Angola zu ersetzen. Gut, dann benennen wir doch die „Karl-Heinrich-Ulrich"-Straße wieder nach Karl von Einem, um Herrn Ulrich zu würdigen. Der grünen Logik zufolge müsste das dann doch eine Ehre sein.

Auf jeden Fall ist es sehr bezeichnend, dass diese Partei einen Gegner Hitlers und Judenhelfer verschwinden lassen will. Die Grünen sind eine Partei, die im Sinne der 68er Vordenker Minderheiten bevorzugt, um diese Minderheiten für ihre politischen Zwecke einzuspannen und gegen die Mehrheit als Kanonenfutter zu nutzen, um die eigenen linken Ideen der Gesellschaft aufzuzwingen. Eine Minderheit in Deutschland sind die Juden, eine andere, stetig wachsende sind die Muslime. Muslime gibt es bei den Grünen sehr viele; Özdemir zum Beispiel. Womöglich fühlen sie sich ja von der Parteifarbe angezogen oder davon, dass die Grünen immer so nett zu ihnen sind.

Nun dürfte ja bekannt sein, dass Juden und Muslime sich meistens nicht besonders mögen. Die Frage ist nun, welcher Minderheit sich die Grünen für ihre Zwecke bedienen (wobei die grünen Pläne natürlich nicht bei allen Angehörigen dieser Gruppen auf fruchtbaren Boden fallen werden!)? Entweder der, deren Angehörige aus Europa immer mehr nach Israel verschwinden, weil es ihnen hier zu gefährlich wird. Oder der, die stetig wächst und immer aggressiver wird. Aus machtpolitischer Sicht ist die Entscheidung der Grünen klar. Entsprechend werden sie weniger Rücksicht auf die Juden nehmen und die Zeche wird nicht der „Zentralrat der Juden" zahlen, sondern die Angehörigen dieser Religion, welche in muslimisch dominierten Gegenden wohnen.

Vor dem wachsenden Antisemitismus durch Muslime warnt lediglich die AfD, deren Warnungen jedoch völlig ignoriert werden.

*

Eine oberflächlich unbegründete Straßenumbenennung könnte einen tieferen Grund haben. Womöglich wollte man den Judenfeinden innerhalb der grünen Partei etwas entgegenkommen. Zumal besonders das seine Grenzen schützende Israel, welches nur Angehörige des jüdischen Volkes einwandern lässt und einen rechten Präsidenten hat, ganz oben auf der Negativliste grünlinker Globalisten steht. Hinzu kommen nicht zu leugnende Gemeinsamkeiten von Linken und Islamisten. Andreas Thiel sagte dazu in der JF: „Die Linke hat das gleiche ideologische Problem wie der Islam. Beide teilen die Welt in Gläubige und Ungläubige bzw. Sozialisten und Kapitalisten und somit in Freund und Feind ein. Sowohl Linke als auch der Islam verbreiten Vorurteile..." Damit hat er leider Recht. Und wie soll man mit jemandem friedlich zusammenleben, der einen töten will, weil er glaubt man sei ein Neonazi oder weil er denkt, sein Gott befiehlt es ihm?! Hinzu kommt, dass sowohl Linke als auch Islamisten einen Weltstaat ohne Völker und Nationen schaffen wollen. Dem stehen dann zwar eher anständige Muslime wie die Könige von Marokko und Jordanien entgegen, aber deren faktische Macht hält sich in Grenzen. Ihre Macht basiert vor allem darauf, dass sie aus alten, ehrenwerten Königshäusern stammen.

Auf jeden Fall gilt: Man kann weder mit Linken noch mit Islamisten vernünftig reden. Die einen glauben, dich bekämpfen zu müssen, weil du ein „Nazi" bist (womit sie ihre eigene Gewaltanwendung legitimieren wollen), weshalb in ihren Augen alles erlaubt ist; auch Terror und Gewalt. Die anderen glauben, dass ihr Gott ihnen befiehlt, dich zu bekämpfen und zu töten. Mit solchen Leuten ist kein Dialog möglich; man kann nur Widerstand gegen sie leisten und verhindern, dass sie die totale Macht an sich reißen!

Und ohne die sauberen Demokraten Schröder, Merkel und Konsorten würden weder die Islamistische noch die linke Szene dermaßen wachsen! Beide erhalten nämlich ordentlich Steuergeldzuschüsse für den sogenannten „Kampf gegen rechts". Sie greifen viele Millionen ab.

Das hat es zu Kaiser Wilhelms Zeiten nicht gegeben; damals hat der Staat die Extremisten, die ihn vernichten wollten, nicht finanziert, sondern bekämpft! Aber der „Kampf gegen rechts" ist ideologisch sehr praktisch für Parteien wie die Grünen und ihre Verbündeten. Denn zum einen können sie so den politischen Gegner stigmatisieren und zum anderen ist er eine gute Ablenkung für die eigenen Missetaten. Davon profitierte auch Berlins Bürgermeister, welcher in einer Koalition mit den Grünen sitzt. Besagter Bürgermeister Michael „Milchbubi" Müller hat am 06.09.2019 den antisemitischen Bürgermeister von Irans Hauptstadt empfangen. Auch in Peking ist Müller schon gewesen; mit bösen Rechten hat er ein Problem, aber Kommunisten und Islamisten scheinen ihn nicht zu stören. Doch wer den von Grünen, Linken und Sozialdemokraten hoffierten Islamismus kritisiert, muss um sein Leben fürchten. So wie der Intellektuelle Hamed Abdel-Samad, der sich laut *JF* von westlichen Gutmenschen übelste Hassbotschaften nach dem Blutbad in Christchurch anhören musste. Es ist eben leider typisch für diese lebensfernen Gestalten, dass sie den Islam- und Multikultikritikern die Schuld an solchen Taten geben; passt ja in ihre politische Agenda. Nur wem geben sie die Schuld für die Blutbäder in Nigeria an Christen? Den Islamisten vielleicht? Nein. Über diese Verbrechen wurde in den Medien eisern geschwiegen!

Aber für Drohbriefe an den ohnehin schon unter Polizeischutz lebenden Abdel-Samad hatten die Gutmenschen Zeit. Der Schriftsteller lieferte laut *Junge Freiheit* aber immerhin die passende Antwort:

„Wenn ihr nicht den islamistischen Terror, die Integrationsmisere, die Unterwanderungsversuche der Islamisten im Westen, die ungesteuerte Migration, die Globalisierung und die Angst vor dem Abstieg, sondern alleine die Islamkritik für Hass gegen Muslime verantwortlich macht, dann werdet ihr weder den Hass im Islam noch den Hass gegen Muslime jemals bekämpfen können."

Da hat er gewiss Recht, aber die linken Gutmenschen wollen doch gar nicht, dass der Hass verschwindet!

Wenn es keinen Hass mehr gäbe, wie sollten sie dann gegen den Hass demonstrieren gehen und dabei „Ganz Berlin hasst die AfD!" rufen?!

Wie sehr die Grünen Deutschland hassen, zeigt sich auch an der grünen Politikern Miene Waziri, die laut Peter Helmes Broschüre „Deutschland verrecke: Zehn Todsünden der Grünen gegen das deutsche Volk" schrieb:

„Ich wünschte, Deutschland wäre im Zweiten Weltkrieg vollständig zerbombt worden. Dieses Land verdient keine Existenzberechtigung."

Vielleicht hätte sie mit ihrer Familie in Afghanistan bleiben sollen. Denn wenn solche Schreibereien keine „Hassbotschaften" sind, was sollte es sonst sein? Waziri ist eines von vielen Beispielen, wo sich Migranten aus islamistisch geprägten Ländern den Grünen angeschlossen haben. Es wäre naiv zu denken, dass der in islamischen Ländern weit verbreitete Antisemitismus bei der Einwanderung an der Grenze abgegeben wird. Hierbei sei auf zwei Dinge verwiesen; genauer gesagt auf zwei Länder: Die Türkei und Israel. Israel wird gemeinhin von allen Parteien im Bundestag als europäisches Land angesehen, auch wenn es im Nahen Osten liegt. Und die Türkei soll, geht es nach den grün/linken Parteien, auch zu Europa gehören und in die EU kommen. Wer jedoch ein Land in die EU holen will, hat gewiss nichts Gutes im Sinne mit dieser Nation. Und das Israel zu Europa (welches die Etablierten gerne mit der EU gleichsetzen) gehört, sollte man auch eher als eine Bedrohung Israels ansehen. Denn der französische Altgrüne Yves Cochet hat ziemlich deutlich gesagt, was die grünlinken Kräfte wollen. Er forderte die Franzosen und Europäer auf, noch weniger Kinder in die Welt zu setzen, „um die ökologischen Kosten" zu senken und „um mehr Einwanderer aufnehmen zu können". Wortwörtlich sagte Cochet laut *katholisches.info*: „Im Übrigen: Die Beschränkung der Geburten würde es uns erlauben, mehr Migranten aufzunehmen, die an unsere Tür klopfen." Seines Erachtens seien die reichen Länder in der Pflicht „als Erstes demographisch abzunehmen". Tja, auch Israel ist ein reiches, europäisch geprägtes Land im Sinne des christlich-jüdischen Abendlandes. Aber natürlich würden die Grünen es bei einer Konfrontation weit von sich weisen, Israel abschaffen zu wollen. Zumindest die grünen Politiker. Spricht man hingegen mit grünlinken Gutmenschen auf der Straße, halten sie die Abschaffung aller Völker und Nationen für eine tolle Idee und geben das auch offen zu. Und auch die grünen Politiker stehen dazu, sofern man selbst die Idee gut findet. Findet man sie schlecht, ist man ein zumindest ein „Rechter" wenn nicht gar ein > Nazi<und das Ganze ist nur eine „Verschwörungstheorie". Fakt ist aber: Es gibt wohl kaum etwas Antisemitischeres als Israel abschaffen zu wollen und so Millionen Juden das einigermaßen sichere Territorium zu rauben, in welchem sie leben. Wer alle Nationalstaaten abschaffen will, der ist in Folge dessen natürlich antijüdisch; er ist auch antideutsch, antitürkisch, antifranzösisch und so weiter.

Aber ich merke schon, dass dem einen oder anderen Leser dieser Ansatz womöglich etwas zu theoretisch ist. Sehen wir uns ein weiteres Beispiel für offensichtlichen grünen Antisemitismus an.

*

Nicht nur, dass die etablierten Parteien, zu denen auch die Grünen zählen, alle Nationalstaaten und damit auch den Jüdischen abschaffen wollen, nein, sie weigern sich sogar, die libanesische „Hisbollah" zu verbieten. Diesbezüglich hatte sich folgendes ereignet. In einem Interview mit dem Deutschlandfunk erklärte Beatrix von Storch (AfD), wie sie und ihre Partei zum Antisemitismus stehen:

Der Gesprächspartner namens Heinemann fragte sie: „Frau von Storch, Sie sind Juristin. Wer entscheidet in Deutschland über die Zulässigkeit von Demonstrationen?"

Frau von Storch antwortete: „Da hat Geisel richtig gesagt, da sind die Länder für zuständig. Ich halte das an dieser Stelle allerdings für falsch, weil hier tatsächlich wir in Deutschland eine besondere Verantwortung haben, und das, was wir von den Al-Kuds-Tagen her kennen, das ist nichts anderes als die Verbreitung von Hass, von Aufruf zu Gewalt, das ist eine Plattform für Antisemitismus. Ich glaube, dass wir eines aufhören müssen: Wir müssen aufhören zu reden, wir müssen anfangen zu handeln, und es ist gut, wenn wir zum Kippa tragen aufrufen. Es ist gut, wenn wir Antisemitismusresolutionen verabschieden, aber wir müssen dann auch Taten folgen lassen und etwas dagegen faktisch tun. Ich glaube, daran scheitert es im Moment."

Heinemann: „Sie sagten gerade, die Länder würden entscheiden. Was soll sich denn daran ändern?"

Von Storch: „Solche Demonstrationen müssen schlicht verboten werden. Solche Demonstrationen, finde ich, sollten keinen öffentlichen Raum bekommen. Wir werden sehen, was heute wieder passiert, ob sich an strenge Auflagen gehalten wird oder nicht, aber es gibt noch andere Möglichkeiten natürlich, dagegen vorzugehen. Es geht ja nicht nur alleine um diese Demonstration. Da wird der ganze Hass auf die Straße getragen, aber dieser Hass, der entsteht ja nicht dort auf der Straße, er bricht sich dort nur Raum, und ich denke, man kann andere Maßnahmen ergreifen, die unterlassen werden. Wir könnten beispielsweise – den Antrag werden wir jetzt stellen – die Hisbollah verbieten. Es ist eigentlich absurd, dass so eine Organisation bei uns unterteilt wird in einen militärischen Arm, der als Terrororganisation verboten ist und einen politischen Arm, der hier bei uns seinen Geschäften nachgehen kann und nicht verboten ist. Das ist eine Aufspaltung, die nicht sein muss, und damit könnte man tatsächlich etwas möglicherweise bewirken. Das andere beispielsweise, wir fördern die UNRWA, die palästinensische Flüchtlingshilfe mit 80 Millionen Euro im Jahr, und wir wissen, was mit den Geldern gemacht wird: Mit den Geldern werden Schulen betrieben, wo genau das gelehrt und unterrichtet wird, was jetzt beim Al-Kuds-Tag auf die Straße marschiert – Judenhass, Antisemitismus und so weiter. Das fördern wir alles unmittelbar, und das schwappt jetzt zu uns rüber, und wir haben das hier auf der Straße. Das heißt, es reicht nicht aus, einfach nur aufzurufen, gegen Antisemitismus zu sein, sondern wir müssen dann auch konkrete Maßnahmen ergreifen, und ich meine, das könnten wir gut tun."[30]

Frau von Storchs Partei ließ den Worten auch Taten folgen und mit der Drucksache 19/10624 wurde ein entsprechender Antrag gestellt.[31]

Der Antrag zum Verbot der Hisbollah wurde dann im Bundestag von den angeblich judenfreundlichen Altparteien abgelehnt. Nun muss man diesbezüglich bedenken, dass es im Krieg nie nur Schwarz und Weiß gibt und die Hisbollah beispielsweise in Syrien für Assad kämpft und damit auch für die Rettung der dortigen Christen. Allerdings ist es mehr als unwahrscheinlich, dass die Altparteien bei ihrer Ablehnung an das Wohl

---

30 Quelle: https://www.deutschlandfunk.de/von-storch-afd-zum-al-kuds-tag-nichts-anderes-als-ein.694.de.html?dram:article_id=450160
31 Quelle: http://dip21.bundestag.de/dip21/btd/19/106/1910624.pdf

der Christen gedacht haben. Würden sie ans Wohl der Christen denken, täten sie jetzt nicht offen darüber reden, dass (pass)deutsche ISler zu uns zurückkommen dürfen. Gleichzeitig lehnen sie die Aufnahme von christlichen Flüchtlingen im Saarland ab. In der *Jungen Freiheit* vom 04. Oktober 2019 stand etwas über die Behörden im Saarland: „Saarland lehnt christliche Schutzsuchende ab" hieß der Artikel. Konkret hieß es dort: „Das Saarland hat die Aufnahme von 400 christlichen Assyrern aus Syrien abgelehnt." Und das, obwohl der hierzulande tätige assyrische Kulturverein die Landesregierung um Aufnahme gebeten hatte. Radikale Muslime terrorisieren sie in ihrer Gegend noch immer und brennen ihre Felder nieder! Obwohl im Saarland bereits 500 gut integrierte assyrische Christen leben, die bereit sind sich um die Neuankömmlinge zu kümmern und sie sogar privat kostenlos unterzubringen, sagte die Regierung nein! Klar warum! Immerhin geht es hier um integrierbare Christen und nicht um nicht integrierbare Moslems: diejenigen die wirklich Schutz und Hilfe brauchen, werden ihn von unseren etablierten Politikern, die unser Land und Volk vernichten wollen, gewiss nicht bekommen.

Zudem haben die Assyrer in Deutschland keine machtgeile, laute Lobby und weil sie Christen sind, dürften auch die Medien gegen diese tatsächlich Verfolgten sein. Egal ob Grüne, Linke, SPD, CDU oder FDP; wann immer es darum geht, Deutschland, den Deutschen und dem Christentum zu schaden; die treffen die entsprechenden Entscheidungen!

*

Aber kommen wir wieder zu unserem Hauptthema zurück: den Grünen. Deren Verhalten und das der anderen Altparteien dürfte eigentlich niemandem verborgen geblieben sein. In diesem Zusammenhang ist es interessant, wie stark und durchsetzungsfähig die Altparteien plötzlich sind. Unsere Grenzen konnten sie nicht schützen, weil „bla bla bla faule Ausrede bla bla bla", aber plötzlich zeigten sie klare Kante. Und das gegen den Willen der USA, Israels, des Zentralrats der Juden und das American Jewish Committee. Die wollten nämlich alle ein Verbot der Hisbollah und denen trat der Altparteienblock geschlossen entgegen. Wow, so viel Entschlossenheit ist man von den etablierten Politikern gar nicht gewohnt. Die *Preußische Allgemeine Zeitung* schrieb dazu:

„Der Bundestag hat einen Antrag, die Hisbollah zu verbieten, abgelehnt, weil er von der AfD eingebracht worden war. Trotz Druck aus Israel und den USA weigert sich die Bundesregierung bislang noch, einen entsprechenden eigenen Antrag selbst einzubringen. In den USA, Großbritannien, Kanada, den Niederlanden, Japan und Israel ist die vom Iran unterstützte schiitische Partei und Miliz im Libanon bereits verboten. In Deutschland hingegen wurde ein entsprechender Verbotsantrag, den die AfD stellte, vom Bundestag abgelehnt. Dabei hatte Bundeskanzlerin Angela Merkel bei einem Israelbesuch eine besondere Verantwortung Deutschlands gegenüber dem Judenstaat betont. Die Hisbollah stellt das Existenzrecht Israels infrage.

Bei der Begründung des Antrages durch die stellvertretende AfD-Fraktionsvorsitzende Beatrix von Storch war es im Gegensatz zu den sonstigen Anträgen der AfD erstaunlich ruhig in den Reihen der etablierten Parteien, soweit überhaupt Abgeordnete dieser Parteien im Plenum waren. Vielleicht hatten einige ein schlechtes Gewissen, weil sie die Hisbollah nicht offiziell verboten."[32]

_____

32 Quelle: https://www.preussische-allgemeine.de/nc/nachrich-

Wenn sich die BRD-Politiker dazu durchringe, den USA und Israel gleichzeitig eine Absage zu erteilen und zudem noch zwei jüdischen Zentralräten, dann sollte man meinen, dass mehr hinter der ganzen Sache steckt. Da der Autor freilich weder in die Köpfe der Politiker hineinsehen noch Einsicht in irgendwelche Geheimakten nehmen kann, wird man sich auf Spekulationen beschränken müssen. Und das Feld der Spekulationen bietet eine Menge Möglichkeiten, die aufzuzählen den Umfang dieses Buches sprengen würde. Vielleicht ist es aber auch ganz einfach: Die USA und Isrel werden von rechten Parteien und Politikern regiert und da unsere etablierten Politiker ja „gegen rechts" kämpfen, tun sie einfach nicht, was diese Länder sagen, sondern warten darauf, dass dort vielleicht wieder Linke an die Macht kommen, was Gott verhüten möge. Die eben zitierte *PAZ* meinte übrigens, dass man einigen der Altparteienabgeordneten angesehen haben soll, dass diese ein schlechtes Gewissen hätten, weil sie gegen den Antrag stimmten. Womöglich wurde der Antrag schlicht und einfach abgelehnt, weil er von der AfD kam. Es ist jedoch auch vorstellbar, dass manch einer in den Altparteien es gar nicht so schlecht findet, wenn jemand gegen die jüdische Lobby Stellung bezieht. Wenn es jedoch stimmt, dass der Antrag nur abgelehnt wurde, weil er von der AfD stammte, ist es in jedem Fall sehr bezeichnend, dass die Etablierten den Kampf gegen die AfD über den Schutz der Juden stellen.

Zudem haben die Altparteien, anders als in anderen Fällen, den AfD-Antrag noch immer nicht kopiert und als ihren eigenen ausgegeben, um ihn erneut zur Abstimmung zu stellen. Das deutet darauf hin, dass an einer Einstufung der Hisbollah als Terrororganisation kein Interesse besteht. Ob eine solche Einstufung überhaupt

ten/artikel/hisbollah-bleibt-in-deutschland-legal.html

Sinn macht, steht auf einem anderen Blatt. Der Autor dieser Zeilen ist kein Hisbollahexperte und erlaubt sich diesbezüglich daher kein Urteil. Der Antrag zeigt allerdings ziemlich deutlich, wer in Deutschland auf Seiten der Juden steht und wer nicht.

Hinzu kommt die dreiste Unwahrheit, denn trotz eines derartigen Antrags von Seiten der AfD, welcher den anderen Bundestagsparteien natürlich bekannt ist, werden weiterhin Fake news verbreitet und der AfD eine geistige Nähe zum Attentäter von Halle unterstellt! Dieser Unsinn ist auch für die AfDinterne Vereinigung „Juden in der AfD" (JAfD) unfassbar. „Die einzige Hoffnung für uns jüdische Deutsche ist die AfD", schrieb deren Vorsitzende Vera Kosova auf *Facabook* und fügte hinzu: „Diese ist weder rechtsextrem noch antisemitisch, wie uns die Massenmedien einzureden versuchen, ganz im Gegenteil."

*

Dass diese angebliche Nähe zum Amokläufer von Halle eine ideologische, wahlkampftaktische Behauptung der Altparteien ist, müsste eigentlich jedem selbstständig Denkenden klar sein. Nur der durchschnittliche ZDF-Zuschauer wird sie wahrscheinlich nicht erkennen, sondern sich lieber einlullen lassen. Und plötzlich sind alle Altparteien, welche die Hisbollah nicht verbieten wollten, wieder richtig „judenfreundlich", beziehungsweise tun so als ob. Die Opfer des Anschlags sind zwar keine Juden, aber das kümmert die Politiker nicht. Bei den folgenden „Gegen Rechts"-Demos waren trotzdem Israelflaggen zu sehen; die einzigen Flaggen eines Nationalstaats übrigens und gewiss nur symbolisch, denn eigentlich wollen Linke ja alle Fahnen aller Länder abschaffen, wie mir einmal eine Linke in einem persönli-

AUSSEN GRÜN – INNEN ROT

chen, gewaltfreien Gespräch nach einer Demo erklärte. Dazu sei angemerkt, dass es sich bei ihr noch um eine der „Vernünftigeren" handelte, die tatsächlich nicht nur von „Gewaltfreiheit" redete, sondern das auch so meinte. Ihre sie begleitenden Freunde hatten übrigens kein Wort Deutsch verstanden; sie waren linke Demotouristen, welche man immer wieder trifft. Jedenfalls sind die meisten Linken eigentlich gegen alle Nationalstaatsflaggen, aber diesmal machten sie eine Ausnahme. Freilich im Sinne der Altparteien, die voll auf der Anti-Antisemitismusschiene fuhren, weil bald Wahlen in Thüringen anstanden. Das Flaggenverbot war jedoch nur für Israel aufgehoben; einigen damaligen Medienberichten waren die Toten eine Deutsche und ein Türke. Weder türkische noch deutsche Flaggen waren auf der Demo zu sehen. Das ist auch kein Wunder, wenn Sie lesen, wie *Jouwatch* die Sache mit den Opfern erklärt:

„Betroffenheit ist immer dann Chefsache, wenn die Opfer der Obrigkeit ins Konzept passen. Als Märtyrer eignen sich muslimische Anschlagsopfer (wenn der Täter nicht selbst Muslim ist), jüdische Opfer (wenn die Täter nicht Muslime sind), Türken und Deutschtürken (wenn die Täter nicht selbst Türken sind). Bei deutschen Kollateralschäden von Merkels Willkommenskultur ist die Zurückhaltung deutscher Spitzenpolitiker mit Trauergesten längst berüchtigt..."[33]

Und weil die „Betroffenheit" immer Chefsache ist, wird bei entsprechenden auf den Anschlag folgenden Demos, Reden und Aktionen nichts dem Zufall überlassen. Auch die gesetzten Zeichen in solchen Fällen dürften eiskalt kalkuliert sein. Zum Thema „Zeichen setzen"

---

33 Quelle: https://www.journalistenwatch.com/2019/10/11/opfer-klasse-kein/

schrieb Springer-Chef Mathias Döpfner einen durchaus interessanten Kommentar in der *Welt*:

„Ein Zeichen war es vielleicht, dass wenige Tage zuvor ein Syrer die Absperrung einer Synagoge überwindet, 'Fuck Israel' und 'Allahu Akbar' ruft und ein Kampfmesser zieht. Er wird festgenommen und am Tag darauf freigelassen. Solche Zeichen werden verstanden. Als Einladung..."[34]

Über diesen wenig beachteten Anschlagsversuch in der deutschen Landeshauptstadt bringt Autor Stefan Schubert früher Polizist, im *Kopp-Report* die verschiedenen Sichtweisen in Politik, Justiz und Medien auf den Punkt:

„Gewalttätige Nebenwirkungen der Islamisierung, wie der versuchte islamistische Terroranschlag auf eine Synagoge in Berlin, werden zum Hausfriedensbruch umetikettiert, und ein Terroranschlag durch einen syrischen Flüchtling in Limburg von der Tagesschau in einen 'Lkw-Vorfall' umgetauft wird. Laut *Bild* sind freilich nicht alle Syrer gut. Der Limburg-Attentäter kämpfte für Assad-Regime, will »Bild« ermittelt haben. Na also. Assad ist böse, seine Kämpfer sind böse. Böse Menschen tun nun mal böse Dinge wie in Limburg. Schon passt die Perspektive wieder. Warum standen am wichtigsten Feiertag der Juden keine Polizisten vor der Synagoge in Halle? Eine ziemlich dumme Frage vieler Medien. In Wirklichkeit sind Juden der Regierung Merkel so egal wie alle anderen Menschen in Deutschland. Sie holt ein paar Millionen ihrer schlimmsten Feinde ins Land und will dann die Betroffene geben. Und dass übliche Schutzmaßnahmen schon mal versagen, wenn es der je-

---

34 Quelle: https://www.welt.de/debatte/kommentare/plus 201718856/Terror-in-Halle-Nie-wieder-nie-wieder.html

weiligen Regierung in den Kram passt, wissen wir spätestens seit 9/11, als in New York die Abfangjäger am Boden blieben, die sonst in wenigen Minuten zur Stelle sind."[35]

Dazu sollte man anmerken, dass in Berlin zwar Merkels Regierungssitz ist, aber Schutzmaßnahmen wie das Aufpassen vor Synagogen eigentlich eher Dinge sind, mit denen sich Politik und Behörden der Bundesländer beschäftigen sollten. Eigentlich verantwortlich ist also die rot-rot-grüne Berliner Stadtregierung, deren linksliberale Justiz den verhinderten Killer auch wieder laufen ließ. Eine kleine Randbemerkung noch: Anders als die Grünen mit ihrem Werner Vogel hat die AfD jedoch nie ehemalige NSDAPler in den Bundestag gesetzt. Doch die Grünen dürften von Vogels SA-Wissen mehr als nur profitiert haben, wie das Verhalten der grünennahen Antifa zeigt.

*

Zum Thema „Antisemitismus" äußerten sich übrigens auch andere Stimmen. Martin Lichtmesz erklärte auf der Webseite der *Sezession* nach Halle:

„Seit langem wird in Deutschland eine heuchlerische Debatte über den Anstieg des Antisemitismus geführt, und nahezu jeder möchte sich mit diesem schier unangreifbaren Schild panzern (und gelegentlich hinter ihm auf andere eindreschen), ob links oder rechts. Dass dieser ohne Zweifel wachsende Antisemitismus vorwiegend mit der ohne Zweifel wachsenden Präsenz gewisser importierter Bevölkerungsgruppen zu tun hat, ist zwar schon durchgesickert, wird aber immer wieder vertuscht, verwischt,

---

35 Quelle: https://kopp-report.de/die-destabilisierung-deutschlands-nun-ist-sie-halt-da

vernebelt und relativiert. Das gilt übrigens auch für etliche jüdische Organisationen und Vertreter, die offenbar insgesamt mehr Angst vor der AfD als vor dem Islam haben. Der Präsident des Zentralrates der Juden, Josef Schuster, äußerte über Halle, 'die Brutalität des Angriffs übersteige alles bisher Dagewesene der vergangenen Jahre (...).' Tatsächlich, auch den Anschlag vom Breitscheidplatz, bei dem immerhin 12 Menschen umkamen, darunter eine israelische Staatsbürgerin?

Es war nun ausgerechnet die AfD, die am beharrlichsten den Finger in die Wunde gelegt hat, was das Problem des 'importierten' muslimischen Antisemitismus angeht - dieselbe AfD, die nun mirnixdirnix für Halle verantwortlich gemacht wird."[36]

Die Fälle in Halle und Berlin zeigen deutlich, dass Herr Lichtmesz Recht hat. Wenn ein Islamist Juden attackiert, schweigen die Medien, da sich das nicht der verhassten AfD in die Schuhe schieben läßt. Diesbezüglich wurde auch auf dem Blog von Vera Lengsfeld das Messen der Behörden und Politiker mit zweierlei Maß kritisiert. Aber lesen Sie selbst:

„Am Freitag, dem 4. Oktober versuchte ein Syrer in Berlin, mit gezücktem Messer in eine Synagoge einzudringen. Um keine Zweifel an seiner Absicht zu lassen, rief er sowohl den mittlerweile aus Dutzenden Terror-Attacken bekannten Schlachtruf Allah hu akhbar als auch Fuck Israel – für die deutsche Justiz kein Grund, den Mann in Haft zu nehmen.

,Nun ist er auf freiem Fuß, unauffindbar – und gewaltbereit', schrieb Filipp Piatov in der Bild-Zeitung, der einzigen deutschen Tageszeitung, die noch wagt, den Kern des Problems zu benennen.

,Denn was für jeden Bürger mit gesundem Menschenver-

---

36 Quelle: https://sezession.de/61650/was-der-anschlag-von-halle-bedeutet

stand nach einem versuchten antisemitischen Terrorangriff aussieht, ist für Berliner Behörden leider kein Haftgrund.'

(...)

Angela Merkel hat die Kohorten der Judenhasser an einem einzigen Tag um mehrere hunderttausend Menschen verstärkt.

Wie rücksichtslos das war, wie gefährlich gerade in Deutschland, hat Karl Lagerfeld kurz vor seinem Tod ausgesprochen:

‚Wir können nicht, selbst wenn Jahrzehnte zwischen den beiden Ereignissen liegen, Millionen Juden töten und Millionen ihrer schlimmsten Feinde ins Land holen.'

Heute wachsen deutsche Kinder auf Schulhöfen auf, in denen 'Jude' das verächtlichste Schimpfwort ist, mit dem ihre muslimischen Mitschüler operieren.

Dagegen geht niemand mehr vor, es wird hingenommen, aus Furcht und Gleichgültigkeit, und alle „Dialogreihen„ und Broschüren gegen Antisemitismus werden dieses Muster in jungen deutschen Köpfen nicht mehr korrigieren: dass Juden verächtliche Wesen sind, zu Recht zum Opfer ausersehen, erst als Mobbing-Opfer in deutschen Schulen, dann auf Straßen, Plätzen und Bahnhöfen, in Synagogen, Restaurants und überall im öffentlichen Raum.

(...)

Der Vorsitzende der jüdischen Gemeinde Halle sagte in einem Interview mit einer israelischen Zeitung, aus Sicht der Opfer wäre es gleichgültig, ob der Attentäter ein Nazi, ein Linksradikaler oder ein Muslim sei, Bedeutung hätte nur, ob man endlich etwas gegen den Judenhass tut.

Die regierenden deutschen Politiker trifft die volle Verantwortung für das, was derzeit geschieht: die allmähliche Verwandlung Deutschlands in ein für Juden unbewohnbares Land."[37]

---

37 Quelle: https://vera-lengsfeld.de/2019/10/12/pathologische-

Der antisemitische Terror eines geistig Kranken , der einfach nur Menschen umbringen wollte und bei dem die Juden „nur" ganz oben auf seiner Liste standen (sozusagen „erste Wahl" waren), weswegen er auch sofort andere Leute schlachtete, als er an die Juden nicht herankam; dieser Terror wird nur deshalb medial und politisch so verurteilt, weil er sich scheinbar eignete, um den politischen Gegner zu diskreditieren und vor der Landtagswahl in Thüringen sehr praktisch daherkam !

Andere antisemitische Attacken werden, wie sich an dem eben aufgeführten Beispiel zeigt, entsprechend totgeschwiegen oder schöngeredet, weil sie den Etablierten nichts nützen!

Daran sieht man: In Deutschland lebende Juden sind offensichtlich den Machthabern völlig egal und nur Mittel zum Zweck. Und das auch nur „bestenfalls". Schlimmstenfalls sind sie ein Hassobjekt der Linken.

Wie sonst wäre es auch zu erklären, dass einige Grüne nun Waren von Juden aus Israel besonders kennzeichnen wollen? Wobei „wollen" ist wohl falsch formuliert, denn es wird ja jetzt so gemacht. Denn der EU-Gerichtshof hat am 12. November 2019 beschlossen, dass Waren aus Judäa und Samaria gekennzeichnet werden müssen. Aber nur, wenn die Hersteller Juden sind. Diese Stigmatisierung trifft natürlich auch Hersteller, welche nicht mit der Siedlungspolitik einverstanden sind. Laut *Compact* ist dies seit Jahren der gemeinsame Wunsch von NPD und Grünen.[38]

Man stelle sich vor, nicht die Grünen sondern die AfD hätten eine derartige Kennzeichnung auf *Twitter* gelobt. Die Hölle auf Erden wäre über diese Partei losgebrochen. Aber nicht die AfD, sondern die grüne Politikerin

---

toleranz/
38 Quelle: https://www.compact-online.de/gruener-antisemitismus-kuenast-befuerwortet-kennzeichnung-von-importen-aus-israel/

Renate Künast lobte die EU-Entscheidung im sozialen Netzwerk. Viele andere *Twitter*-Nutzer waren wenig begeistert und sagten Künast ihre Meinung dazu. Von der AfD kam übrigens kein Lob für das EU-Vorgehen. Stattdessen sagte der EU-Abgeordnete Joachim Kuhs (AfD) dem *Deutschland Kurier*. „Es ist nicht die Aufgabe der EU oder der Bundesregierung, mit einem 'Kauft nicht bei Juden'-Etikett Fakten zu schaffen." Und: „Diese Boykotte schaden hauptsächlich den arabischen Arbeitern und Angestellten, die dadurch ihre Jobs verlieren, wie im Fall der Verlegung der SodaStream-Fabrik."

Für solche Fakten dürften sich Grüne wie Künast jedoch kaum interessieren. Stattdessen wird von grüner Seite weiterhin die Nazi-Keule gegen die demokratische Rechte geschwungen, obwohl man Judenfeindlichkeit vor allem im linken Lager findet.

*

Der Hass auf Juden hat bei den Linken lange Tradition. Obwohl natürlich jeder Linke sagen wird: „Linker Antisemitismus ist unmöglich." Das haben sich die Linken jedenfalls selbst immer wieder eingeredet und über die ihnen genehmen Medien verbreitet. Das Zitat geht auf den Schriftsteller Gerhard Zwerenz zurück. Dank ihm konnten die Linken selbstgewiss auf der sicheren und moralisch überlegenen Seite der Geschichte stehen und sich in gesellschaftlichen Auseinandersetzungen dennoch unbedenklich der Klischees aus der Asservatenkammer antisemitischer Propaganda bedienen, wobei sie personifizierte „Kapitalistenschweine", gierige „Heuschrecken", gefräßige „Monster", „rachsüchtige" Juden und so weiter verwendeten. Auch der linke Stichwortgeber Gerhard Zwerenz hatte in seinem 1973 erschienenen Roman „Die Erde ist unbewohnbar wie der

Mond" für die Karikatur eines Frankfurter jüdischen Spekulanten aus antisemitischer Propaganda geschöpft. Den Beweis, dass er als aufrechter Linker dennoch kein Antisemit sein könnte, zimmerte er aus einem einfachen Umkehrschluss: „Der Antisemitismus war und ist rechts, national, biologistisch, rassistisch."

Auf diese Weise macht man es sich als Linker natürlich sehr einfach. Die neuen Ersatzworte lauten „Israel", das „Finanzkapital" oder die „jüdische Lobby". Der linke Wandel begann 1968. Die westdeutsche Linke, zuvor noch solidarisch mit Israel, wandte sich nach dem Sechstagekrieg gegen den jüdischen Staat. Ab dieser Zeit galt er als „Aggressor" und „Besatzungsmacht". Auch in die kapitalismuskritischen Proteste der 68er und ihrer Nachfolger, die jede Form des Judenhasses für sich nicht gelten lassen wollten, mischten sich judenfeindliche Untertöne. Dazu erklärte Meron Mendel, Direktor der Frankfurter Bildungsstätte Anne Frank: „Linker Antisemitismus ist die Form von Antisemitismus, die am wenigsten thematisiert wird." In einer Ausstellung, die 2019 eröffnet wurde, spürt die Bildungsstätte den vielfältigen Erscheinungsformen des Antisemitismus in der radikalen westdeutschen Linken seit 1968 nach. Ein Thema, welches logischerweise kaum beachtet wird, da die 68er und ihre Nachfolger in Deutschland an den Schalthebeln der Macht sitzen. Die Ausstellung mit dem Namen „Das Gegenteil von Gut. Antisemitismus in der deutschen Linken seit 1968" wurde übrigens erst nach der Ablehnung des Anti-Hisbollah-Antrags der AfD eröffnet, aber um so etwas vorzubereiten, braucht es Zeit und Nachforschungen.[39]

Derartiges dürfte den Altparteien wohl kaum entgangen sein. Besonders den Grünen nicht, denn Frankfurts

---

39 Quelle: https://www.juedische-allgemeine.de/kultur/die-vermeintlich-guten/

bewegte Nachkriegsgeschichte mit ihren zahlreichen linken Häuserkämpfen gehört ja praktisch zum Mythos der Grünen, deren erster Außenminister damals bekanntlich sehr fleißig war. Entsprechend ist eine Schautafel der Ausstellung dem „Häuserkampf" der 70er-Jahre gewidmet. Aus Protest gegen geplante Büroneubauten besetzten linksgrüne Aktivistengruppen mehrere Gründerzeitvillen im Westend. „Linker Antisemitismus hat in der Tat im Frankfurter Häuserkampf eine Rolle gespielt", erinnert sich Micha Brumlik in einem Videointerview. Der Publizist und Erziehungswissenschaftler zitiert den in seiner Rolle als Immobilienunternehmer angefeindeten Ignatz Bubis mit den Worten, er, Bubis, lasse sich sehr gern als Kapitalist kritisieren, aber nicht als jüdischer Kapitalist.

Passend, sozusagen als linke Begleitmusik erschien „Der Müll, die Stadt und der Tor". Ein Theaterstück, in dem „Der reiche Jude" eine Figur war. Dieses Werk von Rainer Werner Fassbinders Theaterstück empfanden viele Juden als Demütigung. In der Ausstellung mangelt es nicht an Beispielen für politisch motivierten, oft israelbezogenen Antisemitismus. So kommt auch die Querfront zur Sprache, welche sich während des Gaza-Krieges 2014 auf den deutschen Straßen bildete: Linke Aktivisten, Salafisten und Neonazis riefen auf ihren Demonstrationen bisweilen offen judenfeindliche Parolen. Und auch dem Einfluss der israelfeindlichen BDS-Bewegung auf den Kulturbetrieb ist eine eigene Tafel gewidmet.

Ganz aktuell erinnert sie an die Boykottaufrufe der BDS-Organisation gegen die Austragung des Eurovision Song Contest (ESC) in Israel. Bebildert ist die Tafel mit einer 2018 in der *Süddeutschen Zeitung* abgedruckten Karikatur von Dieter Hanitzsch. Sie zeigt einen überzeichneten Benjamin Netanjahu in der Kluft der ESC-Siegerin Netta, in der linken Hand eine Rakete schwingend. ESC-Logo und

Rakete sind mit einem Davidstern versehen. Mit seiner Karikatur knüpft Hanitzsch an eine Tradition an, die bis weit vor 1968 zurückreicht und an die antisemitische Hetze des *Stürmers* denken lässt. Wahrscheinlich dachte sich der Linke Hanitzsch, das ginge schon in Ordnung, weil es ja gegen den „Rechten" Netanjahu geht.

Dann gibt es noch ein Thema, welches besonders US-Präsident Donald J. Trump, als weltweit bekanntesten Kritiker der politischen Korrektheit interessieren dürfte. Diese hat ihre Wurzeln schließlich in den USA und stammt von den dortigen Unis. Ebenfalls dort geboren ist der sogenannte „Campus antisemitism". Er stammt aus britischen und amerikanischen Universitäten ist bei der Ausstellung ebenso Thema wie die Israelfeindlichkeit einiger postkolonialer Theoretiker. Zur Erinnerung: Dieselben postkolonialen Theoretiker betreiben regelmäßig auch weißenfeindlichen Rassismus und zerreden alle Errungenschaften der abendländischen Zivilisation! Sie nennen das gerne „kritische Weißseinsforschung", bei der alles Eigene infrage gestellt und verworfen wird, während alles Fremde auf Podesten landet.

Im „Raum der Universität" geht es um ebendiesen akademischen Antisemitismus. „Er scheint derzeit zu gedeihen", sagt Kurator Uhlig und nennt den Fall der Holocaust-Überlebenden Deborah Weinstein. Sie war vor knapp zwei Jahren während einer Podiumsdiskussion an der Berliner Humboldt-Universität von studentischen Aktivisten der israelfeindlichen BDS-Bewegung niedergebrüllt worden, die damit gegen den jüdischen Staat protestieren wollten. Kritik von Medien oder etablierten Parteien an dieser Einschränkung der Meinungsfreiheit ist dem Autor dieser Zeilen nicht bekannt. Aber weil es die BDS-Gruppe war, dürften sich Parteien wie die Grünen wohl kaum dafür interessiert haben.

Das ist auch nicht weiter verwunderlich, denn die Grünen begaben sich, obwohl von einem Konservativen gegründet, durch ihre linke Unterwanderung ganz klar auf eine linkssozialistische Linie. Und bereits der französische Frühsozialismus war antisemitisch und sah in einem angeblichen „jüdischen Finanzfeudalismus" die Wurzel allen Übels. Viele russische Anarchisten waren glühende Judenhasser und auch deutsche Frühsozialisten wie der junge Karl Marx und etwas später Eugen Dühring schrieben Sätze, deren antijüdisches Ressentiment und deren Hass klar erkennbar sind. Die Zeitschrift *Cicero* erkannte zum linken Judenhass:

„Nicht erst seit Wolfgang Kraushaars Rekonstruktion des von dem Kommunarden Dieter Kunzelmann geplanten und angeregten Bombenanschlags auf ein jüdisches Gemeindezentrum 1969 in Berlin, sondern schon seit Martin Klokes profunder Arbeit über 'Israel und die deutsche Linke' aus dem Jahr 1990 ist der Befund klar: Der vermeintlich politisch korrekte Antizionismus und Antiisraelismus, der keineswegs nur von radikalen Splittern der Linken vertreten wurde, war in den meisten Fällen ein Fall von Judenhass, wenngleich das Feindbild der jüdischen Wucherer nun gegen den kollektiven Juden, den sogenannten „Vorposten des US-Imperialismus„ ausgetauscht wurde. Dieter Kunzelmann fand in seinen (angeblichen) Briefen aus Amman nach dem missglückten Anschlag die passenden Sätze: ,Palästina ist für die BRD und Europa das, was für die Amis Vietnam ist. Die Linken haben das,„ so Kunzelmann im November 1969 „noch nicht begriffen. Warum? Der Judenknax. (…) Dass die Politmasken vom Palästinakomitee die Bombenchance nicht genutzt haben, um eine Kampagne zu starten, zeigt nur ihr rein theoretisches Verhältnis zu politischer Arbeit und die Vorherrschaft des Judenkomplexes bei allen Fragestellungen.'

Überwunden hatte diesen „Judenknax„ Wilfried Böse, der im Sommer 1976 bei einer Flugzeugentführung jüdische und nichtjüdische Passagiere selektierte. Und Ulrike Meinhof, die zunächst flüchtige, dann eingekerkerte Ikone eines linksradikalen Terrorismus, hatte noch aus der Haft, 1972, gemeinsam mit anderen den mörderischen Anschlag auf die israelische Olympiamannschaft als 'mutiges Kommando gegen zionistische Soldaten, die in München als Sportler auftraten', gefeiert. An anderer Stelle meinte Ulrike Meinhof gar, dass der Antisemitismus in Wirklichkeit nichts anderes als Antikapitalismus sei, Ausdruck der unbewussten Sehnsucht der Menschen nach dem Kommunismus. 'Auschwitz', das hieß in Meinhofs Augen, dass 'sechs Millionen Juden ermordet und auf die Müllkippen Europas gekarrt wurden als das, als was man sie ausgab – als Geldjuden.' Eine verdrehte Reprise von August Bebels Einsicht oder die Apologie eines industriellen Massenmordes?"[40]

Trotz derartiger Ansichten war Ulrike Meinhof noch Ende der sechziger Jahreals als professionelle Journalistin eine viel beachtete Stimme in der Gesellschaft, die nach ihrer Radikalisierung 1970 ihre Ansichten unter dem Titel „Natürlich darf geschossen werden" sogar im SPIEGEL einer breiten Öffentlichkeit zur Diskussion stellen durfte. Wörtlich stand in dem Text: „Wir sagen, natürlich, die Bullen sind Schweine, wir sagen, der Typ in der Uniform ist ein Schwein, das ist kein Mensch, und so haben wir uns mit ihm auseinanderzusetzen. Das heißt, wir haben nicht mit ihm zu reden, und es ist falsch überhaupt mit diesen Leuten zu reden, und natürlich kann geschossen werden." (Spiegel, 25/1970).

Das wirft schon gewisse Fragen auf. Ich kann mir beim Schreiben förmlich vorstellen, wie manch ein Le-

---

40 Quelle: https://www.cicero.de/innenpolitik/die-linke-und-ihr-%E2%80%9Ejudenknax%E2%80%9C/38721

ser sich an den Kopf fasst und die Gedanken durch sein Gehirn rattern. Alle Fragen können aber mit einer einfachen Antwort geklärt werden, obwohl das hier ja ein Buch über die Grünen ist und die Grünen gegen „einfache Antworten" (die aber immer noch besser als gar keine sind!) ist. Die Antwort lautet: „Die Linken dürfen alles!"

Denken Sie nur mal an Horst Mahler. Als er noch ein Linker war, genoss er regelrechte Narrenfreiheit. Sogar hochrangige Politiker wie Gerhard Schröder und Norbert Blum setzten sich für ihn ein. Er hätte gewiss ewig so weiter machen können, aber als er dann plötzlich kein Linker mehr war, endete auch seine Narrenfreiheit. Jetzt saß er jahrelang im Gefängnis und wäre er ein Linker geblieben, hätte er dieselbe Straftat begehen können, wegen der er jetzt eingesperrt ist, und wäre frei. Als er faktisch eine Bedrohung war, wurde er nicht eingesperrt. Jetzt ist er höchstens ideologisch eine Bedrohung und wurde als alter, kranker Mann gefangen gehalten für ein Verbrechen, bei dem es im Grunde um die Verletzung von menschlichen Gefühlen geht. Klar ist es völlig weltfremd, den Holocaust zu leugnen, aber der tatsächliche Schaden der dadurch entsteht, beschränkt sich auf verletzte Gefühle. Und das auch nur, wenn eine größere Menge von Menschen diese Leugnung mitbekommt, was nur passieren kann, wenn die Medien es groß breittreten. Geht es bei diesem Verbrechen jedoch tatsächlich um die Opfer (also die Juden und anderen geschädigten Volks-und Menschengruppen) oder geht es vielmehr um politisches Dominanzverhalten? Ich fürchte um Letzteres, denn um die Gefühle der Menschen zu schonen würde es ausreichen, Holocaustleugnungen möglichst geheim zu halten und zu vertuschen. Jedoch wird durch den medialen Hype darum ein derartiges Vergehen erst so richtig bekannt und dadurch machen sich die Medien eigentlich der Mittäterschaft schuldig, weil sie die Botschaft weiterverbreiten.

Oder lautet die Botschaft: „Seht her! Diese alten, gebrechlichen Senioren haben den Holocaust geleugnet. Deswegen werden sie jetzt härter bestraft als viele Räuber und Vergewaltiger!"

Diese Botschaft kommt an, aber gewiss nicht wie erwünscht. Sie zeigt, dass der Holocaust zu einem politischen Instrument gemacht wurde, nachdem er vorher Hollywood beachtliche Vermögen eingespielt hat mit Serien wie „Holocaust-Die Geschichte der Familie Weiss" verholfen hat. Vor dieser Serie gab es das Wort „Holocaust" im deutschen Sprachraum übrigens nicht. Der grauenvolle Massenmord an den Juden Europas wird als eines von vielen Schwertern missbraucht, mit dem die Machthaber, zu denen im Besonderen die von den USA mitgezüchteten Grünen zählen, den Deutschen die Eingeweide durchstechen. Die zahlreichen Opfer dieses Verbrechens sind den Politikern dabei weitgehend gleichgültig; sie sind Mittel zum Zweck, ebenso wie der „Klimawandel" und die „Asylkrise". Es geht in erster Linie darum, Deutschland und die Deutschen zu zerstören. Wir Deutschen sollen für alles büßen, uns ewig schuldig fühlen und uns in einer „Neuen Weltordnung" auflösen. Wegen dem „Klimawandel", wegen der „Kolonialzeit", weil wir (noch) ein „Erste Welt Land" sind und wegen dem Holocaust. Wer dabei ernsthaft glaubt, den Politikern wären die Juden wichtig, der soll nochmal beim Karl-Lagerfeld-Zitat nachschauen und sich fragen, ob jemand der Juden mag, Millionen ihrer Todfeinde importieren würde?

Je tiefer man in die Materie eintaucht und je länger man über dies alles nachdenkt, desto klarer wird einem das alles. Zudem dürfen wir auch nicht vergessen: Der SPD-Bundespräsident Steinmeier hat dem Iran zur islamischen Revolution gratuliert, einem Staat, der immer wieder erklärt, Israel vernichten zu wollen. Niemand, der den Juden wohlgesonnen ist, würde so handeln. Es hilft den Juden auch nicht im Geringsten, wenn ein alter Mann wie Horst Mahler mit amputierten Körperteilen im Gefängnis saß; das riecht eher nach Symbolpolitik. Ja, Symbolpolitik könnte es auch sein, damit Juden in Deutschland glauben, alles wäre in Ordnung. Dabei ist gar nichts in Ordnung, denn kein Jude muss ernsthaft Angst vor Horst Mahler haben. Wen sie fürchten müssen, sind die islamistischen Antisemiten auf der Straße und die linken Antisemiten in den Parlamenten. Diese gehen nicht selten Hand in Hand und dadurch ist es wohl auch zu erklären, dass die größte rechtsextreme Organisation in Deutschland, die ausländischen, islamischen „Grauen Wölfe", von den etablierten Parteien konsequent ignoriert werden. Wer weiß, wie viele Linke auf den Lohnlisten der GW stehen? Aber wir wollen nicht abschweifen. Kommen wir wieder auf den linken Antisemitismus zurück. Über diesen schrieb die *Cicero* nämlich etwas sehr Interessantes:

„Diese Fakten sind nicht zu bezweifeln, streitig können alleine die Verbreitung derartiger Einstellungen sowie ihre systematische Deutung sein. Repräsentieren Kraushaars Funde lediglich die bizarre Geschichte einiger randständiger Desperados, die mit ihrem Irrsinn der ganzen Linken nachhaltig schadeten? Oder hat eine Variante der Totalitarismustheorie recht, die allen revolutionären Welterlösungsideologien ein letztlich hasserfülltes, immer wieder in Mord ausbrechendes Ressentiment unterstellt?"

Das ist eine hervorragende Überleitung, denn um eine solche Welterlösungsideologie soll es im nächsten Kapitel gehen. Sie werden beim Lesen sehr schnell feststellen, dass vor allem die Grünen davon profitieren. Man darf gespannt sein, wann bei ihr die ersten Morde beginnen. Wer die Opfer sein werden, kann man sich schon denken; immerhin ist die folgende Ideologie vor allem gegen das Abendland gerichtet. Dieses Abendland wird auch durch das scheinbar plötzliche Aufkommen eines neuen Kults geschwächt, der quasireligiöse Züge angenommen hat.

Grüne EU-Abgeordnete als Antifa-Sympathisanten. In der Mitte: Ska Keller

Die Grünen und der Greta-Kult

Wir erinnern uns: Die Grünen wollten am Anfang ökologisch, sozial, basisdemokratisch und gewaltfrei sein. Davon sind sie inzwischen meilenweit entfernt und tragen das nur noch als Deckmantel. So manche grüne Schandtat wurde aufgedeckt, aber „der moderne Mensch leidet unter Gedächtnisschwund. Wir sehnen uns nach einem Bruch mit der Vergangenheit, während alles Neue zum Götzen gemacht wird. Ich habe den Eindruck, gegen die Tradition und überhaupt gegen jede Form von Erbe herrscht eine aggressive Feindseligkeit", erklärte Kardinal Robert Sarah in *eigentümlich frei* Nr. 196 im Oktober 2019.

Er als Kardinal der römisch-katholischen Kirche hat dies gewiss schon länger beobachtet als der Verfasser dieser Streitschrift. Aber besonders in letzter Zeit ist mir die Vergötzung des Neuen nicht entgangen. Eine derartige Götzenverehrung hat es schon mehrmals in der neueren Geschichte gegeben; etwa bei Napoleon, Stalin und Mao. Daher ist solch ein Verhalten mit Vorsicht zu betrachten. Besonders was das Auftauchen von Greta aus Schweden anbelangt. Bereits kurz nach ihrem Erscheinen vor dem schwedischen Reichstag wurde sie hochgejubelt und sogar (linke) Kirchenvertreter begannen, sie als Nachfolgerin von Jesus zu bezeichnen; was meines Erachtens Blasphemie ist!

Die „Prophetin" kommt den Grünen freilich sehr gelegen; fast wie auf Bestellung. Jedes Wort von Greta wird auf die Goldwaage gelegt. Jedes? Nein, nicht ganz. Denn als Greta in einem Interview bei *Anne Will* erklärte, Nuklearenergie könne „ein kleiner Teil für die sehr große, fossilfreie Lösung sein", kommentierte die Grüne Annalena Baerbock kurz, dies sei unerhört und keine Option.

Anschließend verschwanden diese Worte der neuen Grünenikone ganz schnell wieder in der Versenkung. Ignoriert wurde in diesem Zusammenhang auch, dass der schwedische Reichstag am 17.06.2010 den Beschluss fasste, den Neubau von Atomreaktoren zu erlauben, wenn diese als Ersatz für stillgelegte Kraftwerte an vorhandenen Standorten errichtet werden. Es zeigt sich, dass was den Grünen an der Greta-Ideologie nicht passt, einfach still und heimlich ignoriert wird. Logisch, sonst könnten grüne Parteigenossinnen wie Luise Neubauer auch nicht so problemlos die FFF-Bewegung in Deutschland führen. Dass besagte Luise Neubauer sich vorher über Jahre hinweg in der weltweiten Aktivistengruppe „350.org" engagiert hat und diese wiederum laut influencewatch.org Gruppen mit Verbindungen zu George Soros erheblich finanziert hat, wird von den Mainstreammedien wohlwissentlich verschwiegen. Kein Wunder; haben die Klimaproteste doch ganz bestimmte Ziele, bei denen Soros Destabilisierungsambitionen Hand in Hand mit Neubauers politischen Wünschen gehen. Denn wen werden die Klimakinder bei den Protesten wohl später wählen, wenn sie wahlberechtigt sind? Vielleicht die nett wirkende, scheinbar engagierte und nur inoffiziell als Vielfliegerin tätige Grüne, welche ihre Pseudorebellion anführt...

Schaut man sich Frauen wie Neubauer jedoch etwas näher an, stellt man fest, dass diese Wasser predigen und Wein strinken. Die *FAZ* schrieb Mitte Februar 2018 über sie:

„Die 22-Jährige hat (...) durch eine stattliche Zahl von Fernreisen nach Amerika, Asien und Afrika, die sie mit Fotos auf Instagram dokumentierte, selbst schon einen gewaltigen Berg von Kohlendioxid-Tonnen verursacht, der den Ausstoß vieler Durchschnittsdeutscher in zehn Jahren übersteigt."

Aber sie ist ja eine Grüne und darf das, denn verzichten muss immer wer? Richtig! Die Anderen! Ein typisch linkes Denken, welches ich persönlich während meiner Ausbildungszeit erleben durfte, als ein Typ von der „Linken Jugend Soli" bei uns in den Lernort kam. Er erzählte rassistische Witze, sah sich Leichenpornos im Internet an und später mal schrieb er dann eine Rundmail an alle im Bildungswerk, dass etwas wegen der vielen rassistischen Sprüche unternommen werden müsste. Fordern tun die Grünen, zahlen sollen die Deutschen, von denen die Grünen sich als selbsternannte „Weltbürger" natürlich ausnehmen.

Besagte deutsche Zahlmeister sollen dabei natürlich nichts über die Hintergründe erfahren und dürfen nicht wissen, dass es von Greta über Luisa zu George Soros eine klare Linie gibt, wie zum Beispiel das Netzwerk *Ein Prozent* feststellte. Es hat sich mit der Person Luisa-Marie Neubauer auseinandergesetzt und dabei erfahren: „Normalerweise würden Mainstreammedien fremde Einflussnahme anprangern, doch dass die sympathisch wirkende 23-jährige ‚Aktivistin' Mitglied der Grünen ist und als ‚Jugendbotschafterin' die Lobby-Organisation ‚One' vertritt, wird nicht skandalisiert. ‚One' hat zehntausende Dollar Spendengelder bekommen – unter anderem von der Soros-Stiftung ‚Open Society Foundations'."

Als Grüne glaube Neubauer natürlich auch an das sogenannte „Selbstbestimmungsrecht der Frau", was in Wahrheit nur eine Ausrede ist, um Frauen einzureden, sie müssten ihre ungeborenen Kinder ermorden. An das „Selbstbestimmungsrecht der Völker" glauben die Grünen freilich nicht. Und wie es mit einem selbstbestimmten Frausein bei den Grünen aussieht, durfte die Klimakultfigur Greta persönlich erfahren. Eine *FAZ*-Reporterin beobachtete bei einer Demo in Hamburg: „Neubauer begleitet Thunberg (...) auf Schritt und Tritt. Sie zeigt ihr, wie man richtig winkt, wenn man sich nach einer Rede von tausenden Demonstranten verabschiedet." Dieses Verhalten spricht für sich selbst und hat beunruhigende Folgen für uns alle.

*

Welch abscheuliche Blüten der Klimakult inzwischen treibt, konnte man auch in den USA sehen, wo eine Klima-Aktivistin völlig durchdrehte und erklärte: „Wir müssen anfangen, Babys zu essen." Das erklärte sie nicht irgendwo, sondern auf einer Bürgerversammlung der Demokraten im New Yorker Stadtteil Queens. Sie meinte ernsthaft, es reiche nicht, keine Babys mehr zu bekommen, man müsse dazu übergehen, sie zu essen! Kranker geht es eigentlich nicht, aber die US-Demokraten werden uns in dieser Hinsicht gewiss noch überraschen. Man merkt als von der ganzen Hysterie Unbetroffener immer deutlicher, wie sich viele Menschen regelrecht in einen Wahn hineinsteigern. Wie echter Klimaschutz geht, zeigen den weltfremden Aktivisten übrigens die Mitteldeutschen aus Halle/Saale: Statt zu reden griffen in der Döhlauer Heide am Tag der Deutschen Einheit rund 1.000 Freiwillige zum Spaten, um 3.000 junge Bäume zu pflanzen. Sie brauchten weniger als eine halbe Stunde für die Pflanzaktion. Diese Bäume hätten übrigens nie gepflanzt werden können, wenn die Eltern der Pflanzer auf Irre wie die Aktivistin in New York gehört hätten. Den Pseudonaturschützern aus dem linksgrünen Lager scheint nicht klar zu sein, dass Menschen auch ein Teil der Schöpfung sind und damit ihr Dasein ebenfalls kostbar und schützenswert ist.

Doch anstatt das zu erkennen, erleben wir eine Steigerung der Radikalität: Abtreiben für das Klima! Die Lehrerin und Buchautorin Verena Brunschweiger erklärte in einem Interview mit der *Hannoverschen Allgemeinen Zeitung*:

„Für mich ist Abtreibung eine Option. Auf jeden Fall. Ein Kind kommt für mich nicht infrage [wegen des Klimaschutzes, Anm. d. Red.]. Ich kann ja nicht gegen meine innersten Überzeugungen handeln. Und es wäre fies dem Kind gegenüber, ihm so eine Zukunft und Umwelt zuzumuten."

Diese absurde und durch grünlinke Medien beförderte Denkweise ist kein Einzelfall. Diese menschen- und lebensfeindliche Haltung breitet sich aus. Kinder und Jugendliche wollen auf Kinder verzichten aus sogenannten „Klimaschutzgründen". Freilich betrifft das vor allem Kinder und Jugendliche aus Europa und Nordamerika. Sie organisieren sich beispielsweise unter dem twitter-Hashtag nofuturenochildren. In Großbritannien gibt es eine Kinder-Bewegung, die sich „ChildStrike" (Kinder-Streik) nennt und keine Kinder haben will. Es ist wichtig, dass wir diese Entwicklung im Auge behalten und darüber sprechen. Denn hier werden Kinder und Jugendliche in einer fanatischen und menschenverachtenden Ideologie umerzogen, die bald Abtreibungen aus pseudo-religiösen Gründen verteidigen wird. Es geht also um Abtreibung als Opfer für das Klima. Wann werden darauf wohl Suizid und Euthanasie als Opfer für den angeblichen Klimaschutz folgen? Die Lage ist ernst und könnte ganz schnell zu einem zweiten 1789 ausarten. Etwas, worauf viele Politiker es offenbar anzulegen scheinen, in der Hoffnung ein neuer Robespierre zu werden. Was mit den Alten passieren würde, haben sie offenkundig mangels Geschichtsbewusstsein vergessen.

*

Wer wirklich das Klima schützen möchte, der sollte sich einmal fragen: „Wo verbirgt sich die größte CO2-Schleuder?" Die Antwort ist wohl für jeden ernüchternd, der gerne im Netz surft - denn allein der Stromverbrauch des Internets verursacht so viel Kohlendioxid wie der weltweite Flugverkehr.

Wer also die Umwelt vor CO2 schützen möchte, sollte vielleicht öfter mal auf's Handy verzichten. Ob die Grünen und im Besonderen die „Grüne Jugend" dazu in der Lage sind?

Der Gerechtigkeit halber sollte hier jedoch erwähnt werden, dass man nicht nur bei den Grünen anscheinend nicht mehr ohne diese kleinen Zauberkästen leben kann, die zu Beginn dieses Jahrtausends noch kaum verbreitet waren. Inzwischen ist die Mehrheit der Menschen im Westen regelrecht süchtig nach den Handys. Entsprechend kriegen sie weniger von all dem Elend der Großstädte mit, weil sie andauernd auf ihre Bildschirme starren. Den Politikern kann das nur recht sein. So haben sie mehr Freiraum, um ihre linksgrüne Ökodiktatur aufzubauen. Feindbild einer solchen Diktatur ist natürlich auch der Greta sehr kritisch gegenüberstehende US-Präsident Donald Trump. Dieser erklärte vor der UN etwas völlig anderes als Klimaprophetin Greta, welche nur eine aggressive Hassrede vorbrachte. Konkret sagte Trump:

„Die freie Welt muss ihre nationalen Grundlagen annehmen. Es darf nicht versucht werden, sie auszulöschen oder zu ersetzen. Wenn man sich um und über diesen großen, prächtigen Planeten schaut, ist die Wahrheit klar zu erkennen. Wenn du Freiheit willst, sei stolz auf dein Land. Wenn du Demokratie willst, behalte deine Souveränität. Und wenn du Frieden willst, dann liebe deine Nation. Weise Führer stellen immer das Wohl ihres eigenen Volkes und ihres eigenen Landes in den Vordergrund. Die Zukunft gehört nicht den Globalisten. Die Zukunft gehört den Patrioten. Die Zukunft gehört souveränen und unabhängigen Nationen, die ihre Bürger schützen, ihre Nachbarn respektieren und die Unterschiede ehren, die jedes Land besonders und einzigartig machen."[41]

Das klingt ganz anders als die hochgejubelten Worte von Grünen-Ikone Greta. Deren Gerede hat eigenartige Folgen. So erklärte Svante Thunberg in ihrem Buch „Szenen aus dem Herzen" über ihre Tochter: „Greta gehört zu den wenigen, die unsere Kohlendioxide mit bloßem Auge erkennen können. Sie sieht, wie die Treibhausgase aus unseren Schornsteinen strömen, mit dem Wind in den Himmel steigen und die Atmosphäre in eine gigantische unsichtbare Müllhalde verwandeln."

Wer das für normal hält, kann gerne bei seinem nächsten Routinearztbesuch dem Doc sagen, dass er Kohlendioxide mit bloßem Auge sehen kann. Wenn er daraufhin zum Psychologen geschickt wird, kommen dabei vielleicht die wahren Probleme zum Vorschein. Der Schriftsteller Günter Grass war bereits 2011 über die Entwicklung besorgt. Gegenüber der Bild vom 09.04.2011 erklärte er: „Meine schlimmste Befürchtung ist, dass wir eine Öko-Diktatur bekommen. Wir müssen dann mit Notstandsverordnungen leben."

Genau diese ziehen am Horizont auf. Zahlreiche Städte haben schon den sogenannten „Klimanotstand" ausgerufen und die Mehrheit der Bürger hat, durch die

---

41 Quelle: https://www.compact-online.de/die-zukunft-geho-ert-nicht-den-globalisten-erstmals-auf-deutsch-trumps-grosse-rede-vor-der-uno-komplett/?utm_source=newsletter&utm_medium=email&utm_campaign=Jagd+auf+Xavier+Naidoo+eskali ert%3A+Amadeu-Stiftung+legt+Berufung+

mediale Berichterstattung indoktriniert, kein Problem damit. Noch hat dieser Notstand kaum sichtbare Folgen, aber die werden gewiss noch kommen. Notstandsverordnungen erlauben es den Politikern nämlich, Regeln und Gesetze und vor allem Bürgerrechte außer Kraft zu setzen; man denke an das später als „Ermächtigungsgesetz" in die Geschichte eingegangene Gesetz nach dem Reichstagsbrand. Langfristig könnte der „Klimanotstand" zur Folge haben, dass Autos beschlagnahmt werden, weil sie zuviel CO_2 produzieren. Eventuell werden sogar Familien aus ihren Häusern gejagt, weil diese nicht der Umwelt angemessen isoliert sind. Die Möglichkeiten sind unerschöpflich und wenn es darum geht, Bürger zu drangsalieren, werden Politiker bekanntlich richtig kreativ.

*

Sie haben mit Greta die ideale Führerin, welche sie als Eisbrecher für weitere Gängelungen der Völker benutzen können. Entsprechend wird Greta hofiert. Christine Lagarde, Chefin der Europäischen Zentralbank, traf sich ebenso mit Greta, wie Jean-Claude Juncker oder die deutsche Bundeskanzlerin angela Merkel. In Schwedens wichtigster Tageszeitung *Aftonbladet* wurde Greta zur „Frau des Jahres" gewählt. Sie sagt uns: „Ich will, dass Ihr in Panik geratet, dass Ihr die Angst spürt, die ich jeden Tag spüre!"

Das Mädchen mit hypersensiblem Autismus (bekannt als ADHS und zu sehen beispielsweise in dem Film „Rain Man" mit Dustin Hoffman), will uns also im Grunde mit ihrer Angst anstecken. Klingt gemein, aber ist es nicht genauso? Das kleine Mädchen fürchtet sich vor etwas und die Medien verbreiten diese Furcht, sodass sie nun von Millionen geteilt wird. Dabei ist Angst bekanntlich kein guter Ratgeber, sondern um ein Problem zu lösen braucht man Vernunft und einen klaren Kopf. Ein Solcher scheint politisch jedoch nicht erwünscht, denn mit Vernunft bringt man niemanden darauf auf Fleisch, auf Flugreisen, auf Verbrennungsmotoren oder generell auf den Ausstoß von CO2 zu verzichten. In den Niederlanden will wegen dem Klimawahn der niederländische Grünen-Vorsitzende Jesse Klaver jede zweite Kuh abschaffen. „Abschaffen" klingt nett, aber es bedeutet in diesem Fall „abschlachten"! Soviel zum grünen Tierschutz; die Hälfte der Kühe soll sinnlos getötet werden, wenn es nach diesem Grünen geht.

Entsprechend erbost reagierten die Bauern und protestierten mit einer Stärke von 20.000 und mit 2.000 Traktoren gegen diesen Schwachsinn. Natürlich deckt sich die Vernichtung von Kühen gut mit dem Plan der Grünen, uns zu Vegetariern zu erziehen, die auf für das körperliche und geistige Wachstum nötige Produkte wie Fleisch und Milch verzichten. Körperlich und geistig schwache Untertanen, deren Muskeln nicht durch das Essen von Fleisch verstärkt werden, sind für Unterdrücker und Tyrannen sehr praktisch und leichter auszubeuten. Aber es regt sich Widerstand. Auch in Deutschland gingen die Bauern inzwischen auf die Straße, weil die Regierung Politik gegen sie macht. „Tausende Trecker legen Innenstädte lahm. Größter Bauernprotest seit Jahrzehnten. Bundesregierung will Tierbestand in Norddeutschland halbieren. ‚Es ist 5 vor 12'.", schrieb COMPACT am 22.10.2019.[42]

Bundesumweltministerin Svenja Schulze hatte sich zuvor der Idee ihrer niederländischen Genossen angeschlossen und gefordert, die Tierhaltung in Norddeutschland zu halbieren. Dem gilt es, sich zu verweigern, da wir sonst in Deutschland bald zweifelsohne

---

42 Quelle: https://www.compact-online.de/gegen-oeko-diktatur-zehntausende-bauern-auf-der-strasse/

Hungersnöte haben werden und das nur wegen dem CO2-Wahn. Freilich würde selbst bei einer Hungersnot für die planenden Politiker immer noch genug zu essen da sein. Die Mainstreammedien, allen voran die *taz*, welcher die rot-rot-grüne Berliner Regierung ein eigenes Gebäude in bester Lage mitfinanziert, war von den Bauernprotesten wenig begeistert. „Deutschland steht vor den wohl größten Bauernprotesten seit Jahrzehnten. Die dort vertretenen Forderungen sind so weit rechts, dass sie von der AfD als einziger Bundestagspartei unterstützt werden", hieß es in dem Medium.

Offenbar ist man schon „rechts" und damit „Nazi" und damit „böse" wenn man die bezahlbare Nahrungsmittelproduktion sichern möchte und der Ansicht ist, dass nicht nur die Bienen, sondern auch die Bauern überleben sollen. Aber wir sollten die Meinung der *taz* nicht überbewerten. Deren Deutschenfeindlichkeit und ihr gespaltenes Verhältnis zur Meinungsfreiheit (die wohl nur für sie selbst gelten soll) zeigte sich in einem Kommentar von Sibel Schick am 17.10.2019, in dem sie mitteilte: „Lasst alles kurz liegen und denkt ein paar Minuten darüber nach, wie geil euer Leben wäre, wenn sich Deutsche tatsächlich nicht mehr trauen würden, offen ihre Meinung zu sagen."

Das dieses von etablierten Medien künstlich hochgejubelte Blatt die friedlichen, berechtigten Bauernproteste nicht unterstützen würde, war klar. Umso mehr fördert es die medial aufgebauschten Klimaaktionen zahlreicher linker Pseudorebellen. Sehr zur Freude der linksgrünen Politiker, die darin all ihre Ideen wieder erkennen.

Immerhin steht wenigstens die AfD auf Seiten der von den Etablierten bedrängten Bauern. AfD-Bundesvorstand Stephan Protschka war auf der zentralen Protestveranstaltung der Landwirte in Bonn selbst vor Ort und äußerte ich deutlich: >... Auf Druck der Umwelt- und

Naturschutzverbände werden von der Bundesregierung seit Jahren neue Verbote und Auflagen verabschiedet, obwohl wir in Deutschland bereits die höchsten Umwelt-, Tierschutz- und Verbraucherschutzstandards der Welt haben. Diese Auflagen und Verbote erhöhen die Erzeugerkosten und den bürokratischen Aufwand. Weil die Erzeugerpreise gleichzeitig zu niedrig sind, werden immer mehr Bauern ökonomisch in die Ecke getrieben. Viele kleine und mittlere Familienbetriebe werden letzten Endes durch die Agrarpolitik der Bundesregierung zur Hofaufgabe gezwungen. Die AfD steht für eine bauernfreundliche Politik. Wir sind der Meinung, dass der Bauernstand der beste Partner im Umweltschutz ist. Wichtig ist, dass die Landwirtschaft wieder Planungs- und Investitionssicherheit erhält. Momentan ist es so, dass die meisten Bauern finanziell abhängig von Subventionen sind. Das muss sich ändern. Landwirtschaft soll sich wieder lohnen. Was wir unbedingt brauchen, ist mehr Akzeptanz und Wertschätzung für die Arbeit dieses wichtigen Berufsstands. Deshalb werden wir das bauernfeindliche Agrarpaket der Bundesregierung ablehnen. Außerdem haben wir einen eigenen Antrag eingereicht, der die heimische Landwirtschaft vor einer übereilten Verschärfung des Düngerechts schützen wird. Das Mercosur-Abkommen lehnen wir aus landwirtschaftlicher Perspektive ab und werden dazu ebenfalls einen Antrag einreichen."[43]

Allerdings wird die Ablehnung der AfD im Bundestag eher wenig bringen, denn sie stehen einer linksgrünen Einheitsfront gegenüber, die auch gegen den Willen der patriotischen Opposition alles durchsetzen kann, was sie will. Freilich haben sie auch für unpopuläre Maßnahmen eine Ausrede: Den Druck der Straße.

43 Quelle: https://www.compact-online.de/gegen-oeko-diktatur-zehntausende-bauern-auf-der-strasse/

Man könnte sagen, Greta fungiert als Eisbrecher einer grünen Weltrevolution. Gegenwärtig scheint diese Strategie hervorragend aufzugehen. Vielleicht haben sich die Hintermänner das ein bisschen von dem Buch „Der Eisbrecher: Hitler in Stalins Kalkül" abgeschaut, dem zufolge Stalin Hitler benutzt hat, um seine Herrschaft in das Herz Europas auszuweiten. Ganz funktioniert hat dieser Plan jedoch nicht, sofern der Inhalt des Buches denn stimmt. Und auch die grüne Weltrevolution mit Greta als Eisbrecher, welche den Weg freiräumt für eine grünlinke antideutsche Regierungsbeteiligung, trägt den Keim des Scheiterns in sich. Zu unlogisch, zu dogmatisch, zu wissenschafts- und zu wirtschaftsfeindlich sind die dort vorgebrachten Ideen. Man kann nur hoffen, dass sie scheitern, bevor sie die totale Macht in der westlichen Welt haben. Zur Zeit sieht es in Deutschland jedoch nicht danach aus, als ob sie der Erfolg verlässt. In anderen Ländern, wie zum Beispiel Frankreich wo die „Gelbwesten" ihnen praktisch im Weg stehen, sieht das anders aus. Aber in Deutschland sind die FFFler und die ERler, mehr noch als in Schweden, zu einer gewissen Größe angewachsen. Das hat natürlich bestimmte Gründe. So hat sich eine Einheitsfront aus Promis, Medien und Politikern zusammengeschlossen und überrollt vor allem unsere geliebte Heimat mit ihrer Ideologie, welche angeblich die Welt und die Menschheit retten soll. Genau das hatte Greta ja auch gefordert, als die „Goldene Kamera" in Berlin am 30.03.2019 verliehen wurde. Dort sagte sie: „Wir schaffen das nicht ohne Euch Prominente. Nutzt eure Stimmen, um der Welt zu vermitteln, dass unser Haus in Flammen steht!"

Das machen die Promis doch gerne. Oder ungerne, denn wer hier querschießt, der bekommt keine Rollen und Auftritte mehr. So wie die Schauspielerin Silvana Heißenberg, welche in der Filmbranche unten durch ist, weil sie es wagte, Merkels Asylpolitik zu kritisieren. Und beim Klima sind die Anhänger sogar noch fanatischer, weil es ja um nicht weniger als die ganze Erde und die Menschheit zu gehen scheint. Dabei kommt den Politikern auch das (möglicherweise durch die sogenannte „Digitale Demenz" mitverursachte) Vergesslichkeit der Massen entgegen. Jürgen Elsässer von *COMPACT* schrieb dazu in seinem Heft „COMPACT-Spezial Nr. 22: Öko-Diktatur-Die heimliche Agenda der Grünen":

„Das Gedächtnis des westlichen Menschen ist schwach geworden, unsere Gehirne sind mit digitalem Infomüll verstopft. Viele glauben tatsächlich, dass die Pole schmelzen und die Eisbären aussterben. Ein heißer Sommer wie 2018 war den medial Verschreckten Beleg für die aufziehende Katastrophe - anstatt sich nach den verregneten Vorjahren über die Rückkehr der meteorologischen Normalität zu freuen. Die masochistische Lust an der Apokalypse steuert beim Thema Klima auf eine Klimax zu - und das, obwohl wir den von den Grünen angekündigten Weltuntergang immer wieder locker überstanden haben, sowohl beim Waldsterben wie beim Ozonloch, beim Rinderwahnsinn wie bei der Vogelgrippe. Die linksgrünen Panikmacher beschwören den Hitzetod des Planeten aufgrund von statistischen Hochrechnungen, die mit der Lebenswirklichkeit nichts zu tun haben - während der absehbare Volkstod, der sich tatsächlich anhand der orientalisch-afrikanischen Grundschüler-Mehrheit im Alltag besichtigen lässt, als Hirngespenst rechter Verschwörungstheoretiker abgetan wird."

Das eine, wie von *COMPACT* und Günter Grass befürchtete, Ökodiktatur von den linken Kräften gewünscht wird, zeigt zum Beispiel die Wochenzeitung *Der Freitag* von Jakob Augstein. Dort hieß es auf der

Titelseite „Öko-Diktatur? Ja, bitte!"

Elsässer schrieb dazu, er „muss bei diesem Angriff auf die freiheitlich-demokratische Grundordnung den Verfassungsschutz nicht fürchten. Würden Alexander Gauland oder Alice Weidel aber eine Volksdiktatur oder auch nur eine Volksdemokratie fordern, wären sie Stunden später in Stammheim. Das Klima ist alles, das Volk ist Dreck."

Eine Sicht auf die Klimaschützer, die sich mit persönlichen Erfahrungen deckt. Wobei, so ganz stimmt das auch nicht, denn nicht das Klima, sondern die „Ideologie" ist alles. Wie sind wohl linke ERler zum Brücken und Straßen besetzen aus England, Frankreich und Spanien gekommen? Noch dazu so schnell und in so großer Zahl? Mit dem CO2-Flugzeug natürlich, woran sich zeigt, dass ihnen nicht das Klima, sondern ihre linke Rebellion am wichtigsten ist. Das Klima ist nur eine neue, willkommene Ausrede, um die Macht total zu ergreifen und die Bürger zu unterdrücken. Aber damit, dass das Volk für diese Leute „Dreck" ist, hat Elsässer leider recht.

Entsprechend ist diesen Leuten jedes Mittel recht, um ihre Ideologie durchzusetzen. Diese Ideologie, welche dank medialer Unterstützung in den Köpfen der Menschen landet, führt schnell zur Unterdrückung und Stigmatisierung Andersdenkender. Jeder, der nicht beim grünen Klimawahn mitmacht, muss damit rechnen, als „Klimaleugner" in die Nähe von Holocaustleugnung gestellt zu werden. Bundeskanzlerin Angela Merkel plant den Umbau Deutschlands schon länger. Nur jetzt haben sie und die anderen gleichgeschalteten Parteien die öffentliche Meinung genügend auf Linie, weil diese in Panik verfallen ist; wie von Greta gewünscht. Nun lässt sich die Zerstörung unseres Landes mit dem Argument „Klimaschutz" verteidigen. Dabei sagte Merkel schon auf dem Weltklimagipfel am 30.11.2015 in Paris:

„Das heißt nicht mehr und nicht weniger, als dass wir im Laufe des 21. Jahrhunderts eine weitgehende Dekarbonisierung unserer Volkswirtschaften brauchen."

Der aktuelle Feldzug gegen alles angeblich „klimaschädliche" (wie Autos, Kühe und Babys) ist also schon länger geplant und hat nur dank Greta und ein paar warmen Sommers die nötigen Sturmtruppen bekommen, welche für die Pläne der etablierten Parteien, deren Urheber die Grünen sind, den Weg freischießen. Entsprechend feuerte die Deutsche Welle am 18.01.2019 auch folgende Salve ab:

„Und so sind die Proteste der Jugend gegen die Umweltzerstörung wohl auch ein Ruf nach Verboten."

Und verboten werden kann alles, was irgendwie „klimaschädlich" ist oder zu sein scheint. Also kann mit Hilfe dieses Arguments praktisch alles und jedes verboten werden. Für solche Verbote braucht es nicht einmal Beweise. Immerhin behaupten die Grünen praktisch jeden Tag Dinge, welche sie nicht belegen müssen, weil die Medien auf ihrer Seite sind. So behauptete der Fraktionschef der Grünen im Bundestag, Anton Hofreiter, bei einer Wahlkampfveranstaltung in Südthüringen, die Abgeordneten der AfD wären alle Säufer und Schläger. Auf derselben Veranstaltung sprach er mit Bezug auf die vermeintliche Klimakrise von diversen Aussterbekatastrophen, die es in der Geschichte unserer Erde bereits gegeben haben soll. Von der letzten derartigen Katastrophe seien die Dinosaurier betroffen gewesen und wir wären die Nächsten, wenn wir keine Maßnahmen zu Rettung des Klimas ergreifen würden, behauptete er. Eine dahingehende kritische Nachfrage eines Zuhörers beantwortete der Grünen-Fraktionschef nur ausweichend.

Hofreiter hat diese Unwahrheit in die Welt gesetzt, um Grünen-Wähler zu motivieren. Und wenn er diesen Unsinn eindeutig erfunden hat, kann man auch davon ausgehen, dass auch sein Gerede über den Klimawandel nur Panikmache und Propaganda ist. Zudem ist der Mann nach Grönland gereist, um sich dort angeblich schmelzendes Eis anzusehen. Dass er bei diesem Flug massig CO_2 produziert hat, scheint ihn nicht zu kümmern. Aber die Fliegerei soll ja auch nur für Normalbürger verboten werden. Die Grünen dürfen weiter Vielfliegerei betreiben; natürlich nur, um „die Welt zu retten", indem sie in den Anden auf Lamas reiten oder in New York Eis essen.

Beschränkungen wie Flug- und Autoverbote gibt es nur für das einfache Volk, was einen schon etwas an die Sowjetunion erinnert. Auch dort lebten die linken Eliten im Luxus, während die Durchschnittsbürger Verzicht üben mussten.

Nüchtern betrachtet ist Hofreiters Angst nicht nur darin begründet, dass die Grünen Pöstchen verlieren. Immerhin verlieren Grüne ja auch Jobs, wenn CDU, SPD, Linke oder FDP dazugewinnen, aber dann sitzt trotzdem weiter die ihnen genehme Ideologie auf den nicht mehr grünen Abgeordnetenstühlen. Verliert die Grünen jedoch Mandate an die AfD, verliert sie diese an eine Partei, die sich nicht nur ideologisch von ihnen unterscheidet, sondern auch noch den grünlinken Märchen stur entgegensteht und sich nicht einfach so aufweichen lässt. Das gefällt den Grünen freilich nicht und der Greta- und Klimakult bieten einmal mehr die ideale Gelegenheit gegen solche Postengefährder vorzugehen.

*

Wie die Grünen das machen, zeigt zum Beispiel der Fall des AfD-Kreisvorstandsbeisitzers Jan Plessow. Dieser handelt mit Hirse und um seine „AfD-Hirse" ist es nun geschehen. Zumindest wenn es nach dem Grünen Malte Reupert geht. Weil die AfD seines Erachtens den Klimawandel leugnet, darf die Plessow-Hirse nicht mehr in Ketten wie „Biomare", „Alnatura" und „Bio Company" verkauft werden. Gesorgt hat Reupert dafür. Dabei ist ihm auch egal, dass Plessow genau das tut, was Umweltschützer eigentlich zu Recht fordern; nämlich Produkte aus der Region in der Region vertreiben.

Gegenüber der *Jungen Freiheit* erklärte Jan Plessow:

„Ich habe hier vor 15 Jahren angefangen, mit ein paar Biobauern die Hirse in Deutschland wieder einzuführen. Im Vordergrund stand damals ökologisch zu wirtschaften, ohne Spritzmittel und ohne Ackergifte. Es ging um Artenschutz, Vielfalt, Ökolandwirtschaft und regionale Produktion. Dass das auch gut für das Klima ist, ist ja eine zwangsläufige Folge schon allein durch die kurzen Transportwege."

Reupert, Sohn eines evangelischen Pfarrers, sieht das anders. Er erklärte: „Bei regional sehe ich noch nicht, warum dies an sich - über das Heimatgefühl hinaus - überhaupt ein Kriterium für Nachhaltigkeit sein soll."

Daran zeigt sich, dass die eigentlichen Umweltschützer nicht in den Reihen der Grünen zu finden sind sondern dort wo aktiver Umweltschutz betrieben wird. Bei dem Fall „AfD-Hirse" handelt es sich um eine von zahlreichen politischen Diskriminierungen, wie wir sie von Gutmenschen und ihren Parteien kennen. Doch dieses Ereignis zieht noch wesentlich weitere Kreise. Die Medien mischten sich nämlich ein, als die Sache mit der „AfD-Hirse" und den sie aus dem Sortiment nehmenden Grünen-Politiker Malte Reupert, sich nicht mehr totschweigen ließ. Und die Art und Weise wie die Medien den Fall „aufgriffen", zeigt mehr als deutlich, wie sehr die Grünen in Deutschland den politisch-medialen Komplex beherrschen. Dank ihnen hat Deutschland nun seinen eigenen „Dixie-Chicks-Fall". *Epoch Times* schrieb dazu:

> „Man erinnert sich: Nachdem sich die Sängerin der Country-Band, Natalie Maines, wenige Tage vor Beginn des Irak-Krieges 2003 auf einem Konzert in London abfällig über den damaligen US-Präsidenten George W. Bush jr. geäußert hatte, nahmen reihenweise Radiostationen in den USA ihre Titel aus den Playlisten. Damals empfand man dies nicht zuletzt im Umfeld der deutschen Grünen als skandalösen Schlag gegen die Meinungsfreiheit und verurteilte den Boykott – während die Radiostationen darauf verwiesen, dass dieser Schritt dem überwiegenden Wunsch des Publikums entsprochen habe, das in diesem Genre nun mal mehrheitlich stark konservativ ausgerichtet sei."[44]

Dieselbe grüne Partei hat nun zum einen nichts dagegen, wenn ein politischer Gegner diffamiert und boykottiert wird. Und es kommt noch dicker, denn das grünlinke ZDF hilft bei dieser Diffamierung fleißig mit. Offenbar es so hinzustellen, als ob die Kunden der Lebensmittelläden diesen Boykott toll finden, hat das ZDF in einem Beitrag für seine Sendung „heute – in Deutschland", die am Montag dem 14.10.2019 ausgestrahlt wurde, eine vermeintliche Kundin zu Wort kommen lassen. Diese erklärte, sie würde „AfD-Hirse" nicht essen wollen und

---

44 Quelle: https://www.epochtimes.de/meinung/kommentar/gruenen-politikerin-als-stimme-des-volkes-zdf-loescht-gaslighting-beitrag-ueber-hirse-skandal-a3033557.html

dass sie es gut fände, dass „Biomare" das Produkt aus dem Sortiment genommen habe. Andernfalls bestünde immer noch die Gefahr, dass sie oder andere Kunden aus Versehen zu diesem Produkt greifen würden. Der Name der befragten Kundin ist auch genannt worden. Aber bei der im Beitrag vom ZDF nur als „Kundin" vorgestellten Monika Lazar, handelt es sich nicht um eine durchschnittliche Stimme aus dem Volke, sondern um eine seit 2004 im Deutschen Bundestag vertretene Leipziger Bundestagsabgeordnete für die Grünen!

Seit 2005 ist sie übrigens auch Sprecherin ihrer Fraktion für „Strategien gegen Rechtsextremismus", 2015 ermittelte die Staatsanwaltschaft gegen sie wegen der Aufforderung zu Straftaten im Umfeld eines Aufmarsches der islamkritischen Bewegung „Legida". Das Verfahren wurde, wie die *Leipziger Volkszeitung* berichtete, 2016 wegen „geringer Schuld" eingestellt, weil Lazar sich „nicht so klar wie andere Podiumsteilnehmer„ hinter die Aufforderung zu einer Sitzblockade gestellt habe. Zudem sei berücksichtigt worden, dass die Grünen-Politikerin bisher „nicht einschlägig wegen versammlungsrechtlichen Straftaten in Erscheinung getreten" sein soll.

Es ist schon sehr bezeichnend, dass das ZDF eine Grünen-Politikerin, deren obsessive Beschäftigung mit vermeintlichen oder tatsächlichen Erscheinungsformen des Rechtsextremismus durchaus auch auf einen ausgeprägten Belastungseifer und ein aktives Schädigungsinteresse gegenüber einem AfD-Politiker schließen lässt, gleichsam als scheinbar rein zufällig vor die Kamera gelaufene Kundin präsentiert. Ein Schelm, der Böses dabei denkt.

*

Produkte eines AfDlers werden also ausgegrenzt, weil diese Partei nicht an den menschengemachten Klimawandel glaubt. Ist es eigentlich Zufall, dass das Gerede der schwedischen Klima-Marionette Greta gerade in Deutschland auf besonders fruchtbaren Boden fällt? Dass die 16jährige, die sich Zöpfe flechtet, um jünger zu wirken, das Resultat einer cleveren Marketing-Kampagne ist, sollte sich doch inzwischen herumgesprochen haben. Nur der Durchschnittsbürger scheint es nicht mitzubekommen. Warum nicht? Schuld ist eine jahrzehntelange Umerziehung, die mit der alliierten Besatzung begann , und von den grünlinken Kräften fortgeführt wird. In dessen Verlauf büßte Deutschland nicht nur seine begrenzte Souveränität sondern, schlimmer noch, auch seine Wurzeln. Die entwurzelten Deutschen neigen nun dazu, einer von den Medien verheißenen Heilsbringerin hinterherzulaufen. Besonders Kinder und Jugendliche, die sich starkem Gruppenzwang ausgesetzt sehen und kaum noch Verbindungen zu Heimat, Kultur, Tradition und Religion haben. Sie wollen dazugehören. Und sie glauben nur zu gerne, was ihnen die Medien erzählen, denn um zu merken, dass hier etwas nicht stimmt, reichen die Gehirnzellen oftmals nicht. Zudem wird man als Skeptiker, falls das Hirn doch noch funktioniert, ganz schnell ausgegrenzt. Fakten spielen keine Rolle und besonders die BRD-Medien haben jeden Sinn für Fakten verloren, wenn es um Klima und CO_2 geht. Dass Gretas PR-Gag mit dem Atlantik-Segeltörn ein Vielfaches an CO_2-Folgekosten hat, als wenn sie geflogen wäre, interessiert

diese Hofberichterstatter nicht. Dass nur wenig von dem, was sie vertritt, wissenschaftlich haltbar ist, kümmert sie auch nicht. Und dass eine Schulabbrecherin zum Schwänzen aufruft, scheint ebenfalls kein Problem zu sein. Lediglich Politiker und UN-Diplomaten haben eine

Entschuldigung, wenn sie sich das Geschrei des kranken Kindes anhören und bedeutungsvoll zu ihrer eigenen Beschimpfung nicken: Für sie hat Greta schließlich eine wichtige Alibi-Funktion, wenn sie den Diebstahl am Steuerzahler weiter verschärfen wollen – und darauf läuft ja am Ende alles hinaus. Sie haben den „Weckruf der Jugend" gehört, und der Bürger muss zahlen.

*

Und blechen darf der Bürger nicht erst in ein paar Jahren, sondern schon jetzt. Grünlinks leben ist nämlich nur etwas für gut Betuchte. Das zeigt sich besonders gut am Beispiel „Einkaufen": 2018 gaben die Konsumenten 10.900.000.000 Euro für Bio-Lebensmittel aus; von insgesamt rund 235.000.000.000. Der Grund dafür ist einfach: Bio kostet! Dazu hat sogar die *BILD* mal einen Vergleich gemacht. Demnach kosten zehn Bio-Eier 2,65 Euro, normale Bodenhaltung hingegen nur 0,99 Euro. Ein Bio-Rumpsteak kostet 24,99 Euro und ein Normales nur 18,73 Euro. Bio-Rinderhackfleisch kostet 9,00 Euro pro Kilo und Konventionelles nur 7,23 Euro. Bio-Butter bringt es auf 2,29 Euro für 250 Gramm und Gewöhnliche nur auf 1,79 Euro. Bio-Milch ist dem krösusartigen Kunden 1,05 Euro pro Liter wert und Standardmilch 0,70 Euro. Eine normale Gurke kostet 0,49 Euro und für eine Bio-Gurke muss man 0,40 Euro mehr auf den Tisch legen. Es ist also nicht billig, sich ein gutes Gewissen zu kaufen. Oder anders gesagt: Einige Leute verdienen eine Menge Geld damit, dass andere Leute ein schlechtes Gewissen haben, welches beruhigt werden muss.

Entsprechend dürfte auch hinter den Forderungen nach Plastikverboten eine große Industrie stehen. Gerne gibt man uns Europäern und im Besonderen den Deutschen die Schuld an den Plastikmüllinseln in den Ozeanen. Wir sollen uns schuldig fühlen und zahlen, obwohl wir schon Müll trennen und recyceln. Komischerweise geben die früher als „kapitalismuskritisch" bekannten grünlinken Kräfte nicht den Großkonzernen die Schuld, sondern uns allen. Als würden wir deutschen Bürger den Müll ins Meer kippen. Fakt ist: 90 Prozent der Plastikabfälle stammen aus allein zehn Flüssen. Das sind der Jangtse, der Indus, Gelber Fluss, der Hai He, der Nil, der Ganges, der Perlfluss, der Amur, der Niger und der Mekong. Alle diese Flüsse liegen in Asien und Afrika; einige beginnen in China. Womöglich nimmt man die dort verantwortlichen Länder mal in die Pflicht, aber das können und wollen Parteien wie die Grünen ja gar nicht. Denn denen kann man kein schlechtes Gewissen einreden und Geld aus der Tasche ziehen.

Gut, westliche Großkonzerne, die ihr Plastik teilweise dorthin verfrachten, dürften nicht ganz unschuldig an all dem sein, aber diese Konzerne werden kaum erwähnt. Nicht sie sind es, die Opfer bringen sollen, sondern wir Endverbraucher. Doch ist es unsere Schuld, wenn die Großkonzerne mit dem Müll Mist machen? Ist es nicht Aufgabe der Politiker, sie daran zu hindern. Aber nein; viel lieber wird den einfachen Bürgern die Schuld gegeben; eine bequeme, zutiefst demokratische Lösung. Und weil die Bürger die Schuld tragen, lässt man sie auch büßen. Die selbsternannten Weltretter hingegen dürfen ein Leben in Saus und Braus führen. So möchte die Grünennahe „Heinrich-Böll-Stiftung" ein sogenanntes „Netzwerk grüner Stimmen" aufbauen. Wie es in einer Ankündigung heißt, will man „vielversprechende junge Aktivisten und Fachleute in Deutschland" zusammenführen, damit sie „die größten Herausforderungen unserer Zeit angehen - vom Kampf gegen den Klimawandel über den Schutz der Menschenrechte und der offenen Gesellschaft bis hin zur Sicherung einer nachhaltigen Zukunft für die nächste Generation." Um solchen Leuten die Weltrettung schmackhaft zu machen, lud die nach Heinrich Böll benannte Stiftung ein. Jedoch werden die in Deutschland ansässigen potentiellen Teilnehmer nicht etwa nach Berlin oder zum Beispiel in ein beschauliches Hotel auf dem Lande eingeladen, was zweifelsohne umweltschonender wäre, sondern nach Washington. Dort wo sich zahlreiche Schaltzentralen der Globalisten und One-World-Fanatiker befinden. Die Heinrich-Böll-Stiftung unterhält dort ein von unseren Steuergeldern finanziertes Büro. Und weil Washington nicht genug ist, soll eine kleine Teilnehmergruppe auch noch in mehrere zusätzliche amerikanische Städte reisen. Zum Beispiel nach Miami, Houston oder New Orleans. Bezahlen müssen die Aktivisten natürlich nichts selbst. Unterkunft, Verpflegung, Hin- und Rückflug sowie sonstige Reisekosten übernimmt die Stiftung. Das an sich ist ja nicht verkehrt, aber wäre es im Sinne des Klimaschutzes und im Sinne der Kostenminimierung nicht besser, das Ganze in der Region stattfinden zu lassen? Offenkundig nicht, denn wie es scheint sollen immer nur die Anderen das Klima schützen und natürlich die Zeche zahlen. Entlarvend schrieb die Heinrich-Böll-Stiftung dazu auch auf *Twitter*: „Du hast Lust auf eine Studienreise in die USA zum Thema Klimakrise und Migration..."

Ja, sicher. „Studienreise". So kann man es auch nennen. Einige Kommentatoren wiesen unter dem Kommentar auf den CO_2-Ausstoß bei den Flügen hin, woraufhin zwar die Werbung für die Reise verschwand, die Reise selbst jedoch trotzdem wie geplant stattfinden sollte. Aber „Aus den Augen, aus dem Sinn". Diese „Klimasünde" der Grünen nahen Stiftung wird bald wieder vergessen sein und sie nicht daran hindern, weiterhin andere vom Fliegen abzuhalten. Und selbstverständlich wird diese Kleinigkeit auch nicht ihre politisch-mediale Machtstellung gefährden.

*

Ein weiteres Ergebnis grünlinker Politikdominanz ist der Kohleausstieg. Auch dessen Zeche wird der einfache Bürger zahlen dürfen, der sich, anders als Politiker, nicht selbst das Gehalt erhöhen kann.

Die *Unternehmensberatung Oliver Wyman* hat diesbezüglich eine Studie veröffentlicht, welche bei allen Verbrauchern die Alarmglocken schrillen lassen sollte. Demnach werden die Großhandelspreise für Strom bis 2022 deutlich zu steigen und zwar von durchschnittlich rund 40,00 Euro pro Megawattstunde im Jahr 2018 auf dann mehr als 65,00 Euro. Die Stromimporte aus dem Ausland könnten sich im selben Zeitraum mehr als verdoppeln. Der Grund ist der von der Bundesregierung beschlossene Kohleausstieg, welcher mit einem hohen Tempo startet und dazu führt, dass bis 2022 schon 12,5 Gigawatt an Leistung vom Netz genommen werden. Die letzten Atomkraftwerke, welche derzeit noch Strom produzieren, werden übrigens bis dahin abgeschaltet. Die Großhandelspreise für Strom sind zwar nur ein Teil des Preises, den die Verbraucher am Ende bezahlen müssen, aber natürlich wird der prognostizierte Anstieg sich am Ende auch im Portemonnaie der Bürger bemerkbar machen. Ökostrom ist weder wettbewerbsfähig noch ausreichend vorhanden Da die Produktion von Ökostrom in Deutschland nicht im gleichen Maße steigt, führt das am Ende wohl letztlich zu einer großen Lücke , sodass massenweise Atom- und Kohlestrom aus dem Ausland importiert werden muss. „Die Zeit der niedrigen Strompreise ist vorbei", erklärte Jörg Stäglich, Energieexperte bei Oliver Wyman, zu der von seinem Unternehmen erstellten Studie. „Zugleich erhöht sich durch den Kohleausstieg die Volatilität. Wir werden Preissprünge und anschließende Korrekturen erleben."

Als „niedrig" wird man auch die derzeitigen Strompreise in Deutschland wohl kaum bezeichnen können, denn eigentlich haben wir jetzt schon die höchsten in Europa; ungefähr gleichauf mit Dänemark. Zufällig ist es ausgerechnet eine Greenpeace-Studie aus dem Herbst des Jahres 2018, die zum unfreiwilligen Offenbarungseid wurde. Sie machte damals schon deutlich, dass Deutschland zukünftig vor dramatischen Engpässen bei seiner Stromversorgung stehen wird. Zwar plädierten die Autoren trotzdem unbelehrbar weiter für eine sogar noch schnellere Energiewende, aber sie rechneten auch vor, dass für den von der Umweltschutzorganisation schon bis zum Jahr 2030 gewünschten Ausstieg aus Kohle und Atom eine Verdoppelung der Zahl der Windräder und eine Verdreifachung der Sonnenkollektoren notwendig wäre; außerdem ein ganzer Schwung neu zu bauender Gaskraftwerke zur Grundlastsicherung. Nur woher soll das Gas kommen? Vielleicht aus Russland über „Nord Stream 2"? Nur was passiert, wenn es einer von linken CDUlern bis zu den Grünen reichenden antirussischen Koalition gelingt, die Pipeline „Nord Stream 2 „zu verhindern und deshalb auch zu wenig Gas mehr nach Deutschland fließt?

In diesem Fall werden sich grünlinke Politiker gewiss keine Sorgen machen. Sie fliegen dann einfach, CO_2-Fußabdruck hin oder her, im Winter wie die Vögel in den Süden. Um ihre CO_2-Fußabdrücke kümmern sich grünlinke Gutmenschen nämlich einen Dreck! Solche Menschen hat es schon immer gegeben; früher nannte man sie Pharisäer und Jesus sagte über sie bei Matthäus 23:

„Denn sie halten selbst nicht ein, was sie von dem anderen verlangen."

Übrigens: Der damalige Bundeswirtschaftsminister Sigmar Gabriel hatte schon 2014 bei einem Besuch des Unternehmens SMA Solar im nordhessischen Niestetal geäußert: „Die Energiewende steht kurz vor dem Aus. Die Wahrheit ist, dass wir die Komplexität der Energiewende auf allen Feldern unterschätzt haben. Die anderen Länder in Europa halten uns sowieso für Bekloppte."

Und trotzdem wird die Energiewende gnadenlos vorangetrieben. Weil die CDU und die SPD sich in dieser Frage von den Grünen und ihrer medialen Dominanz vorantreiben lassen? Oder vielleicht, weil sie absichtlich Deutschland an die Wand fahren wollen?

Es könnte eine Mischung aus Beidem sein. Denn die Reihe von grünen Wahlerfolgen hat eine metapolitische Ursache, welche andere Parteien nicht übersehen können; selbst wenn sie sonst noch so blind sind. Keine Partei hat die gegenwärtig in Deutschland herrschenden Auffassungen stärker geprägt als die Grünen! Die Themen, mit denen sie vor 40 Jahren angetreten sind, um die Bundesrepublik zu verändern, sind mittlerweile im Mainstream angekommen. Das gilt nicht nur für die Ökologie, sondern vor allem auch für Themen wie Gender Mainstreaming, Multikulturalismus, Homoehe und Nationsfeindlichkeit. Mit diesen Pseudoidealen stehen die Grünen voll und ganz auf Linie mit den globalistischen One-World-Fanatikern der internationalen Hochfinanz. Wahrer Umweltschutz und echte Nachhaltigkeit sind jedoch nur durch eine freiheitliche regionale Politik zu erreichen, womit man bei den Grünen aber auf taube Ohren stößt. Die wollen davon nichts wissen und schlussendlich stellt sich auch bei der Klimapolitik heraus, dass Gutmenschen noch lange keine guten Menschen sind. Wer andere mit moralischer Selbstinszenierung belästigt, handelt selbst noch lange nicht besser. Im Gegenteil: Moderne Klima-Moralisten geben die Verantwortung lieber an den Staat ab. Das zeigt die einjährige Längsschnittstudie der drei Autoren Michael P. Hall, Neil A. Lewis Jr. und Phoebe C. Ellsworth vom Department of Psychology (University of Michigan) und dem Department of Communication (Cornell University). Auf *Sciencedirect.com* berichtet das Trio über das Resultat: 600 US-Bürger wurden durch Clusteranalyse in drei Gruppierungen eingeteilt: 1) in Skeptiker, die kaum an den Klimawandel glauben; (2) in „mäßig Besorgte", die bedingt an den Klimawandel glauben; und (3) in „stark Besorgten", deren Glaube und Besorgnis hoch waren. Das Resultat war sehr ernüchternd: Die sehr Besorgten befürworteten eine staatliche Klimapolitik, sprachen aber wenig über ihr eigenes Tun. Bei den Skeptikern verhielt es sich umgekehrt: Die berichteten über eigenes umweltfreundliches Verhalten, wandten sich aber gegen politische Vorschriften.

Die Einen sind also selbstständig Handelnde und selbstständig Denkende, während die anderen weder eigenständig handeln noch denken. Was für Untertanen wird sich wohl der Globalismusbefürworter aus der Hochfinanz wünschen? Und was für Wähler wünschen sich die Grünen, beziehungsweise welche von diesen drei Gruppen gehört wohl am ehesten zu ihrer Wählergruppe? Hier zeigt sich sehr deutlich eine massive Überschneidung zwischen den Interessen der Grünen und denen der Hochfinanz. Entsprechend erfahren die Grünen auch massive Unterstützung von dort, auf die wir im nächsten Kapitel zu sprechen kommen. Zuvor sollte jedoch noch ein Blick auf etwas anderes geworfen werden, was wir den Grünen verdanken; nämlich das sogenannte „Greenwashing" der Konzerne. Auch dazu haben die Grünen ihren ideologischen Beitrag geleistet. Das was man „Greenwashing" nennt, wäre ohne die Grünen weder möglich noch nötig geworden. Konkret nennt man „Greenwashing" das Bemühen der Konzerne, ihr schmutziges Kerngeschäft hinter schönen Öko- und Sozialversprechen zu verstecken und dafür dann auch noch mehr Geld zu verlangen. Spätestens seit „Fridays for Future" und den grünen Wahlerfolgen sind die Konzerne damit erfolgreicher denn je. Aber jenseits der grünen Scheinwelt schreitet die Zerstörung rapide fort. Laut dem Global Footprint Network lebt die Weltbevölkerung derzeit so, als hätte sie 1,6 Erden zur Verfügung. Würden alle auf der Welt so konsumieren, wie es Menschen in reichen Ländern wie Deutschland tun, bräuchte es 3,1 Erden, um den „Bedarf" zu decken. Der Verbrauch pflanzlicher, mineralischer und fossiler Rohstoffe hat sich zwischen 1980 und 2010 von 40 auf 80 Milliarden Tonnen verdoppelt. Die Artenvielfalt nimmt ab, Wälder schwinden, Böden degradieren, Emissionen steigen und der Hunger wächst. Eigentlich ist das allgemein bekannt, aber trotzdem hält Greenwashing jeder Aufklärung stand. Je gebildeter die Zielgruppe, je schädlicher das Produkt und je absurder das daran geknüpfte Öko-Versprechen, je offensichtlicher also der grüne Unfug ist, desto eher wird sie geglaubt. Doch die Menschen wehren sich weltweit gegen die Zerstörung ihrer Lebensgrundlagen. Wie der peruanische Bauer Saúl Luciano Lliuya, der den Energiekonzern RWE vor einem deutschen Gericht verklagt. Ob er damit Erfolg haben wird, steht in den Sternen. Ohne den fanatischen und verlogenen Umweltschutz, der seine Wurzeln bei den Grünen hat, müssten Leute wie Lliuya jedoch gar nicht erst vor Gericht ziehen. Schlussendlich bewirkt der grüne Pseudoumweltschutz so einiges; nur die Umwelt schützt man so nicht. Wie sollte das auch gehen? Umwelt und Natur schützen, indem man Bäume fällt und nutzlose Windräder aufstellt? Völlig lächerlich und man kann es gar nicht oft genug sagen: Bäume pflanzen hilft der Natur mehr als Bäume zu fällen.

Dies scheint den Grünen und ihren Ökogenossen aber egal zu sein, oder aber sie vernichten bewusst unsere schönen deutschen Landschaften. Und das völlig umsonst, denn zum Thema „alternative Energien" muss man noch anmerken, dass 2020 die EEG-Förderung für die ersten Windkraft-Anlagen aus dem Jahr 2000 auslaufen wird. Das heißt für viele Betreiber kurz und knapp zusammengefasst: Lohnt nicht mehr. Abbauen. Verschrotten.

In typischem Orwell-Neusprech redet das Umweltbundesamt (UBA) von einem Recyclingengpass. Es gäbe bisher nur eine Anlage in Deutschland, die sich darauf spezialisiert habe, die alten Rotorblätter zu „verwerten". Was auch immer das heißen mag. Der eigentliche Skandal liegt doch woanders. Erst wird mit Milliarden Kosten die Verspargelung der Landschaft vorangetrieben. Es werden extra Stromtrassen für den Transport nach Nord nach Süd gebaut und wenn die Förderung nach 20 Jahren ausgelaufen ist, können diese Windräder nicht mal mehr kostendeckend betrieben werden. Würde man Politiker zur Verantwortung ziehen, dann wäre jetzt wieder die Gelegenheit dazu. Wo bleibt hier Nachhaltigkeit? Wie sieht die E-Zukunft aus, wenn unsere stabilen Energieerzeuger wie Kohle-, Atom- und Gaskraftwerke abgeschaltet sind? Mit Windkraftanlagen, die sowieso von den Launen der Natur abhängig sind und jetzt auch noch von weiteren Fördermilliarden bis zum Sankt Nimmerleinstag? Wenig überraschend wurde vom UBA festgestellt, dass die Rücklagen für die Abbau dieser Anlagen oft zu gering bemessen seien. „Die

Behörde empfiehlt deshalb, die Berechnungsgrundlage für die Rücklagen regelmäßig von einem unabhängigen Sachverständigen prüfen zu lassen.", heißt es dort.

Das bedeutet, wir Bürger werden mit den Überresten alter Anlagen, insbesondere gigantischen Betonresten in der Landschaft leben müssen. Außerdem werden wir auch noch zusätzlich zur Kasse gebeten werden, weil ja der Schrott aus dem Boden und aus der Landschaft wieder verschwinden muss. Die ehemaligen Betreiber werden sich größtenteils aus dem Staub gemacht haben. Und wir dürfen dabei nicht vergessen, dass auch die alten Solarmodule bald verschrottet werden müssen. Die Internationale Organisation für erneuerbare Energien, Irena, geht davon aus, dass bis 2025 in Deutschland knapp 100.000 Tonnen Solarschrott anfallen werden. Das entspricht fast fünf Millionen heutiger Standardmodule. Bis 2030 soll die Müllmenge gar auf rund 400.000 Tonnen wachsen. Wer darf das bezahlen? Die Konzerne? Die Grünen und ihre Genossen, welche uns diesen Unsinn aufgezwungen haben? Nein! Wir Steuerzahler werden die Zeche zahlen dürfen; wie immer. Und die Grünen, sowie die mit ihnen verbandelten Konzernbosse, werden einmal mehr über die „dummen Deutschen" lachen, die das alles mit sich machen lassen. Aber was sollte mich als Autor daran hindern, einmal ein Stück weit aufzuzeigen, welche Unternehmen diese Öko-Partei mit ihrem Geld unterstützen? Nichts, denn noch gilt hier in der BRD offiziell die Informationsfreiheit. Darum schauen wir uns im nächsten Kapitel einmal die Grünen-Helfer aus der Hochfinanz an.

DIE GRÜNEN UND IHRE HELFERSHELFER AUS DER HOCHFINANZ

Bevor ich auf das Kernthema zu sprechen komme, muss ich ein wenig weiter ausholen, damit unsere heutige Lage in einer regelrecht „verblödeten Republik" besser ersichtlich wird:

Nach dem Zweiten Weltkrieg hatte die CIA die sogenannte „Frankfurter Schule" wieder mit aufgebaut. Deren deutschenfeindliche Saat ist inzwischen aufgegangen. Deutschland hat heute vielfach junge Menschen mit Hochschulreife, die früher bestenfalls mit Mittlerer Reife ihre Schulausbildung beendet haben. Das zeigte sich auch in einer Doku auf *ZDFinfo*, wo es um Pornos in Deutschland ging. Interviewt wurde unter anderem eine Studentin, die sich ihr Studium und mehr durch das Drehen von Pornofilmen finanziert. Ob sie später mal in die Politik oder die Wirtschaft geht, hat sie nicht verraten. Sie ist aber nicht die Einzige; andere Studentinnen verdienen sich auch als Pornodarstellerinnen oder Prostituierte was dazu. Später dann stellen sie die „gebildete Elite" unseres Landes, nachdem sie gelernt haben, alles für Geld zu tun (also für bedrucktes Papier, geschmolzenes Metall oder Zahlen auf einem Computerbildschirm!). Die interviewte Studentin sagte, nachdem sie sich ordentlich geschminkt und attraktive Fotos von sich machen ließ, dass sie aber kein Sexobjekt sein will. Also: Sie dreht Pornos, bei denen sie GV mit fremden Männern vorspiegelt und diese werden dann von anderen Männern angesehen, die so einfältig sind für Pornos im Internet zu bezahlen! Und dann will sie nicht als Sexobjekt gelten? Und diese Frau studiert!

Man fragt sich, wer dümmer ist? Die Frau, oder die Kerle, welche sich solche Filme ansehen und ein bis drei Euro pro Minute bezahlen. Sie spielt in Pornos mit, will aber kein Sexobjekt sein. Das ist so sinnvoll, wie zu sagen: „Ich trete in die KPdSU ein, aber ich bin kein Kommunist!"

Wie die Doku anzeigte, sind auch Kinder und Jugendliche nicht viel klüger. Dort wurde ein Fall gezeigt, in dem sich ein übles, perverses Video wie eine Seuche an einer Schule verbreitete. Die Kinder fanden es abscheulich, haben es aber an alle ihre Freunde immer weiter verschickt. Das ist in etwa so klug, wie wenn ich auf der Straße mit meinem Kumpel Julius unterwegs bin und in einen Hundehaufen trete. Anschließend sagte ich zu Julius, er solle auch hineintreten, weil ... tja, eigentlich gibt es keinen logischen Grund dafür! Weil es bescheuert und weltfremd ist. Doch woher kommt dies?

Um diese Frage zu beantworten, muss man sich nur fragen: Wem nützt das? Wer profitiert vom dummen Deutschen? Vor allem die Grünen, denn ihre Partei steht bei Kindern, Jugendlichen und Studenten hoch im Kurs. Besonders Letztere, die sich für gebildet halten, weil sie freiwillig eine Umerziehungsanstalt besuchen und auch noch Geld dafür bezahlen, wählen bevorzugt die Grünen. Darüber nachdenken? Fehlanzeige. Das Wahlprogramm dieser Melonenpartei dürfte kaum einer von ihnen gelesen haben, aber „die Grünen müssen ja gut sein, weil sie immer im Fernsehen sind". Und „mein Lieblingsblogger findet die Grünen auch toll". Wen diese jungen Leute wohl 1933 gewählt hätten? Die Antwort kann sich jeder vorstellen.

Aber nicht nur die Grünen profitieren von dummen Menschen, die nicht in der Lage sind Dinge zu hinterfragen, sondern auch die Hochfinanz. Kluge Sklaven könnten sich schließlich von ihren Ketten befreien! Das alles ist eigentlich unfassbar; man möchte fast lachen über so viel Dummheit, aber das Lachen bleibt einem im Hals stecken. Denn die Dummheit kommt ja nicht von ungefähr. Sie kommt von linksgrünen Lehrern, Professoren und Medienmachern. Diese lernte ich auch während meiner Schul- und Berufsschulzeit kennen. Der Nachteil für sie war, dass auch sie mich kennenlernten. Freilich sind diese Lehrer, Professoren und Journalisten nur Handlanger. Genau genommen sind sie sogar noch weniger; sie sind Handlanger von Handlangern. Die grünlinken Ideologen kauen ihnen die Weltsicht vor und sie müssen nur alles brav nachplappern ohne kritische Fragen zu stellen. Ein gutes Beispiel dafür ist der Euro und dessen mehrmalige Rettung mit unseren Steuergeldern. Bereits als die AfD aufkam und nur den Euro kritisierte, war das voll „Nazi" und jeder der die Eurorettung kritisierte wurde mit der Nazikeule angegriffen. Sogar Sarah Wagenknecht und Oskar Lafontaine, als diese sich für die D-Mark aussprachen. Und Rainer Brüderle, der an anderer Stelle zitiert wurde, hatte auch lieber „Mark" statt „Euro" gesagt; was beim linksgrünen Mainstream bestimmt nicht gut ankam und gewiss zum Abstieg seiner Person und seiner Partei führte. Man kann also ein Stück weit von einem Kräftemessen innerhalb des Mainstreams sprechen, da sogar ein paar Linke Zweifel am Euro äußerten. Linke wie Frau Wagenknecht hatten eben, anders als die Grünen, nicht die Zeichen der Zeit erkannt und es versäumt, sich mit der Hochfinanz, die natürlich pro Euro ist, ins Bett zu legen. Damals wie heute wurde sogar der biedere Euro-Kritiker Bernd Lucke als „Nazi" beschimpft. Freilich damals nur von den Medien. Heute wird er regelrecht niedergebrüllt von linken Studenten, die einen Schreckensbund zwischen Linken und Hochfinanz gebildet haben. Diese angeblich „antikapitalistischen" Linken machen einen Mann fertig, nur weil er eine globalistische Währung sowie die Banken (wie z.B. die EZB) und Konzerne kritisiert hat. Man ist also auch ein „Nazi", wenn man die Hochfinanz infrage stellt. Sowas nenne ich mal neulinkes Denken. Nicht einmal sein AfD-Austritt, seine Abkehr von einstigen Parteifreunden und seine LKR-Partei haben ihm geholfen. Die Linken hassen ihn nach wie vor. An einem fairen Wettbewerb der Meinungen sind linke Studenten nicht interessiert. Wenn aus diesen Figuren Deutschlands Elite wird, werden sie wohl selbst Josef Stalin an Linksradikalität übertreffen. Glücklicherweise handelt es sich nicht um vom Leben abgehärtete georgische Bauernsöhne, sondern um verwöhnte Großstadtbionadehipstars mit großen Mündern, die meistens nur wenig einstecken können. Trotzdem zeigte sich: Die Studenten, die Bernd Lucke niederbrüllten und als „Nazischwein" beschimpften, trieb der blanke Hass. Sie wollten den Menschen hinter dem AfD-Gründer niedermachen. Einen Menschen, dem sie im Leben bestimmt noch nie begegnet waren und welchen sie höchstens aus Medienberichten kannten. Deswegen lassen sie ihn nicht an der Universität Hamburg lehren, was im Übrigen zeigt, dass Distanzierungen einem selbst nichts nützen. Wer sich distanziert, der verliert und spielt nur dem grünroten Mob in die Hände. Das hätte AfD-Mitbegründer Professor Bernd Lucke eigentlich wissen müssen, als er an den Ort zurückgekehrte, den er 2013 mit großen politischen Hoffnungen, die sich nicht erfüllten, verlassen hatte. Er wollte wieder Volkswirtschaft lehren, aber daraus wurde nichts. Eine hasserfüllte Menge mit Antifa-Fahnen hinderte ihn daran. Anderthalb Stunden ließ er sich niederbrüllen, als „Nazischwein" beleidigen, anrempeln und schubsen. Am Ende konnte er den Vorlesungssaal nur unter dem Schutz schwer bewaffneter Polizisten, die ihn nach Hause begleiteten, durch einen Seitenausgang verlassen. Von der Universitätsleitung wurde er sträflich im Stich gelassen. Statt die Freiheit der Lehre zu verteidigen, schlug die sich auf die Seite der „Nazi"-Brüller, indem sie schon vorab hatte mitteilen lassen: „Für den ordnungsgemäßen Ablauf jeder Lehrveranstaltung ist der jeweilige Lehrende verantwortlich."

Damit lieferte sie Lucke der geifernden Menge aus. Unter dem Eindruck der später in den sozialen Netzwerken auftauchenden Bilder ließ Hamburgs Wissenschaftssenatorin Katharina Fegebank von den Grünen dann gemeinsam mit Uni-Präsident Dieter Lenzen mitteilen, als Orte der Wissenschaft müssten Universitäten „die diskursive Auseinandersetzung auch über kontroverse gesellschaftliche Sachverhalte und Positionen führen und aushalten". Aushalten musste gestern allerdings nur Bernd Lucke. Er wollte den „Hau-ab"-Rufen nicht weichen. Er wollte seinem Lehrauftrag nachkommen, aber die Menge ließ ihm keine Chance. Anders als 1968 wurden gestern in Hamburg keine Reden gehalten. Es gab weder politische Agitation, geschweige denn Diskussion. Den linken Mob ging es nicht im Geringsten um eine politische Auseinandersetzung. Ihr einziges Ziel bestand darin, den Menschen Bernd Lucke fertigzumachen, seine Standhaftigkeit zu brechen und ihn zu demoralisieren. Sie wollten ihn regelrecht vom Hof jagen, ihn so lange angehen, bis er zermürbt seine Sachen packt. Was sie trieb? Offenbar war es purer Hass. Aber worauf? Auf einen Mann, der 2013 den Mut hatte anzutreten, um die Welt durch eine andere Finanzpolitik zu einem besseren Ort zu machen. Wobei er gar nicht so erfolglos war, denn als er in den Talkshows auftrat, erkannten die Zuschauer schnell, dass da plötzlich einer saß, der wusste, wovon er sprach. Und die vielen Etablierten der BRD sahen auf einmal ziemlich dumm aus, was ihnen natürlich nicht gefiel. Deswegen fingen sie an, den Professor aus Hamburg, der viele Jahrzehnte der CDU angehört hatte, zu beschimpfen und in die rechte Ecke zu stellen. Und wer auch immer in der CDU oder der FDP ähnliche Ansichten wie Lucke zur weltfremden „Euro-Rettungspolitik" vernehmen ließ, wurde sehr schnell als „Abweichler" stigmatisiert. Damals stopften Union, SPD, FDP und Grüne den Banken Milliarden in den Rachen. Sie stimmten wie ein Einheitsparteienkartell für sogenannte „Reformen", mit denen die einfachen Bürger in Deutschland, Griechenland, Spanien und Portugal für das ruinöse Geschäftsgebaren von Banken und Politikern bezahlen mussten. Angetrieben von linksgerichteten Medien betrieb der Bundestag eine regelrechte Verelendungspolitik. Millionen Menschen in den schwächeren Euroländern wurden arbeitslos, obdachlos oder starben, weil sie medizinisch nicht mehr versorgt werden konnten. Einzig Sahra Wagenknecht thematisierte die humanitäre Katastrophe in diesen Ländern, womit sie gegen ihre eigene Parteilinie verstieß. Es sollte nicht das letzte Mal bleiben und inzwischen gilt Frau Wagenknecht bei vielen Linken als „rechtsradikal". Entsprechend bekam sie auch mal braune Torte ins Gesicht. Bei der AfD waren es Bernd Lucke und der Volkswirt Joachim Starbatty, welche die Euro- und Bankenrettungen kritisierten. Dafür wurde der AfD dann der Nazistempel aufgedrückt, die sich natürlich im Zuge der Asylkrise ebenfalls anbieten. Gewiss ist Lucke kritisch zu sehen, weil er seine Partei verlassen hat, nur weil es nicht nach seinem Willen lief. Aber wer diesen Mann einen Nazi schimpft, der hat schlicht keine Ahnung, wovon er redet. Es ist peinlich und beschämend, dass Studenten einer großen deutschen Universität nicht einmal über ein Mindestmaß politischer Kenntnisse verfügen. Bedenkt man jedoch die Wortmeldung von Hamburgs Wissenschaftssenatorin Katharina Fegebank von den Grünen, weiß man, wessen Geistes Kinder die Studenten dort sind. Offensichtlich ahnungslos, unfähig oder unwillig, politische Ereignisse einzuordnen, zu bewerten und kontrovers zu debattieren, ließen sie sich von den Krawallmachern der Antifa aufwiegeln und vor den Karren spannen. Ihre Aktion war eine Aufführung intellektueller Armseligkeit. Diesem Land muss wirklich Angst und Bange bei dem Gedanken an seine zukünftige „Elite" werden. Schaut man sich jedoch die derzeitige Lage an, sieht es auch nicht besser aus.

*

Was die Grünen (und ihre linken Genossen, die mit anderen Farben ihre tiefrote Gesinnung getarnt haben) dazu treibt für den Euro und für die EU zu sein, dürfte klar sein. Die Grünen wollen alle Nationalstaaten abschaffen und dafür eignen sich Euro und EU hervorragend, denn beides schwächt die Nationen. Der Euro nahm den Ländern ihre angestammten und auf das jeweilige Volk zugeschnittenen Währungen und die EU zieht immer mehr Kompetenzen an sich und löst die Grenzen auf. Freilich sind Leute wie BRD-Regierung und Scheinopposition nur allzu gerne bereit, die Kompetenzen abzutreten. Hinzu kommt, dass die EU ein großer Schritt in Richtung Weltstaat ist.

Die Grünen fördern also die EU, den Euro und natürlich auch die Eurorettung aus ideologischen Gründen. Jedoch spielen auch machtpolitische Gründe eine Rolle, denn viele Geldgeber der Grünen aus dem Bereich der Hochfinanz haben ein Interesse an einer globalisierten Welt. Für diese One-World-Fanatiker sind dumme Studenten, die jeden organisierten „Trend" mitmachen natürlich nützlicher als Kluge, die berechtigte Fragen stellen könnten. Hilfreich hierbei ist freilich auch, dass man den Studenten einreden kann, sie wären Globalisierungsgewinner, weil sie überall hinreisen könnten. Da sie immer dümmer werden, glauben sie das auch und vergessen, dass sie schon vor 100 oder 200 Jahren praktisch überall hätten hinreisen können. Die Reisen damals haben lediglich länger gedauert. Heute geht es schneller, was aber nichts mit der Globalisierung, sondern nur mit moderner Technik zu tun hat. Wobei das Fliegen wollen die Grünen ja auch abschaffen, aber wie der grünlinke Politiker, dürfte auch der linksgrüne Student denken: „Das gilt für alle Anderen, aber nicht für mich."

Nur hat der Politiker, anders als der Student, bei diesem Gedanken recht. Denn Ersterer kann letzterem das Fliegen ruck zuck verbieten; Letzterer jedoch nicht Ersterem.

Auch wird den Leuten eingeredet, Grenzkontrollen hätten negative Auswirkungen, wie dass Reisen länger dauern. Tatsächlich nehmen Grenzkontrollen etwas Zeit in Anspruch, aber mal Hand auf's Herz: Ist es Ihnen nicht lieber, Sie und alle anderen werden kontrolliert und dabei werden dann Dinge wie Drogen- und Menschenhandel unterbunden, als dass niemand kontrolliert wird und Drogen ist Land kommen, an denen dann Leute sterben, sowie Menschen hereingeschmuggelt werden, die dann zum Beispiel als Zwangsprostituierte arbeiten müssen? Wir opfern an der Grenze ein bisschen Zeit und dadurch werden Menschenleben gerettet; ich habe damit kein Problem.

Die grünen Grenzkontrollgegner und ihre Hochfinanzfreunde scheinen jedoch ein Problem damit zu haben, wenn Menschen- und Drogenhandel unterbunden werden. Kommen weniger Sklaven und Rauschmittel ins Land, werden diese teurer. Auch der EU-Kommission gehen die von einigen EU-Staaten eingeführten Kontrollen an den Binnengrenzen gegen den Strich. Zum Wesen des Schengen-Systems gehöre die Abwesenheit von internen Grenzkontrollen, forderte der vormalige EU-Innenkommissar Dimitris Avramopoulos. Dieser war seit November 2014 „Kommissar für Migration, Inneres und Bürgerschaft" in der Kommission Juncker. Das sagt eigentlich schon alles. Bei entscheidenden aktuellen Themen, der Einwanderungsfrage und der Klima-Debatte, gibt es keinen öffentlichen Austausch und Wettbewerb der Argumente. Dieser ist von Gruppierungen wie den Grünen auch nicht erwünscht, denn sie würden dabei haushoch verlieren.

Der Publizist Dirk Maxeiner begleitete bis in die 90er Jahre unter anderem als Chefredakteur der Zeitschrift *Natur* journalistisch wohlwollend die Umweltbewegung. Im Interview mit der JF vom 17.10.219 kritisierte er den ideologischen Furor und die Intoleranz der Umweltaktivisten. Für sie zähle nur die Gesinnung, Fakten seien unbeliebt, Ökomythen würden immer mehr für bare Münze genommen, erklärte er der Zeitung.

Das gilt nicht nur für Ökomythen, sondern für alle grünen Mythen, wie auch die offenen Grenzen. Ein solches Verhalten kennt man von radikalen Sekten; deren Weltbilder dürfen auch nicht infrage gestellt werden. Für gewöhnlich steckt ein Haufen Geld dahinter und bei den Grünen ist das nicht anders. Darum sehen wir uns die „edlen" Spender einmal an, welche diese Partei mit ihrem Vermögen unterstützen. Auf den ideologischen Unterstützer George Soros sind wir ja bereits früher eingegangen. Matteo Salvini sagte einmal etwas sehr Interessantes über ihn. Salvini wurde einmal gefragt: „Was denken Sie über Soros?". Seine Antwort lautete: „An Soros schätze ich seine Transparenz." Auf der Internetseite der Open Society Foundations könne man schließlich „schwarz auf weiß nachlesen", dass ein „nicht wiederzuerkennender Westen, der völlig entstellt und durchmischt ist von der Aufnahme riesiger Migrantenströme aus Afrika und anderswo, als eine große Errungenschaft der Zukunft präsentiert" werde.[45]

---

45 Quelle: https://www.manuscriptum.de/kassiber/salvini-als-lehrmeister-der-rhetorik.html

Diese Worte zeigen ziemlich deutlich die ideologische Schnittstelle zwischen dem Globalisten und den Grünen. Hinzu kommt die Finanzielle, welche die Grünen mit vielen Großkapitalisten haben. Ein Weg, wie diese Partei von den Konzernbossen versorgt werden kann, ist der über die Parteispenden. Die Grünen bekommen natürlich, wie alle anderen Parteien auch, Spendengelder. Einer der kleineren Spender ist der „BDEW Bundesverband der Energie- und Wasserwirtschaft e.V.". Dieser ist, ebenso wie die Grünen, für die sogenannten erneuerbaren Energien.

Laut *Lobbypedia* empfingen die Grünen allein von 2013 bis 2015 Großspenden von insgesamt 11.771.597,02 Euro.

Dabei werden die zahlreichen Kleinspenden von unter 10.000 Euro jedoch nicht berücksichtigt.[46]

Überraschend ist, dass die Grünen von 2000 bis 2014 Lobbypedia zufolge 495.460,78 Euro von BMW bekamen und von Daimler 444.999,94. Und das, obwohl die Grünen der Autoindustrie doch eigentlich ziemlich schaden, oder?

Sollte man zumindest meinen, aber eigentlich schadet der ganze Unsinn nur den Angestellten und den Bürgern; die großen Bosse profitieren freilich davon, wenn die Menschen alle paar Jahre ein neues Auto kaufen müssen, weil das Alte den Klimazielen nicht mehr gerecht wird.

Und bestimmt fällt den Grünen auch in einigen Jahren auf, dass Lithium umweltschädlich ist und dann müssen wieder neue Autos gebaut und die Alten vom Markt genommen werden!

Vielleicht fällt ihnen auch plötzlich ein, dass für die Kobaltgewinnung in der kongolesischen Kobaltproduktion Kinder oft zehn Stunden am Tag arbeiten müssen

---

46 Quelle: https://lobbypedia.de/wiki/Parteispenden#Empf.C3.A4nger_von_Parteispenden

und dabei weniger als zwei Dollar am Tag verdienen. Zwar behauptet BMW gegen Kinderarbeit zu sein und ein Sprecher des Konzerns sagte 2017 auch: „Kinderarbeit geht gar nicht" und „wir gehen davon aus, dass wir keine Kinderarbeit in unseren Produkten drin haben."

Das beruhigt natürlich das gute Gewissen der Elektroautokäufer, in deren Akkus Kobalt und Lithium verarbeitet wurden. Wobei „ausgehen" kann man von allem; der Autor dieser Zeilen zum Beispiel könnte ja auch davon ausgehen, dass die Altparteien unser Land und Volk lieben und keine Asylanten illegal hier hereinkommen. Ausgehen kann man von vielen Dingen. Ob sie stimmen, ist eine andere Sache. Auf jeden Fall ist die Saat für die nächste „Diese Sorte Autos muss weg und Ihr müsst Neue kaufen"-Aktion schon ausgesät. Und wie jeder neue Trend verspricht auch dieser satte Gewinne; besonders wenn er durch begleitende Gesetze gefördert wird.

Der Großkapitalist reibt sich gewiss schon grinsend die Hände.

Auch der Verband der Chemischen Industrie und die Bayerischen Chemie-Verbände spendenten an die Grünen. 129.000,00 Euro. Von der Allianz-Versicherung bekamen sie 180.000,00 Euro.

100.000,00 Euro bekamen die Grünen zudem als Spende von dem ökophilen württembergischen Firmenerben Frank Hansen.

Und von 2012 bis 2017 spendete Jochen Wermuth 832.546,40 Euro an die Grünen. Der Berliner Vermögensberater wurde im Frühjahr 2016 sogar als größter Grünen-Geldgeber aller Zeiten bekannt: 300.000,00 Euro überwies er *Spiegel Online* zufolge aus seinem Privatvermögen auf das Wahlkampfkonto von Baden-Württembergs Ministerpräsident Winfried Kretschmann. Keine andere Partei bekam zuletzt eine ähnliche Summe geschenkt, für die Grünen ist es die mit Abstand höchste Spende überhaupt.[47]

Man sieht an diesem Beispiel, wie Kapitalismus und Grüne Hand in Hand gehen. *Wikipedia* zufolge geht Wermuth davon aus, „dass eine grüne Revolution ansteht und engagiert sich dafür, dass der Wirtschaftsstandort Deutschland an dieser teilnimmt. Er fordert die Einführung eines CO_2-Preises in Höhe von 130 € pro Tonne CO_2. Er ist als Berater für den Fonds zur Finanzierung der kerntechnischen Entsorgung tätig."[48]

Außerdem sitzt Wermuth im Beirat des „Center for Global Politics" der Freien Universität Berlin. Die Netzseite dieses in Berlin ansässigen Vereins ist in englischer Sprach abgefasst. An der Sprache des Landes, in dem man sich befindet, scheint kein Interesse zu bestehen.

Wermuth hat an der Brown University und der University of Oxford studiert. Er war für die Deutsche Bank in London und für die Weltbank in Moskau tätig. Die multinationale Weltbank hat ihren Hauptsitz im Zentrum der Macht; in Washington DC, wohin die Heinrich-Böll-Stiftung auch gerne mal Flugreisen organisiert. Das spricht Bände und zeigt einen kleinen Einblick in die Verknüpfung von grünlinken Kräften und Kapital. Dies alles würde uns freilich erspart bleiben, wenn wir eine ordentliche Staatsform hätten. Schon Nicolás Gómez Dávila sagte ziemlich deutlich:

„Die Aristokratie gründete auf den vornehmen Empfindungen: Treue, Schutz, Dienst. Die übrigen politischen Systeme gründen auf gemeinen Gefühlen: Egoismus, Habgier, Neid, Feigheit."

---

47 Quelle: https://www.spiegel.de/politik/deutschland/die-gruenen-grosss-pender-jochen-wermuth-holt-sich-parteibuch-a-1088734.html
48 Quelle: https://de.wikipedia.org/wiki/Jochen_Wermuth

Dies dürfen wir tagtäglich erleben. Lupenreine Demo-kraten reden uns ein, wir hätten etwas mitzubestimmen. Etwas was, wenn man von vielen Volksentscheiden in der Schweiz absieht, nirgendwo in Europa wirklich stimmt. Faktisch hat der einfache Bürger nirgendwo et-was zu melden, aber in den patriotisch regierten Län-dern hat er zumindest das Glück von ihm wohlgesonne-nen Leuten regiert zu werden, die an Gott glauben und Volk und Heimat lieben, weil sie der Gedanke Gottes sind und weil dieser sich eine Welt der Völker und Na-tionen wünscht. In Dokus wird uns gerne erzählt, dass es im Mittelalter wirklich solche Verschwörungen wie bei „Game oh Throns" gegeben hat und das stimmt aus-nahmsweise sogar. Nur wird dabei verschwiegen, dass es diese Ränkespiele immer gegeben hat und natürlich auch in Demokratien stattfinden. Und das es in der heu-tigen Zeit weitaus finstere Hintermächte gibt, als man es sich je vorstellen konnte. Zumal antichristliche Geheim-gesellschaften früher von den christlichen Monarchen in Schach gehalten und kleingekämpft wurden.

Heute hingegen können Gruppen wie der „Club of Rome" relativ offen agieren und dank der gleichgeschal-teten Mainstreammedien bekommt das keiner mit. Der CoR ist den Grünen natürlich sehr wohlgesonnen, denn er ist Teil der linken Öko-Fanatiker. COMPACT zufol-ge ist er sogar Zentrum der Öko-Lobby. Wie viele ande-re für den Westen tödliche Dinge nahm auch der CoR 1968 seinen Anfang. Zu seinen rund 100 Vollmitgliedern gehören nach eigenen Angaben „bedeutende Wissen-schaftler, Ökonomen, Geschäftsmänner, Beamte in den höchsten Ebenen und ehemalige Staatschefs von über-all auf der Welt". Auch zwei prominente Klimawandel-gläubige aus Deutschland gehören zum CoR; nämlich der Klimaforscher und Vollzeit-Alarmist Mojib Latif und der langjährige Klimaberater von Angela Merkel: Hans

Joachim Schellnhuber. Ebenfalls dabei aber weniger bekannt ist Liz Mohn von der Bertelsmann AG. Ebenso ist der ehemalige Bundespräsident Horst Köhler mit von der Partie. Und auch der ehemalige Weltbankchefökonom Joseph E. Stiglitz darf dort mitmachen. Ob er den grünen Weltbänker Jochen Wermuth persönlich kennt?

Die Reichen und Mächtigen sind dort also gut mit einander vernetzt; ähnlich wie beim Bilderberg-Club oder der Trilateralen Kommission.

Wäre der CoR nur ein Reichen- und Promitreffpunkt, wo die Leute herumlungern und Tee trinken, könnte uns Bürgern das völlig egal sein, aber so einfach ist es leider nicht. Von dort aus werden Macht und Einfluss ausgeübt, sowie dreiste Forderungen erhoben. Schon im Jahre 1972 veröffentlichten sie einen Bericht mit dem Titel „Die Grenzen des Wachstums". Davon wurden weltweit über 30.000.000 Exemplare verkauft, aber leider handelt es sich um weltfremde Panikmache, um die Menschen besonders im Westen zu beeinflussen. Zentrale Aussage dieses Machwerkes war, dass „wenn die gegenwärtige Zunahme der Weltbevölkerung, der Industrialisierung, der Umweltverschmutzung, der Nahrungsmittelproduktion und der Ausbeutung von natürlichen Rohstoffen unverändert anhält", die „absoluten Wachstumsgrenzen auf der Erde im Laufe der nächsten hudert Jahre erreicht" werden. Eine solche, millionenfach verkaufte Einschätzung hat natürlich Einfluss.

Seltsam nur, dass die Konzernbosse und Politiker an ihrem eigenen Verhalten nichts geändert haben. Lediglich die beeinflussten Bürger, im Besonderen in der westlichen Welt, wurden beeinflusst und bei ihnen nahm die Bevölkerung ab. Die Panikmacher vom „Club of Rome" sagten in ihrem Bericht voraus, dass Öl und Erdgas 1990, spätestens 1992 verbraucht wären. Entweder haben sich die CoR-Experten geirrt oder bewusst gelogen. Als jedoch die Wahrheit herauskam, dürfte es für viele Menschen bereits zu spät gewesen sein. Leider gibt es keine statistischen Erhebungen darüber, wie viele Frauen im gebärfähigen Alter damals aufs Kinderkriegen verzichtet haben, um wie sie glaubten die Erde zu retten. Heute, einige Jahrzehnte später, erleben wir dasselbe wieder in anderer Form: Panikmache und deutsche, weiße, westliche Menschen die deswegen auf Kinder verzichten und so dem Volkstod und dessen Befürwortern den Weg bereiten.

Überraschenderweise wurde 2013 dieser Plan ein Stück weit von Björn Lomborg, dem außerordentlichen Professor an der „Copenhagen Business School", in einem Gastbeitrag bei *Welt online* enthüllt. Er schrieb dazu:

„Das Geniale an ‚Die Grenzen des Wachstums' war, diese Bedenken mit der Angst zu verbinden, nicht mehr genug zu haben. Unser Schicksal war besiegelt, weil zu viele Menschen zu viel konsumieren würden."

Das Verhalten von Politik und Medien kommt uns oft irrsinnig vor, weil es uns schadet. Aber aus deren Perspektive verläuft offenbar alles nach Plan. Wir werden mit Angst manipuliert und es funktioniert. Und weil die hohen Herrschaften immer wieder damit durchkommen, werden sie immer dreister und fanatischer. Das zeigt sich auch in dem 1991 erschienenen CoR-Pamphlet mit dem Titel „Die Erste Globale Revolution". Dieses ist nicht weniger als eine Kriegserklärung an die Menschheit. Zuerst wird über die globale Erwärmung gejammert, sowie angebliche Wasserknappheit und ähnliche Dinge, die uns in Deutschland, Europa und dem ganzen Westen in Angst versetzen sollen, damit wir uns nicht weiter vermehren, Massenzuwanderung zulassen und uns als Volk leichter zu Gunsten eines Weltstaats abschaffen lassen.

Dass zum Beispiel die Wasserknappheit in vielen afrikanischen Ländern durch „Warka"-Wassertürme bekämpft wird, mit welchen Wasser aus der Luft gewonnen wird, verschweigt man uns wohlwissentlich. Pro Tag kann ein solcher Turm an die 40 Liter Wasser aus der Luft extrahieren.[49]

Für Gruppen wie den CoR sind solche Dinge natürlich pures Gift, weil sie den Menschen helfen, anstatt sie abhängig zu machen. Übrigens werden weder der CoR noch andere solche Gruppen jemals falsche oder echte Probleme lösen, weil sie dann ja überflüssig wären und keine Angst mehr verbreiten könnten. Angst ist übrigens ein natürlicher menschlicher Instinkt; er soll unser Überleben sichern. Das wissen diese Leute natürlich und deshalb lenken sie unsere Instinkte in die ihnen genehme Richtung. Wobei sie diejenigen sind, die wir fürchten sollten. Das zeigt auch ihr Werk „Die Erste Globale Revolution", in der es heißt:

„Alle diese Bedrohungen werden durch menschliche Eingriffe in natürliche Prozesse verursacht, und sie können nur durch verändertes Denken und Verhalten überwunden werden. Der wahre Feind ist also die Menschheit selbst."

In einem weiteren Bericht mit dem simplen Titel „2052" verbreiten sie weiterhin Panik und Schuld ist natürlich die ganze Menschheit. Nicht etwa die reichen, mächtigen Politiker und Konzernbosse, sondern einfach pauschal alle Menschen. Dadurch fühlt der einfache, von Natur aus natur/heimatverbundene Deutsche schuldig und wer ein schlechtes Gewissen hat, möchte Abbitte leisten und ist leichter zu manipulieren. Die Grünen arbeiten im Grunde genauso; wir alle sind die Bösen und

---

49 Daniel Prinz: „Wenn das die Deutschen wüssten..." Seite 357.

sie versprechen Erlösung.

Gewiss springen auch die CoR-nahen Wirtschaftsbosse gerne auf den derzeitigen Klimahype auf; auch weil sie ihn mit organisiert haben und natürlich der Profit stimmt. Wenn der Wirtschaftsstandort Deutschland ruiniert wird, betrifft das vor allem die einfachen deutschen Arbeiter. Die globalistischen Konzernbosse verlegen ihre Betriebe einfach in die Dritte Welt, wo die Arbeitskräfte billiger sind. Der CO_2-Ausstoß bleibt dann derselbe, aber das kriegt man in der BRD nicht mit; man ist beruhigt und hat ein reines Gewissen. Dr. Gert Sudholt schrieb dazu in „Deutsche Geschichte Nr. 5/2019":

„Der Wirtschaftsstandort Deutschland mit Schwerpunkten wie Automobilbau, Maschinenbau, nuklearer Energie und Hochtechnologie soll ruiniert werden, hinzu kommt die geplante Veränderung der genetischen Substanz des geografischen Zentrums Europas. All das passt zu den schon 1944 von Henry Morgenthau jr. ausgegebenen Parolen, die ebenfalls darauf abzielten, dem deutschen Volk den Garaus zu machen. Was für ein Zufall!"

Morgenthaus Denken passt sehr gut zu den Wünschen des CoR für die Industriestaaten und fügt sich hervorragend ein in die antideutsche Gesinnung der Grünen. Auf jeden Fall ist es für die Wahlen und die Pöstchengewinnung der Grünen sehr hilfreich, wenn mächtige Gruppen wie der CoR mit ihnen auf Linie sind und dasselbe aus einer scheinbar anderen Richtung verkünden.

Es zeigt sich, dass hier eine Menge Verknüpfungen und Verbindungen bestehen zwischen den Grünen, der Hochfinanz und den Ideologien für Globalisierung und gegen die Nationen. Die Überschneidungen sind personeller Natur, wobei man einander kennt und gewiss gerne zusammenarbeitet. Aber sie sind auch ideologischer

Natur, wobei kapitalistische Gewinnsucht mit linksgrünen Weltrevolutionsträumen Hand in Hand gehen.

Zum Thema Lobbyismus und Spendengelder muss noch angemerkt werden, dass die Politiker ja nicht nur Spenden erhalten. Sie können schließlich auch Anteile an Unternehmen haben. So besaß zum Beispiel Jens Spahn (CDU) laut *Focus* jahrelang Anteile an der Lobby-Agentur Politas, zu der eine von ihm im Jahre 2006 mitbegründete GbR gehörte, die Kunden aus dem Pharma- und Medizinsektor beriet und ihm neben seiner Tätigkeit im Gesundheitsausschuss brisante Nebeneinkünfte einbrachte. Spahn musste diese Beteiligung nicht beim Bundestag anzeigen, weil nach den geltenden Transparenzregeln erst Firmenbeteiligung von 2mehr als 25 Prozent der Stimmrechte" offengelegt werden müssen. Und schlau wie Spahn nun mal ist, hielt er genau 25 Prozent und blieb damit also exakt unter der Veröffentlichungsschwelle. Dies war nun ein Beispiel aus der CDU. Ob und wenn ja welche Anteile die Grünen an Unternehmen haben, war nicht zu ermitteln. Was sich aber feststellen ließ, ist das inzwischen zahlreiche Konzerne mit der Marke „Grün" werben und so tun, als ob sie sich für Umweltschutz einsetzen und man deswegen sein Geld unbedingt bei ihnen ausgeben müsste, womit wir wieder beim bereits erwähnten „Greenwashing" wären.

Wer von all diesen Dingen wenig ahnt und noch weniger mitbekommt, ist der einfache Bürger. Ihm wird eingeredet, er wäre in unserem Land der Souverän, weil wir ja angeblich eine Demokratie sind. In der Realität hat der Bürger jedoch überhaupt nichts zu melden und ist für die Machthaber lediglich Mittel zum Zweck. Er darf wählen gehen, natürlich nur eine politisch korrekte Partei, er darf arbeiten gehen und Steuern zahlen und schlussendlich darf er natürlich den Politikern zujubeln. Er ist für die Etablierten beliebig austauschbar und während er sich abrackert, schmieden die Mächtigen ihre Ränke, unter denen er zu leiden hat. Schlussendlich lässt sich das Fazit ziehen, dass Organisationen wie die Grünen und ihre Helfershelfer erst aufhören werden, wenn jemand aufsteht und sie aufhält.

Anti-Grünen-Proteste in Stuttgart

Proteste gegen links-grüne Asylpolitik

NACHWORT

Bezüglich der Grünen ließ ich im Vorwort die Autorin Bettina Röhl bereits zu Wort kommen. Sie soll an dieser Stelle noch einmal zitiert werden, denn es gelingt ihr fabelhaft, die grünen Ziele zusammenzufassen:

„Die grüne Partei ist eine ausgeprägte Hass-Partei, die mit den vielen positiv besetzten Öko-Blümchen daher kommt. Der gelegentlich erklärte, aber ansonsten nonverbal in die Politik durchgedrückte, Grenzen überschreitende Hass der Grünen auf Deutschland im Besonderen und den Westen im Allgemeinen ist die Ur-Motivation dafür, dass die Grünen eine Zuwanderung initiieren wollen, die das Thema Deutschland erledigt. Es geht den Grünen nicht um das Schicksal der zuwandernden Menschen, jedenfalls nicht in erster, zweiter oder dritter Linie. Die Möchtegern-Moralmonopolisten der Grünen haben mit Moral wenig am Hut. Die Euro-und die Europa-Politik der Grünen ist in Wahrheit eine First-step-Politik Deutschland in Europa untergehen zu lassen und dann Europa mit dem Westen gleichsam zu versenken. Auch die Idee den Menschen zum Pflanzenfresser umbauen zu wollen, ist Ausdruck eines Hasses auf die Menschen, wie sie nun einmal sind und ein hilfloser Versuch einen Schritt auf der Entwicklung des Neuen Menschen, der durch die linken Ideologien seit eh und je als feste Größe geistert, voran zu kommen."[50]

Dies ist kurz und knapp zusammengefasst die Agenda der grünen Melonenpartei. Aus dem Verhalten der Grünen zogen Autoren wie Michael Grandt, der eben-

---

50 Quelle: https://www.wiwo.de/politik/deutschland/bettina-roehl-direkt-der-gruene-hass/8899878-5.html

falls ein Buch über die Melonenpartei geschrieben hat, den Schluss:

„Ich persönlich traue den Grünen keinen Meter über den Weg. Keinen Meter! Ihr moralischer Anspruch, ihre Besserwisserei und ihr stets erhobener Zeigefinger gegen andere gehen mir gehörig auf die Nerven."

Grandt hat auch ein Buch über eine mögliche Klimadiktatur geschrieben, laut dem Professoren bereits heute die Todesstrafe für „Klimaleugner" und eine Art „Öko-Stasi" fordern. Zudem wird der grüne Öko-Sozialismus, welcher von den anderen Altparteien mitgetragen wird, massive Folgen haben: Staatliche Verbote, Enteignungen und natürlich können die durch den ausgerufenen „Klimanotstand" betriebenen Maßnahmen ganz schnell „zum Wohle der Menschheit" erweitert werden.

Die Grünen geben sich gerne kapitalismuskritisch, aber kaum eine Partei steigt so sehr mit der Hochfinanz ins Bett wie die Melonenpartei. Bestes Beispiel dafür ist Joschka Fischer. Als Mehrheitsgesellschafter der Berliner Beratungsfirma JF&C (Joschka Fischer Consulting) steht er nun im Unternehmerlager und macht Millionen mit Siemens, RWE, BMW und Rewe. Dabei hilft ihm ein Netzwerk rund um den Globus. Ziel der Firma ist angeblich die Beratung von Großunternehmen auf dem Feld der Nachhaltigkeit. Und weil man so liegt wie man sich bettet, machte Fischer auch fleißig Werbung für BMW. Dabei spotteten die Linken noch in den 70ern über den Baader-Meinhof-Wagen. BMW ist für sie das Großkapital, also eigentlich der Feind. Fischer scheint das inzwischen anders zu sehen. Sogar das linke Mainstreammedium Wikipedia verschweigt Fischers Verbindungen nicht. „Nach dem Ende seiner politischen Karriere war er beratend oder als Lobbyist für Siemens, BMW, die

Rewe Group, für die Energiekonzerne RWE und OMV
(Nabucco-Pipeline) und den Hanf-Produzenten Tilray
tätig", steht dort im Artikel über den prominenten Politiker.

Und Fischer ist weiß Gott kein Einzelfall. Das beweist
ein Artikel des Handelsblatts von Anfang 2020. Darin
heißt es: „Die Grünen sind nicht nur etablierter Bestandteil des Parteiensystems, sie übernehmen auch wichtige
Funktionen an den Schnittstellen zwischen Wirtschaft
und Politik. Jüngste Beispiele: Kerstin Andreae, seit einigen Wochen Hauptgeschäftsführerin beim Energie-
Branchenverband BDEW, Matthias Berninger, Chef-
Lobbyist beim Bayer-Konzern, und Daniel Mack, seit
Anfang Januar in zentraler Funktion im Berliner Büro
von Daimler."

Zudem ist die frühere Grünen-Chefin Simone Peter
bereits seit 2018 Präsidentin des Bundesverbandes Erneuerbare Energie (BEE). Die Grünen hoffen dadurch
natürlich auch auf mehr Einfluss in der Wirtschaft, was
ihnen, angesichts der auch dort immer mehr um sich
greifenden politischen Korrektheit, auch zu gelingen
scheint.[51]

Die Frage ist nur, was gegen die grüne Dominanz in
Politik und Medien getan werden kann? Und vor allem:
Wie kann ihre Umwandlung der Gesellschaft noch aufgehalten werden?

Diesbezüglich gibt es einige Möglichkeiten, wobei es
sich natürlich nur um die Dinge handelt, die mir einfallen; für weitere Möglichkeiten hat der Leser das geistige
Rüstzeug, um kreativ zu sein. Meines Erachtens kann
folgendes getan werden:

---

51 https://www.handelsblatt.com/politik/deutschland/40-jahre-nach-parteigruendung-die-gruenen-und-die-wirtschaft-der-weg-zur-macht-fuehrt-ueber-die-lobbys/25421114.html?ticket=ST-3565701-c7BIFHMBE45mtOArSZ5v-ap6

Der mündige Leser kann dieses Buch an Freunde, Verwandte und Bekannte weiterempfehlen und gegebenenfalls weiterverschenken. Was bei diesem Thema nötig ist, ist Aufklärung, Aufklärung und nochmal Aufklärung. Außerdem muss die totalitäre Ideologie der Grünen wo immer möglich enttarnt werden. Patriotische Parteien und Gruppen, welche sich gegen die linksgrüne Gesinnungsdiktatur stemmen sollten unterstützt werden. Und man kann es in diesem Zusammenhang nicht deutlich genug sagen: Die anderen Altparteien sind auch nicht besser!

Ein kurzes Beispiel dazu zum Schluss: Masern-Impfpflicht für Kita- und Schulkinder; gegen den Willen vieler Eltern, denen bei Verweigerung Strafen von bis zu 2.500 Euro drohen, automatische Organplünderung, sofern kein Widerspruch vorliegt, fehlende Pflegestellen mit Kulturfremden aus dem Morgenland und sprachunkundigen Mexikanern besetzen, anstatt für die hiesigen, die zudem mehr arbeiten sollen, einen gerechten Lohn durchzusetzen. Dazu noch ein Verbot der Konversionstherapien, womit den Leuten weitere Entscheidungsfreiheiten genommen werden! Das ist die Bilanz von Gesundheitsminister Jens Spahn, der einer angeblich konservativen Partei namens CDU angehört. Und während dieses Buch verfasst wird wird, will er die hochsensiblen Patientendaten von 73 Millionen gesetzlich Versicherten der Forschung, genauer gesagt den Pharmaunternehmen, zur Verfügung stellen. Ohne deren Einverständnis, versteht sich.

Ich erinnere also gerne noch einmal an mein Vorwort und daran, dass ich darin erklärte, dass die Altparteien alle unter einer Decke stecken und mit einander koalieren. Anstelle der Grünen also CDU, SPD, Linke oder FDP zu unterstützen, ist daher ungefähr so sinnvoll, wie im Dritten Reich zu sagen: „Jetzt zeige ich es Hitler. Ich höre mir nicht mehr seine Reden an, sondern nur noch die von Dr. Goebbels."

Was wir dagegen tun können, ist diesen Leuten ihr Geld und ihre Macht zu entziehen, indem wir nicht für sie stimmen. Zudem ist es nie falsch zu hoffen und zu dem Gott zu beten, dessen Existenz die Grünen nur allzu gerne leugnen und dessen Kirchen sie massiv unterwandert haben. Auf dass sie diese Macht wieder verlieren.

Das sind die Dinge, die im Kleinen getan werden können. Langfristig und im Großen wäre es dringend geboten, dass die Politik der Verantwortungslosigkeit endet und Herrscher wieder Verantwortung für ihre Taten übernehmen. König Gustav Adolf II. von Schweden zum Beispiel führte sein Heer ebenso wie Friedrich der Große. Beide trugen damit die Verantwortung und bekamen auch die Konsequenzen ihrer Handlungen zu spüren. Der Schwedenkönig fiel in der Schlacht von Lützen, der Preußenkönig nicht. Aber beide haben sich nicht gedrückt, anders als die gewählten Politiker der Neuzeit. Weder Stalin, noch Roosevelt oder Churchill taten etwas Derartiges. Sie saßen lieber in ihren gut geheizten und feindfreien Stuben, während die Jugend ihrer Länder auf den Schlachtfeldern verblutete. Keiner von ihnen riskierte seine Haut im zweiten Weltkrieg; besonders Churchill „chillte" lieber, wie die Jugend heute sagt.

Diese im letzten Jahrhundert begonnene Entwicklung hat sich fortgesetzt. Während kleine Unternehmen jeden Tag ihre Haut riskieren und wissen, dass eine Fehlentscheidung ihr Ende bedeutet, kann der gewählte Politiker tun und lassen was er will, ohne dafür jemals Konsequenzen tragen zu müssen. Sind Entscheidungen von ihren Konsequenzen für den Entscheider entkoppelt, finden sich Normalbürger plötzlich im „Klimanotstand" oder im „Nazinotstand" (Dresden) wieder. Richtige Probleme wie die Massenzuwanderung werden nicht gelöst, sondern gefördert und Gefahren wie ein deutschlandweiter Blackout durch das wegen der erneuerbaren Energie schwankende Stromnetz werden ignoriert; weshalb es geboten ist, viele Vorräte für sich und seine Liebsten anzulegen!

Ebenfalls ist es geboten, dass wir eines Tages endlich wieder dahin zurückkommen, dass die Herrscher für ihre Entscheidungen die Verantwortung übernehmen. Etwas, was wir zur Zeit der König und Kaiser vielerorts noch hatten und was uns leider im Laufe der letzten hundert Jahre weggenommen wurde. Wie genau wir zu einem verantwortungsvollen Zustand zurückkehren können, ist reine Theorie. Freilich müsste dafür das patriotische Lager in der politischen Verantwortung in Deutschland sein, was es aber nicht ist. Daraus folgt, dass es Mehrheiten erringen müsste, um schließlich Deutschland wieder gesund zu machen. Dazu kann auch die Wiederherstellung seiner natürlichen, ihm 1918 geraubten Staatsform gehören. Um das zu erreichen, müsste jedoch erstmal die Mehrheit der Deutschen von solchen Schritten überzeugt werden, womit wir wieder bei der Aufklärungsaufforderung sind und sich der Kreis schließt.

PERSONENREGISTER